JUSQU'À PLUS SOIF

Renaître de l'alcool

ANNE V.

JUSQU'À PLUS SOIF

Renaître de l'alcool

NIL ÉDITIONS

ISBN

Toute ma gratitude va

à mes bonnes fées : Nathalie Savary, la première à croire en ce livre, qui l'a lu et accompagné tout au long de son écriture ; Françoise Cibiel et Françoise Borin, fines lectrices d'un texte encore inabouti ; Nadine Nimier, qui m'a bien plus aidée qu'elle ne peut l'imaginer ;

à ceux qui ont trouvé, pour me parler de leur travail avec les alcooliques et avec leurs proches, le temps qu'ils n'avaient pas : les docteurs Gérard Vachonfrance, Philippe Waghemacker, Isabelle Sokolow, Eric Hispard ; Pascale Sidoroff, Marie Maffre, Léon Legrand ;

à tous les Alcooliques Anonymes et aux Al-Anon qui se retrouveront au fil de ces pages ;

à *Partage,* revue des Alcooliques Anonymes, et à *La Chaîne,* revue des Al-Anon, dans lesquels j'ai puisé à pleines mains ;

à celui qui ne s'appelle pas Pierre et qui a été là, envers et contre tout, jusqu'au bout des années noires ;

et au centre de Chanteloube.

A toutes celles, à tous ceux qui souffrent les mille morts de l'alcool, et qui ne savent pas encore qu'on peut s'en sortir.

Beaucoup de prénoms apparaissent dans ce livre. Les uns sont vrais, les autres inventés : au petit jeu de l'identification, on a toutes les chances de se tromper.

La nuit n'est jamais complète
Il y a toujours puisque je le dis
Puisque je l'affirme
Au bout du chagrin une fenêtre ouverte
Une fenêtre éclairée
Il y a toujours un rêve qui veille
Désir à combler faim à satisfaire
Un cœur généreux
Une main tendue une main ouverte...

Paul Eluard

Baignée de larmes. Je sens encore ce tiède ruissellement le long de mes joues, dans le grand silence nocturne, tendue de tout mon être pour ne pas faire le moindre bruit – je ne me faisais que trop remarquer quand j'avais bu ; ivre à demi seulement, je me tenais à carreau – lorsque je me retrouvais seule face à ma condition présente, aux lendemains qui seraient pires encore, écrasée par ce malheur effroyable que je détestais de toutes mes forces et qui pourtant était mon œuvre de chaque jour. Jamais, je le savais bien, jamais je ne pourrais m'arrêter de boire... Il n'était pas dans mes habitudes de m'apitoyer sur moi-même ; mais peut-on parler d'apitoiement quand une femme pleure sur son sort parce qu'elle se sait atteinte d'un cancer généralisé ? Et qu'étais-je d'autre qu'une femme condamnée – doublement condamnée puisque à mon absence d'avenir s'ajoutait le jugement impitoyable que je portais sur moi ?

PRÉLUDE

« J'étais à mon aise dans la vertu. »
JEAN GIRAUDOUX
Simon le Pathétique

Pourtant, tout n'avait pas si mal commencé : à perte de vue, du côté paternel ou maternel, on ne trouvait pas l'ombre d'un buveur excessif. J'avais bien découvert, devenue grande, quelques secrets de famille, mais pas un ne concernait l'usage déraisonnable des boissons alcoolisées. En revanche, le vin était entré très tôt dans ma vie. Mes arrière-grands-parents possédaient, en Médoc, des vignobles étonnants dont les meilleures années apparaissaient encore, lorsque j'étais enfant, sur la table familiale : je revois mon père passant à travers un mouchoir, dans une carafe, un saint-julien presque brun dont la couleur étrange et les parfums mêlés m'intriguaient déjà – à huit ans, avais-je seulement le droit d'en boire ? A la naissance de chaque fille ou petite-fille, un nabuchodonosor, bouteille géante équivalant à vingt bouteilles ordinaires, était mis de côté pour le jour de son mariage – ô déception : le mien, dont le bouchon s'était fendu, était totalement éventé ! De cette famille j'ai gardé un goût très vif, passion et respect mêlés, pour ces grands vins dont la langue française parle avec des mots d'amoureux ou de poète qui continuent à m'enchanter : « Joli nez de cire et de miel, bouche gracieuse et fraîche » : c'est un château-bertranon 1986 ; ou encore ce pétrus 1985, dont le commentaire, dans sa concision extrême, n'a pas fini de me faire rêver : « Profond, intense, l'attendre... »

Apparemment, toutes les bonnes fées étaient réunies autour de mon berceau : toutes sauf une, celle qui vous pose dès le début de votre existence au creux des bras maternels. A ma naissance ma mère était tombée malade ; jusqu'à ce que j'aie un an et demi, Petzi, une nurse suisse venue habiter à la maison, s'était s'occupée de moi. Elle m'aimait beaucoup, m'a-t-on raconté ; j'en suis sûre, et pourtant... Il y a quelque temps, sans en comprendre la raison, j'avais été bouleversée par un texte sur la souffrance du bébé abandonné à sa solitude et à son angoisse par une mère alcoolique – une histoire à mille lieues de la mienne, semblait-il. Puis une phrase entendue il y a des années m'était revenue en mémoire : le terme de « nurse suisse », m'avait dit une psychanalyste, désignait toute nurse qui, helvète ou non, faisait preuve d'une rigidité excessive et de principes éducatifs sans faille. Trop de fermeté est parfois aussi dévastateur que trop de négligence : on peut laisser pleurer un tout-petit pendant des heures aussi bien parce qu'on juge qu'il fait un caprice que parce qu'on est en train de cuver son vin... Sans tomber dans une psychologie trop réductrice, je ne serais pas étonnée que ces dix-huit premiers mois aient été marqués au fer d'une rigueur inutile ; ni qu'ils aient joué un rôle dans cette exigence démesurée vis-à-vis de moi-même dont je commence tout juste à me défaire, ou dans mon regrettable esprit d'obéissance.

Après le départ de Petzi – j'avais dû me sentir complètement abandonnée, je n'en ai pas l'ombre d'un souvenir –, Renée, âme simple et chaleureuse, était venue prendre soin de moi ; elle le fit avec amour jusqu'au jour où, en larmes, elle s'en fut annoncer à ma mère qu'elle se mariait et se voyait obligée de me quitter...

Ma famille, d'un protestantisme bien tempéré, appartenait à la bourgeoisie de province ; avec son jardin, la grande maison dominait la ville et la mer. Hôtes de passage, mes demi-frères et sœurs venaient parfois nous y rendre visite. Etait-ce une enfance heureuse ? J'y vois bien tous les signes extérieurs du bonheur, mais je ne retrouve à mes souvenirs aucune coloration affective, ni gaie, ni triste ; même le divorce de mes parents, qui pourtant n'a pas dû me laisser indifférente, n'évoque aucun sentiment précis. Néanmoins, je n'ai pas oublié la façon dont ma mère m'avait présenté cette séparation et me l'avait rendue plus légère. Mon père et elle, m'avait-elle dit, ne s'entendaient plus assez bien pour continuer à vivre ensemble ; mais chacun d'eux continuait à m'aimer tout autant, et le fait de quitter, avec ma maman, la maison de la Côte ne voulait pas dire que je n'avais plus de papa. Ces mots-là, qui disaient le vrai, une enfant de cinq ans et demi pouvait parfaitement les comprendre, et en être apaisée.

A l'ombre des petites filles modèles

Des deux années vagabondes qui suivirent je garde le même souvenir distancié, comme si je n'arrivais pas à intégrer le corps et l'âme de cette petite fille blonde qui suivait partout les grandes personnes avec confiance. Que ce soit dans la banlieue parisienne où nous nous étions posées avant de nous installer à Paris, dans le petit village normand où nous vivions juste avant la guerre, sur les chemins de l'exode, dans la Vienne, à Paris de nouveau, il y avait toujours avec nous des grands-parents, une tante, des cousins, des cousines pour maintenir une certaine continuité familiale. En 1940, nous n'étions pas sur des routes en train de nous faire mitrailler, mais dans des trains qui nous menaient vers mon oncle Pierre ou vers mon oncle Jacques, soldats ici ou là. Tout me semblait naturel : aussi bien le lit unique, partagé avec ma mère et sa jeune sœur très enceinte, que la grande maison presque vide qui finit par nous abriter à Montmorillon pendant plusieurs mois. Mais la continuité, c'était aussi et peut-être surtout l'école, refuge béni face au trouble des temps : école de campagne où ma maîtresse bien-aimée faisait la classe aux petits tandis que son mari se chargeait des grands, école de ville, la bonne élève que j'étais n'avait pas de peine à y trouver ses marques, école catholique où ma mère m'avait mise en cours d'année, contrainte et forcée, pas trop heureuse de confier sa fille à ces papistes. Jusqu'au retour à Paris où, ayant successivement semé tous les membres de la famille, nous nous sommes pour la première fois retrouvées seules, Maman et moi.

Ainsi commença une longue, heureuse vie à deux avec une mère, me semble-t-il, assez exceptionnelle. Jamais cette femme jeune, belle, seule, ne fit peser sur son enfant qu'elle adorait la douleur d'une séparation qu'elle n'avait pas vraiment voulue. J'aurais pu tenir lieu de mari, d'amant, de compagnon : je n'étais que la fille chérie, élevée avec amour mais sans fusion aucune; je dirais même que l'un des éléments les plus évidents de notre relation était le respect, de la fille pour la mère, ce qui n'est déjà pas si courant, mais aussi de la mère pour la fille; même si l'une était adulte et l'autre pas, si l'une détenait l'autorité et si l'autre lui était soumise. Cette autorité me semblait d'ailleurs normale : les grandes personnes étaient là pour dire la bonne règle, elles savaient le bien et le mal; plus tard, quand je serais grande à mon tour, je les saurais aussi; mais tant que j'étais petite, je n'avais qu'à les écouter, elles ne pouvaient ni se tromper, ni me tromper.

L'obéissance ne me pesait pas : elle m'était comme naturelle. Plus tard seulement elle m'est apparue plus ambiguë, et en quelque sorte riche de périls. J'avais perdu brutalement mon père, l'un de mes premiers objets d'amour; il ne me restait que ma mère, je n'allais pas prendre de risques : pouvais-je être autre chose qu'une bonne petite fille répondant docilement à toutes les attentes, sage, trop sage, travaillant bien en classe ? De vraies bêtises d'enfant, j'en ai fait, bien sûr; mais peu – je n'ai presque aucun souvenir de ma mère élevant la voix –, et il me semble qu'elles se situaient toujours dans une zone imprécise où le bien ne se différenciait pas clairement du mal. Je péchais par ignorance, par manque d'imagination, pratiquement jamais en pleine connaissance de cause (toutefois, mentir par peur d'être grondée, ça oui, je savais ce que c'était). Contrainte intériorisée d'autant plus inconsciente que j'adorais apprendre, qu'à l'école ou au lycée à peu près tout m'intéressait, et que j'étais très heureuse.

Est-ce que j'embellis les choses après coup ? Je ne le crois pas. J'étais dans une sécurité absolue : j'aimais, et j'étais aimée. « Toi, ma vie, mon univers, mon pain quotidien », écrivais-je de ma mère, à treize ans, dans mon journal. Et cet amour qui protégeait sans jamais engloutir était le terreau nourricier dans lequel s'enracinait tout le reste. Maman avait repris son ancien métier d'infirmière ; nous n'avions pas beaucoup d'argent, notre vie était tissée de minuscules économies – en ces temps anciens où, dans les autobus, le prix était fonction de la longueur du trajet, pour aller à l'Opéra je prenais toujours le 68, où il fallait deux tickets, et non le 95 qui en demandait trois. Mais nécessité faisait loi, et cette loi m'était légère : je savais où étaient les vraies richesses.

La guerre et ses inconforts – je ne saurais parler de privations – glissèrent sur moi sans m'atteindre. Je n'ai jamais eu faim ; il faisait froid, c'est vrai ; mais je revois presque avec amusement l'image des couches successives de glace dans la baignoire, notre réserve d'eau, que je brisais le matin pour faire ma toilette : souvenir abstrait et sans épaisseur. Le vrai souvenir, c'est la chaleur de la petite chambre avec son poêle à bois, seule pièce habitable de l'appartement en hiver ; nous y dormions toutes les deux, nous y vivions à deux, j'y faisais mes devoirs, douceur du nid retrouvé après l'école, nous y prenions tous nos repas. Un jour, une dame de notre connaissance était passée nous voir je ne sais trop pourquoi ; repartie très vite, elle avait confié à notre amie commune : « Elles avaient l'air tellement bien ensemble, je n'ai pas voulu les déranger... »

La maison du père

Aux vacances je rejoignais, dans la campagne normande, la grande maison basse couverte de vigne vierge où se retrouvaient autour de mon père les enfants de trois lits différents : aînés et cadets, j'étais juste au milieu. Mon père aimait ailleurs : il avait une nouvelle femme, arrivée dans sa vie avec une petite fille de deux ans, et un nouveau fils, merveille blonde et bouclée qui faisait son admiration et sa joie. Vis-à-vis de moi, je ne sentais qu'indifférence ; était-elle réelle, ou masquait-elle seulement l'extrême difficulté de cet homme à communiquer avec autrui, je serais incapable de le dire. Après un premier été submergé par la détresse et l'abandon, je m'accommodai sans trop de peine de ce désintérêt : auprès de ma mère, pendant l'année, j'avais fait le plein d'amour, à l'Arbre aux Monts je vivais sur mes réserves. Et puis il y avait mes frères et sœurs, l'inépuisable bibliothèque de mon arrière-grand-père, le parc qui me semblait sans fin et, personnage à part entière, la vieille maison dont la force apaisante me remplissait de bonheur. Maison paternelle, achetée par cet arrière-grand-père qui aimait les livres, et pourtant maternelle comme peuvent être maternels certains paysages, le poids de ses trois cents ans et la justesse de ses proportions lui conféraient une sorte de sagesse ; en même temps, j'avais l'impression qu'elle gardait la trace des âmes inquiètes qu'elle avait abritées, de passions terribles qui étaient effectivement allées jusqu'au crime de sang. Il arrivait que, la nuit, un pas invisible fasse crisser le gravier...

Ma famille maternelle s'étendait dans l'espace : j'allais, nous allions, chez l'un, chez l'autre, dormir chez ma grand-mère, passer le week-end chez mon cousin Christophe, dîner chez mon oncle Charles. Sous le toit de mon père, je découvrais la dimension du temps, ces ancêtres, ces siècles qui m'avaient précédée, une lignée verticale dont j'étais assez fière, et dans laquelle j'étais heureuse de m'inscrire.

Au cidre de nos pommiers, affreuse piquette, je préférais « notre » calvados – mon père était bouilleur de cru –, costaud et goûteux : à douze ans, j'en avais subtilisé une bouteille que j'avais cachée dans ma chambre et que je partageais avec ma petite sœur. Plus par goût du fruit défendu, semble-t-il, que pour l'attrait irrésistible de l'alcool, puisque je garde un souvenir ravi de ce haut fait, et que jamais je n'ai recommencé.

Mon papa qui est aux cieux

Mes stocks d'amour n'étant pas inépuisables, je retrouvais avec joie ma mère et mon existence parisienne. Rien ne ressemblait moins à un enfermement que notre tête-à-tête : le petit appartement sous les toits accueillait constamment famille et amis, les siens, les miens, ou plutôt mes amies de cœur, en ces temps où l'enseignement n'avait pas inventé la mixité ; heureusement, quelques cousins de mon âge maintenaient un semblant de présence masculine. Mes amies : en fait je n'en avais qu'une, rencontrée à l'école communale ; autour de nous, un petit ballet de personnages secondaires était admis à partager nos jeux, mais n'entrait pas dans notre intimité. Unies par une même passion pour le théâtre, c'était pour nous, pour nous seules, que nous rejouions *Les Visiteurs du soir*, éblouissement de nos neuf ans ; deux ans plus tard, je recevais en plein cœur la révélation de Racine au Théâtre-Français, et nous nous partagions les rôles d'*Andromaque*. Je me revois, au début de mon adolescence, passionnée, timide, exaspérante tant je manquais de sens pratique, et tellement enfantine (infantile ?) encore ; avec des filles plus jeunes que moi, je jouais volontiers à la poupée, mais jc dévorais d'un même élan *Phèdre*, *Le Rouge et le Noir*, ou les aventures de Tarzan. Ma vie ne se déroulait pas toujours sans heurts, ni sans drames ; ce n'était pourtant que l'écume des jours : le monde était en ordre, et j'y avais ma place.

Fille, petite-fille, arrière-petite-fille de pasteur, ma mère avait toujours été d'une incroyance absolue – même dans sa jeunesse, m'avait-elle dit ; même au moment de sa première communion. Elle m'avait toutefois, comme il était d'usage en ce temps-là, fait donner une éducation religieuse ; je m'y m'étais engouffrée corps et âme. A sept ans, nourrie des récits lus dans la bibliothèque de mon grand-père pasteur, je voulais devenir missionnaire. Je persistai dans ce désir pendant plusieurs années, avec tant de fermeté que ma mère s'en inquiéta – à demi rassurée, quand même, par l'idée que mon peu de santé était incompatible avec une longue fréquentation des Tropiques. De ce protestantisme nullement imposé mais librement choisi, j'avais retenu un sens aigu du bien et du mal, une recherche éperdue de la perfection et, surtout, Dieu avait pris dans ma vie une place restée béante : pour ne pas souffrir de l'absence paternelle, j'étais allée me chercher un papa dans le ciel. Dans le journal de mes treize ans, pendant des pages et des pages ce n'étaient que débordements d'amour enivré, variations sans fin sur le thème « Notre Père qui es aux cieux ». Je multipliais les lectures pieuses, et je m'étais même acheté un chapelet dont je n'avais pas l'usage, puisqu'il n'y en a pas chez nous autres protestants, mais qui matérialisait en quelque sorte ma dévotion. Mon père ne m'approuvait pas trop : « Il ne faut pas devenir mystique », m'avait-il dit lorsque je lui avais raconté, à neuf, dix ans, que je m'étais fabriqué au fond du bosquet de lilas un petit oratoire. « Non, non », avais-je répondu avec assurance, jusqu'au moment où, perspicace, il m'avait demandé si je connaissais le sens de ce terme, que bien sûr je n'avais jamais entendu de ma vie.

Cette foi ardente s'était révélée remarquablement efficace; j'y avais trouvé un élément indispensable à mon équilibre et à mon bonheur. Avec l'adolescence, la terre, ma terre, commença à trembler. Ce qui m'avait comblée jusque-là ne me suffisait plus; petit à petit, les repères commencèrent à s'effriter. Les premières lézardes apparues dans ma vie intérieure marquèrent le début de l'effondrement des certitudes. C'était tout bête : je faisais ma philo, comme on dit, j'ai commencé à déserter le culte du dimanche matin, et je me suis retrouvée un beau jour avec un grand vide à la place de ce qui, jusqu'alors, m'avait tenue debout.

La fêlure

Les lézardes ont d'abord été toutes fines, presque invisibles : la vie suivait son cours, j'étais maintenant à la Sorbonne, en train de m'initier à la philologie grecque et à l'ancien français – avec le sentiment délicieux de faire des études totalement inutiles, puisque je savais depuis toujours que je n'enseignerais pas, l'idée d'affronter une classe me terrifiait. A quelques exceptions près, je haïssais les étudiants, mes camarades, que je trouvais grossiers, bruyants, primaires ; je ne me liais avec personne, ou presque ; pourtant ces trois années ont été un don du ciel (« On voit bien que votre fille est une intellectuelle », avait dit ma maîtresse d'école à ma mère lorsque j'avais sept ans). Rien ne m'était demandé, sauf de réussir mes examens, j'avais le droit de me faire plaisir avec une gratuité totale que justifiait le meilleur des alibis : pour chercher du travail, il vaut mieux avoir un diplôme en poche. Je trouvais auprès de ma mère un public rêvé : bien qu'elle appartînt à une génération où les filles ne faisaient pas d'études, elle s'enthousiasmait pour mes enthousiasmes, Homère, la poésie de Rimbaud, la découverte de la langue allemande... Nos rapports n'avaient pas changé, j'allais presque dire hélas : pas la plus petite crise d'adolescence n'avait montré le bout de son nez, j'étais aussi incapable de m'opposer à dix-huit ans qu'à six ; pourtant, ils s'étaient subtilement infléchis. Certaines mères, lorsque leur fille devient grande, ne peuvent pas supporter la concurrence d'une rivale ; la mienne réagissait à l'inverse, je voyais son narcissisme s'épanouir dans l'image qu'elle se faisait de moi. Je lui ressemblais ; mais son regard d'amour inventait en moi des perfections qu'elle ne s'accordait pas à elle-même, une intelligence qu'elle jugeait supérieure à la sienne, un accès au monde de la culture qui lui avait été refusé. Je m'épuisais à tenter de faire coïncider l'être imparfait que j'étais avec cette Anne idéale dont je mesurais bien le caractère irréel. Quête impossible, à laquelle je ne pouvais échapper : à mon souci personnel de perfection venait s'ajouter l'obligation intérieure de répondre, ou d'essayer de répondre, à ce qu'attendait une maman tant aimée, et qui n'avait que moi.

La confiance, l'amour restaient inchangés, mais j'avais grandi : il était impossible qu'une mère, même exceptionnelle, continue à jouer le même rôle dans mon existence. D'une certaine façon, mes deux piliers s'étaient effondrés en même temps ; de l'absolu – absolu de l'amour humain, absolu de l'amour divin –, j'étais tombée dans un relatif dont je n'avais pas le mode d'emploi. J'y trouvais quelque plaisir – « C'est absolument lamentable, mais au fond je ne pense pratiquement qu'à faire du cheval et à danser, et à danser et à flirter », j'avais seize ans quand je dressais ce constat désabusé –, mais guère de satisfaction profonde. Les rapports avec les autres et avec moi-même devenaient plus difficiles, je ne savais plus trop par quel bout prendre la vie, ni qui j'étais, ni où j'allais, ni ce que je voulais. Aimer et être aimée, sûrement ; mais ce n'était pas si simple. Je n'étais pas vilaine, les amoureux ne manquaient pas, à vingt-trois ans j'avais été demandée huit fois en mariage, mais ceux qui me plaisaient portaient généralement en eux une blessure secrète qui les rendait d'un commerce difficile, et mes histoires de cœur se terminaient toujours mal.

« Oisive jeunesse, à tout asservie... »

Que dire d'une jeunesse à l'image de tant d'autres dans le monde qui était le mien, jeunesses privilégiées libérées de toute contrainte matérielle avant l'entrée dans une vie professionnelle qui n'était pas encore devenue un privilège elle aussi ? J'ai l'impression de n'avoir fait que persévérer dans mon être, dans le droit fil de la petite fille que j'avais été. Et pourtant... Deux agendas de cette époque – dix-neuf et vingt et un ans –, miraculeusement retrouvés, m'ont réservé plus d'une surprise. Je me croyais plus studieuse, et surtout plus solitaire ; mais non, mon existence était continuellement traversée de présences amies : comme dans les pièces classiques on retrouvait l'amant (celui qui aime et qui est aimé), l'amoureux ou plutôt les amoureux (ceux qui aiment et ne sont pas aimés), la confidente (et amie très chère), et tout un essaim de cousins, cousines, tantes et autres relations familiales ou amicales ; à la maison, il y avait à peu près table ouverte, les mères de mes soupirants me traitaient en belle-fille, j'adorais ça. Je me revois peu aventureuse, sans trop d'humour, faisant preuve la plupart du temps d'un indéracinable esprit de sérieux. D'admirations extrêmes en vives détestations, j'étais totalement heureuse, totalement malheureuse, souvent très mécontente de moi. Mais en basse continue, derrière cette vie si pleine ou plutôt si remplie, je sentais bien une insatisfaction jamais apaisée, une soif qui ne trouvait nulle part son compte; « pas exactement une souffrance, plutôt une sorte de lamentation intérieure et silencieuse, toujours présente * ». Je voulais autre chose, mais quoi? L'amour, sans doute; l'amour inconditionnel dont j'avais connu, petite, le double visage : celui de Maman, celui de mon Père qui était aux cieux...

Ma vie professionnelle avait suivi un cours plus égal. À ma sortie de l'université, un ami de ma mère m'avait ouvert les portes d'une maison d'édition où je commençai, sans enthousiasme, un métier dont j'ignorais tout. Très vite, j'allais découvrir combien j'aimais faire des livres : si j'en avais eu la possibilité, j'aurais choisi cette profession entre toutes. Devenue documentaliste iconographe, je passais mes journées à regarder des images, activité ludique par excellence, et je ne comprenais pas bien pourquoi, à la fin du mois, on me payait pour m'être amusée comme une enfant. J'avais pratiquement élu domicile à la Bibliothèque nationale, lieu de délices encore inexploré en ce temps-là. Les gravures coloriées, les photographies anciennes qui, depuis, ont été cent fois reproduites dormaient alors dans leurs albums; je les découvrais peu à peu, m'initiant parallèlement aux joies du chercheur qui se lance sur une piste, tâtonne, s'égare et trouve après cent détours l'objet de tous ses vœux. Chaque semaine, un mini-cocktail réunissait auteurs et membres de la maison d'édition autour d'un porto assez médiocre : je n'en abusais pas; d'ailleurs, à l'époque, je n'abusais de rien. Les rares cuites dont je me souvienne avaient toujours été liées à des fêtes trop arrosées, où j'avais bu comme tout le monde, mais juste un peu plus que de

* Dainin Katagiri, *Retour au silence*, Paris, 1993, p. 25.

raison ; l'alcool n'avait fait que rendre plus facile, plus léger et plus gai le jeu social. Je me rappelle très bien ma première ivresse : jamais buveuse ne fut plus innocente. C'était chez un ami qui, pour sa pendaison de crémaillère, avait préparé un immense punch, et personne n'avait pensé à me prévenir que ce breuvage délicieux faisait beaucoup plus de ravages que les quelques alcools forts de moi connus. Avec surprise j'avais vu apparaître les premiers symptômes de l'enivrement, l'équilibre instable, la langue qui s'embarrasse, les mots qui se dérobent, sans comprendre le moins du monde par quoi ils avaient été provoqués.

Alcools

C'est vrai, je commençais à aimer boire : moi si indifférente à ce qui pouvait se trouver dans mon assiette, je devenais gourmande, presque gourmet, d'alcools. J'aimais leur diversité : la bière fraîche au cœur de l'été, les marcs blancs rugueux et raides, les vins d'ici et d'ailleurs, avec une pointe de dédain pour les bourgognes, restés pour moi parents pauvres des bordeaux. Chaque voyage apportait son lot de découvertes : lourdes pintes de Guiness crémeuse, presque tiède, dans les pubs irlandais, petits vins blancs servis dans les trattorias romaines, anis avec toutes ses variantes méditerranéennes, pastis, ouzo grec, raki turc, vins d'Anatolie, sortis de ces étranges vignes qui rampent sur le sol comme des poulpes. Mais sagement, dès mon retour, je revenais sans problème à mon quart de rouge quotidien.

Puis vint l'éblouissement d'une passion heureuse, qui me souleva de terre. Avec une lucidité dont je m'étonne encore aujourd'hui, j'ai su tout de suite, en dépit de mes vingt-trois ans, qu'elle ne durerait pas; je ne m'étais pas trompée, je l'avais seulement imaginée plus courte. J'ai su aussi que j'étais prête à en payer le prix, si lourd fût-il; là encore, je ne me trompais pas. Mais je n'avais pas pensé que mes vieux démons, oubliés pendant toutes ces années, allaient resurgir plus vigoureux que jamais. Je me sentais incapable de vivre une existence privée de sens; le ciel était vide, qu'avais-je à faire sur terre? Je croyais avoir changé : quelle erreur! J'étais la même, simplement alourdie de désespoir, sans force ni courage. D'autres auraient inventé d'autres issues, se seraient raccrochés à d'autres fétus de paille, engouffrés dans d'autres dérivatifs. Moi, lorsque commencèrent les jours mauvais des amours tristes, je me suis retrouvée, le soir, en train de me verser une bière ou un whisky pour avoir le courage d'affronter les heures qui m'attendaient.

L'ENLISEMENT

> « Vous tous qui passez sur le chemin, regardez et voyez s'il est douleur comme ma douleur. »
>
> Première leçon de ténèbres

Quand les choses ont-elles basculé ? Je n'en sais rien. J'étais alors si malheureuse, et si constamment occupée de mon malheur, que je ne prêtais attention à rien d'autre.

Ce fut d'abord un soir, de temps en temps. Un soir, et quelques verres ; puis le soir, régulièrement. Combien de temps me fallut-il pour que je boive aussi le jour, et que le nombre de verres ne se compte plus – d'ailleurs j'avais abandonné les verres, je buvais directement à la bouteille –, je ne saurais le dire. La frontière m'apparaît d'autant plus difficile à cerner que j'étais une de ces « alcooliques cycliques » qui alternent les périodes de tempérance et celles où elles roulent sous la table. Etait-ce un moindre mal ? Je n'en suis pas si sûre. Lorsque la sobriété m'était à nouveau naturelle, la certitude qu'elle n'allait pas durer me remplissait d'angoisse, et lorsque je sombrais une fois de plus, ma façon de boire me jetait dans l'épouvante. Le scénario se reproduisait toujours de la même façon : à un moment comme les autres, sans aucun signe annonciateur du désastre, l'envie de boire, non, la nécessité absolue de boire me tombait dessus avec la soudaineté d'un rapace fondant sur une souris des champs, et une force terrible à laquelle il m'était impossible de résister me précipitait vers la première bouteille venue. Tout m'était bon, bière ou whisky, alcools doux ou alcools forts ; tout, enfin tout ce qui était buvable : je n'avais pas pensé à l'eau de toilette, ni à l'alcool à 90° ; le vinaigre, essayé une fois faute de mieux, m'avait laissé de très mauvais souvenirs. A partir de là, pendant huit jours, quinze jours, un mois, je ne pouvais plus m'arrêter. Jusqu'au moment où ce besoin d'alcool qui m'habitait en permanence disparaissait d'un seul coup, comme tombe le vent, aussi inexplicablement qu'il était venu.

Les illusions perdues

Le caractère discontinu de mes débordements m'avait d'abord permis de jouer les faraudes, sûre que le jour où je voudrais *vraiment* y mettre fin, je le ferais sans problème ; d'autant plus que mes périodes d'alcoolisation n'étaient alors ni très longues, ni très rapprochées. Les premières années de cette dépendance à éclipses avaient été relativement supportables : je vivais seule, et buvais surtout le soir, sans témoins. Sachant que lorsque j'entamais une bouteille je ne pouvais que continuer, au moment où je sentais venir – toujours trop tard – l'ivresse profonde qui allait se refermer sur moi, je vidais dans l'évier le cognac, l'armagnac, le whisky dont je n'avais bu que la moitié : des fortunes, j'ai dépensé des fortunes à ce moment-là. Comme j'étais jeune encore – je n'avais pas trente ans –, après des réveils difficiles je retrouvais assez vite mes esprits. Mes journées de travail restaient intactes ; à la maison, les amis continuaient à venir, mais la solitude, mauvaise conseillère, m'entraînait souvent là où je ne voulais pas aller. Pourtant, le soir, l'alcool parvenait encore à effacer tristesses et soucis ; un verre de plus apaisait l'angoisse renaissante ; le dernier m'assommait, j'étais tranquille jusqu'au lendemain matin. Dans ce tête-à-tête où je trouvais à peu près mon compte, je ne redoutais qu'une chose : le téléphone. Comment avoir la certitude qu'il n'allait pas sonner, que ma voix, en répondant, réussirait à donner le change ou, pis encore, que le lendemain matin j'allais me rappeler les conversations de la veille ?

Je ne voulais pas trop savoir. Il me fallut huit ans pour me rendre à l'évidence et constater, effarée, les progrès de ce mal que je ne pouvais maîtriser. Quand mes yeux se sont-ils ouverts ? Est-ce le matin où, en me réveillant avec un mal de tête à hurler, j'ai vu sur le velours bleu pâle du dessus-de-lit la longue traînée du vin rouge que j'avais vomi la nuit dans une inconscience totale ? (Impossible d'avoir la mémoire courte, la tache n'est jamais tout à fait partie...) Ou bien la première fois où je n'ai pas pu partir travailler sans avoir bu une bière, du vin, trois gorgées de whisky ? (On n'imagine pas à quel point le goût du bordeaux, à jeun, peut vous soulever le cœur.) Si l'angoisse m'était depuis longtemps familière, jusque-là elle ne s'était jamais installée à demeure : j'allais apprendre, désormais, à vivre avec elle tous les instants que je ne partageais pas avec l'alcool.

« Sois sage, ô ma Douleur, et tiens-toi plus tranquille » : souvent je repensais à ce vers de Baudelaire ; j'y voyais bien autre chose qu'une métaphore poétique. Oui, j'aurais pu lui parler, à mon angoisse : sa présence était si réelle, si palpable que je lui aurais presque assigné des contours précis, une apparence physique. D'abord mal-être indéfinissable qui, marée montante, prenait possession de tout l'être, des pieds jusqu'à la tête, puis douleur de plus en plus aiguë, crabe au creux de la poitrine refermant sur le cœur ses pinces de fer, bloquant la respiration, me précipitant dans une agonie du corps et de l'âme vers la bouteille ou le verre qui seul m'assurerait un répit. (Etrange paradoxe pourtant, mais je n'en étais pas à une contradiction près : pendant des années cette présence m'a vaguement rassurée ; devenue chair de ma chair, cette mauvaise compagne faisait désormais tellement partie de ma vie que sans elle je n'étais plus tout à fait moi-même...)

En contrepoint de mes déraisons nocturnes, ma vie professionnelle se portait plutôt bien ; j'avais quitté la maison où je travaillais pour trouver chez un autre éditeur de nouvelles activités qui me convenaient davantage. Saturée d'images, je m'occupais depuis peu de textes et d'auteurs. Un mois plus tard, au sortir d'une cuite particulièrement sévère, je m'étais réveillée à midi dans un état épouvantable : terrorisée à l'idée de ne pas survivre à ma période d'essai – je savais bien que, plus que tout le reste, c'était mon métier qui me permettait de ne pas faire complètement naufrage –, je réussis à rester abstinente pendant une année entière. Le temps passant, mes larmes s'étaient séchées ; j'avais, me l'a-t-on assez répété, tout pour être heureuse : une mère aimante, des sœurs chéries, des amis vrais ; j'habitais deux grandes pièces mansardées sous les combles d'un vieil immeuble donnant sur un grand jardin désordonné et charmant, j'adorais mon métier, la route de Pierre, qui allait devenir mon mari, venait de croiser la mienne. Naïve que j'étais, je demeurais persuadée que j'allais pouvoir m'en tenir à l'eau claire, puisque je n'avais plus besoin de boire pour oublier.

Mais cette abstinence crispée, où toutes mes forces étaient tendues pour ne pas céder à la tentation, ne pouvait être que fragile. Je serais incapable de dire ce qui me fit trébucher ; je sais seulement que, très vite, je retombai plus bas encore. Ce fut sans surprise : avant même cette parenthèse d'un an j'avais rendu les armes, et compris pour la première fois non que j'étais alcoolique, le mot était encore trop chargé d'infamie, mais que mon problème d'alcool était bien réel, et que j'étais incapable de m'en sortir seule. Ne sachant à quelle porte frapper, et animée de l'idée simple que si je comprenais pourquoi je buvais d'une façon aussi extravagante, je n'en éprouverais plus le besoin, je décidai d'entreprendre une psychanalyse.

Psychanalyse, première rencontre

Mon ignorance en la matière était abyssale : à peine savais-je qui était Freud, et qu'il existait un inconscient d'où venaient sans doute tous mes maux. Pour avoir une vague idée de ce qui m'attendait, j'avais quand même emporté sur le bateau qui, cet été-là, m'emmenait entre Grèce et Turquie avec mon amoureux et quelques amis l'*Introduction à la psychanalyse* : pesante lecture, pensum obligé qui avait tenu bien peu de place dans ces vacances heureuses. Il y avait tant d'autres découvertes : la lumière méditerranéenne, le soleil levant presque chaque matin – moi si dormeuse, je ne pouvais plus me passer de cet enchantement –, le marché fait en turc, la beauté changeante et constante de la terre et de la mer, des îles roses – « Salut ! Divinités par la rose et le sel,/Et les premiers jouets de la jeune lumière,/Iles * !... » – et de tous les bleus de l'eau. Le besoin d'alcool n'avait pas disparu mais se manifestait avec une modération inhabituelle, et je résistais suffisamment à la bouteille de Johnny Walker, pourtant bien en évidence dans la cuisine, pour que la baisse de niveau n'attire pas l'attention.

J'arrivai donc en septembre, fraîche et naïve, à ma première séance, persuadée que dès l'entretien préliminaire cet homme beau, jeune encore et d'une froideur extrême auquel j'allais me livrer avait tout compris de moi : pendant quatre ans, j'ai parlé à mes proches de mes visites à mon « sorcier » sans voir le moins du monde combien ce terme était révélateur. S'il intervenait peu, pensais-je, c'était qu'il ne pouvait que me distiller goutte à goutte ce que j'étais capable de comprendre, et d'accepter. Entre lui et moi, je retrouvais l'abîme qui me séparait des autres, des honnêtes gens, de ceux qui ne buvaient pas, mais multiplié par dix, par cent, puisque à ma culpabilité d'alcoolique s'ajoutait le sentiment écrasant de mon infériorité face à quelqu'un qui savait tout...

* Paul Valéry, *La Jeune Parque.*

Pendant combien de semaines, de mois le lacanien pur et dur qui se tenait derrière moi dans son fauteuil s'était-il tu ? Assez longtemps, en tout cas, pour qu'aux premiers mots qu'il ait prononcés (une phrase insignifiante, quelque chose du genre : « Je ne vous ai pas bien entendue »), le ciel me soit tombé sur la tête. Et je me reverrai toujours sortant dans la rue, éclatant en larmes comme on peut éclater en sanglots, ce qui ne me ressemblait guère : même toute enfant j'avais trop de fierté pour pleurer en public. Puisque des paroles m'avaient été adressées, cela voulait donc dire que j'accédais à l'existence – on ne parle pas à quelqu'un qui n'existe pas –, qu'on me jugeait digne de les entendre... Depuis le début de mon analyse ce silence de mort me renvoyait à la mort que l'alcool rendait si présente en moi, me rejetait vers le non-être, vide du dehors faisant écho au vide du dedans, me chassait un peu plus de ce monde des vivants auquel déjà je n'appartenais plus tout à fait. Brutalement, ce jour-là, j'ai pris conscience de la non-communication dans laquelle je vivais depuis des années, noyée dans ma solitude, murée dans un désespoir que personne ne pouvait partager avec moi. Je suis arrivée au bureau défaite, perdue, pour une fois ce n'était pas l'alcool qui en était la cause...

Trois fois par semaine pendant deux ans ; deux fois pendant les deux années suivantes. Heureusement, il y avait le divan : en face à face, l'analyse aurait été bien plus longue, la peur m'aurait fait raconter n'importe quoi. J'en ai pris conscience un matin où sur le pas de la porte le docteur S., sortant de sa réserve habituelle, m'avait dit gentiment, en me serrant la main : « Tâchez de ne pas abuser » – c'était un moment où je buvais beaucoup – et où j'avais répondu très vite : « Non, non, bien sûr que non », en sachant pertinemment qu'une fois dans la rue j'irais rendre visite au bistrot le plus proche. Bien sûr je parlais de l'alcool, mais aussi de tout le reste. Tenter de démêler l'écheveau familial, particulièrement embrouillé, aurait suffi pour remplir les séances ; avec un étonnement sans cesse renouvelé, je découvrais à quel point j'avais été marquée par l'absence de père, ou d'image paternelle. Je n'aimais pas beaucoup mon analyste, que je continuais à redouter obscurément, l'impersonnalité voulue de son salon d'attente me glaçait toujours (heureusement, il y avait quand même dans un coin, seule trace d'humanité à laquelle je me raccrochais, une bibliothèque pleine de vrais livres fatigués, manifestement lus et relus), je continuais à aller le voir l'angoisse au cœur mais, il fallait bien le reconnaître, l'alcool se faisait moins présent, moins dramatique. Trois ans après le début de mon analyse, je m'étais mariée, la vie m'était devenue plus douce, je recommençais même à boire comme tout le monde. Et, un beau jour de décembre, c'était ma dernière séance avant les vacances de Noël, une phrase du docteur S. vint mettre fin, ô joie, à notre commune aventure : « Vous revenez me voir quand vous voulez, mais je ne vous attends pas à la rentrée... »

Combien de temps dura la rémission (il n'y a pas d'autre terme) ? Là les dates s'embrouillent un peu. Au début, je recommençai comme un fumeur sevré retourne à son poison : juste une petite cigarette, rien qu'un verre par-ci, par-là ; je ne me droguais plus à l'alcool, je retrouvais simplement le plaisir de boire, avec quelles délices après ces années où les vins, les bières, les alcools blancs que j'avais tant aimés avaient perdu leur goût pour ne plus servir qu'à faire taire l'angoisse. Et puis lentement, sûrement, la machine infernale se reconstitua, rouage après rouage, et se remit en marche, broyant ma vie sur son passage. J'aurais bien voulu pouvoir faire l'économie d'une seconde psychanalyse : économie dans tous les sens du terme. J'avais passé mes soirées et mes week-ends à travailler pour me payer la première ; et l'idée de la souffrance qui m'attendait si j'en entreprenais une autre me décourageait à l'avance. Un bref essai de rêve éveillé me fit perdre mon temps et ma peine ; il fallut bien me résoudre à sauter le pas de nouveau.

Psychanalyse, suite et fin

Une amie de ma sœur avait parlé de moi à Françoise Dolto : mon étrange façon de boire lui sembla le signe heureux d'une issue prochaine, et elle m'envoya à une analyste qui me plut immédiatement et totalement. La femme aux yeux clairs et au sourire chaleureux qui me reçut dans un appartement de la rue Saint-Jacques illuminé de soleil et de fleurs écouta mon histoire avec grande attention et me dit en conclusion : « Ecoutez, je n'y comprends rien, mais nous allons essayer d'en faire quelque chose ensemble... » Avec un petit pincement au cœur et un brin de ressentiment, je repensai à l'omniscience que j'avais si longtemps prêtée au docteur S., et que le docteur S. s'était un peu trop complaisamment laissé prêter. Le goût du pouvoir serait-il moins affaire de femmes ?

Si proches, si vives encore dans ma mémoire, ces dures années de divan, que venait seul éclairer le beau sourire de Mme B. : quand je repense à la façon dont je les ai vécues, c'est grand miracle que j'aie pu en tirer quelque bienfait ; et pourtant, je suis tout à fait sûre qu'elles m'ont été bénéfiques. L'alcool, qui n'avait été que présent lors de ma première « tranche » comme on dit, envahissait tout, devenait quasiment l'unique sujet de mes propos. La souffrance inhérente à toute analyse était alourdie par le poids de la honte – honte de n'être là que pour dévoiler ces excès que je tentais de dissimuler à la terre entière ; honte de boire avant de venir pour avoir le courage de parler, honte de boire après la séance pour oublier ce que j'avais dit (avec un souci dérisoire et obstiné de sauver la face : jamais plus d'un demi dans le même café ; heureusement, il y en avait trois dans les parages). Que de séances j'ai sautées, avec une semi-bonne conscience, en me disant que puisque je les payais... Et pourtant, mon sentiment d'indignité était beaucoup moins accablant que lors de ma première analyse : peut-être parce que j'avais l'impression que cette femme m'aimait, que je sentais chez elle, derrière la neutralité bienveillante de rigueur, une compassion véritable, et aussi parce que ce lieu où je me suis rendue pendant quatre ans était un lieu de lumière. Je revois du soleil, de grands bouquets, des couleurs vives et gaies, la présence apaisante des chiens et des chats, les enfants croisés sur le palier ou dans l'ascenseur, que j'avais trouvés gentils, libres, ouverts. Une maison heureuse, c'est fou le bien que ça peut faire quand on va mal.

De temps à autre, certaines découvertes – je serais bien en peine de les dire aujourd'hui, elles ont disparu de ma mémoire – étaient si douloureuses que pour les affronter il me fallait boire encore plus. Parfois même il ne s'agissait pas encore de découvertes, juste des tumultes de l'inconscient qui les précèdent. Après trois ans et demi d'analyse, un rêve me mit face à une évidence que, consciemment, je ne pus supporter ; ce fut la pire semaine de ma vie. Les réserves à la maison étant insuffisantes, le matin, je partais à mon travail avec un décapsuleur et j'allais acheter un pack de bière que j'entamais dans les toilettes du bistrot le plus proche – un endroit presque sordide, j'avais besoin de cette saleté et de cette puanteur, miroirs de l'abjection dans laquelle je me voyais tombée. J'emportais le reste au bureau, je crois bien que j'allais en racheter dans la journée (comment les dissimulais-je, je ne sais plus : un pack de bière, c'est quand même très visible ?). Mon problème était de me débarrasser des cadavres : pas question, en les jetant dans la poubelle, de m'exposer aux soupçons de la charmante concierge qui venait faire notre ménage ; j'en emportais donc une partie dans mon sac, et j'entassais le reste, sans trop regarder, dans mon vestiaire personnel. Semaine après semaine, je me suis appliquée à ignorer ce tas de bouteilles vides que je retrouvais matin et soir – jusqu'au jour où j'ai eu le courage de m'y attaquer et, avant de les faire disparaître petit à petit, de les compter : il y en avait soixante-quatre, plus une demi-bouteille de cognac...

Un beau jour de juillet où j'avais failli ne pas venir tant j'avais le sentiment de n'avoir rien à dire, mon analyste, relevant la phrase sans aucun intérêt apparent que je venais de prononcer et la reliant au rêve que j'avais fait six mois plus tôt, avait cru mettre le doigt sur la raison première de mon alcoolisme. Je la quittai en dansant de joie, portée sur les ailes d'une jubilation sans bornes ; l'été qui suivit fut l'un des plus délicieux de ma vie, savoureux, vif et gai comme un air de montagne. Trois mois plus tard – il y avait eu quelques signes avant-coureurs auxquels je n'avais pas voulu prêter attention –, un soir où j'avais à dîner deux personnes que je connaissais peu, et sur lesquelles je voulais absolument faire une impression favorable, je me retrouvai ivre morte. Ce fut l'écroulement complet.

L'enfermement

Je n'avais pas attendu cet effondrement pour m'enfoncer plus avant dans le continent noir de l'alcoolisme, et découvrir ses chemins, tous en impasse, qui se nomment désespoir, solitude, culpabilité, peur, haine de soi. Le regard que je porte sur mon passé a tendance à en ignorer les ombres – ma mémoire est plutôt une mémoire du bonheur –, pour ne revivre avec vivacité que les moments heureux, pourtant certains souvenirs, trop douloureux, refusent de se laisser oublier ; ou, plutôt que des souvenirs précis, une certaine tonalité générale, insoutenable. Mon sentiment d'indignité était encore accru par la certitude d'être l'unique femme au monde à me conduire d'une façon aussi lamentable : autour de moi, le trop-boire était toujours masculin. Des dernières de ces vingt années où l'alcool a investi mon existence, épisodiquement d'abord, puis de plus en plus fréquemment, je revois une continuité sans faille dans l'horreur, comme si ma vie entière en avait été submergée. Et pourtant je sais que ce n'est pas vrai : bien sûr mes proches n'ignoraient rien de mon alcoolisme; mais combien de relations amicales sont tombées des nues lorsque, plus tard, je leur ai un petit peu raconté ce que j'avais vécu. Je sais, intellectuellement je *sais* que je n'ai pas été à chaque seconde aussi écrasée de malheur, qu'il y a eu des semaines, des mois de répit où rien, apparemment, ne me différenciait des autres femmes, où il m'est arrivé d'être très heureuse. Et pourtant...

C'était il y a vingt ans, vingt-cinq ans, je ne sais plus, c'était hier; impitoyable acuité de certaines images. Au cœur des jours, parfois des nuits, l'obsession de l'alcool qui jamais ne laisse en paix, et que le fait de boire ne réussit même pas à dissiper totalement : j'avais beau avoir une bouteille à la main, à la seule idée que tout à l'heure, ce soir, demain peut-être mes réserves seraient épuisées j'étais saisie de panique. Les jours de semaine étaient relativement cléments : pendant huit heures, j'étais forcée de penser à autre chose, les escapades vers les bistrots n'étaient guère faciles; de grandes plages d'abstinence forcée venaient s'intercaler entre le demi du matin et les troquets du retour. Mais comment oublier l'angoisse des dimanches où je me rendais compte que le stock de bière ne ferait pas la journée – là, tout n'était pas perdu, je pouvais toujours inventer une course prétexte, découvrir qu'il n'y avait plus de pain, de sel, de cigarettes. Bien pires étaient mes affolements nocturnes quand la dernière goutte du dernier whisky avait été bue, et que j'explorais chaque centimètre carré de la maison dans l'espoir fou d'un miracle, d'une bouteille dissimulée Dieu sait où et que je n'aurais pas encore vidée. Avec réalisme, Pierre avait enfermé tout ce qui était alcool dans un petit placard : je me revois essayant frénétiquement d'en forcer la serrure, debout sur la cuvette des cabinets, morte de terreur et de honte à l'idée que je pouvais être surprise; mais rien ne comptait plus face à l'urgence absolue de trouver quelque chose à boire, là, tout de suite...

Comment boire ?

Même lorsque le verre est à portée de main, l'approvisionnement en alcool assuré, l'existence d'une buveuse clandestine est un parcours du combattant épuisant, dominé tout entier, si elle ne vit pas dans une solitude absolue, par la question du « comment boire ». Comment boire à la maison sans se faire surprendre ? Comment boire à l'extérieur sans trop se faire remarquer, sans donner l'impression d'être ce que je me sentais profondément : une ivrogne ? Et, parfois, comment boire quand on n'a plus de quoi se payer son alcool ? Je me souviens de cette femme entrevue dans une émission de télévision, belle, pathétique, d'une telle dignité, racontant comment, lorsque l'argent manquait, elle allait dans les rayons des grandes surfaces pour boire sur place; sa peur, sa culpabilité, sa honte, c'étaient aussi les miennes...

Comme neuf femmes sur dix, je buvais seule. Quatre cent mille femmes alcooliques en France, presque toutes si jalouses de leur clandestinité que bien souvent l'entourage même ne soupçonne rien; et pour la quasi-totalité d'entre elles, une telle solitude... La joyeuse convivialité des tournées offertes par l'un puis par l'autre nous est inconnue ; notre fréquentation des bistrots reste solitaire et furtive ; nous n'entrons dans un café que pour boire debout, au bar, très vite, le demi ou le verre de rouge – le demi, surtout – qui nous permettra d'aborder notre journée de travail, de tenir le coup jusqu'au soir, d'avoir le courage de rentrer à la maison, tenaillées entre la crainte panique que « ça se voie » et l'espoir qu'un verre de plus nous donnera l'énergie qui nous fait si cruellement défaut. C'est la perpétuelle corde raide de la femme alcoolique : avoir la certitude qu'elle sera incapable d'aller travailler, de préparer son dîner, d'affronter le regard du mari sans un verre de plus ; mais savoir aussi que c'est peut-être ce verre-là qui la fera basculer dans l'ivresse profonde. A cette roulette russe, on perd inévitablement : si le troisième, le quatrième, le cinquième verre ne nous est pas fatal, il y en aura toujours un dernier pour nous expédier dans les limbes.

Et puis, celle qui n'a pas encore toute honte bue ne fréquente pas un bistrot à n'importe quelle heure. Un homme peut commencer sa journée à l'aube avec un café calva, quoi de plus naturel ; mais une femme qui se respecte – si peu, mais un tout petit peu quand même –, qui n'a pas encore franchi la frontière séparant l'alcoolique ordinaire de la pocharde, ne boira pas d'alcool en public avant – avant quelle heure ? Pour moi, le demi ne devenait licite, avouable, innocent même qu'après dix heures du matin. Heureusement que les épiceries ouvrent leurs portes bien plus tôt !

Mais là encore, entre le regard de Pierre et celui des collègues de bureau, un autre écueil me guettait : si l'épicier allait se douter de quelque chose ? Deviner que ces litres de pastis, ces packs de bière, ces bouteilles de whisky qui laissaient supposer une vie sociale intense n'étaient destinés qu'à moi seule ? Lorsqu'on n'a pas la chance de pouvoir se replier dans l'anonymat d'un supermarché, où des caddies entiers d'alcool doux ou dur peuvent défiler sous l'œil indifférent de la caissière (et où l'on peut même changer de caissière), on est contrainte à une stratégie épuisante pour ne pas avoir l'impression d'être montrée du doigt : le lundi chez Paul, c'est tout près, on y achète la bière ; le mardi chez Jean ; le mercredi chez Jacques – il est au bout du monde, mais le whisky pèse moins lourd. Et toujours, partout, éternellement à la poursuite d'une absolution qui vous est éternellement refusée – c'était, du moins, mon sentiment : je croirais plutôt, maintenant, que mon problème d'alcool n'intéressait que moi –, la litanie des mensonges lamentablement répétitifs : j'attends des amis, ma belle-mère vient dîner, je fais ce soir un coq au vin, des bananes flambées, du hachis parmentier, savez-vous que c'est bien meilleur avec un peu de cognac ? Je m'entends encore les formuler, ces pauvres mensonges inutiles qui ne dupent personne : la seule à y croire un tout petit peu, sans doute, est celle qui les prononce, tant elle voudrait que ce soit vrai.

Spirale de la souffrance

Impossibilité de ne pas boire, honte de boire ou d'avoir bu : tenaille rougie au feu dont les mâchoires se refermaient sur moi. L'alcoolisme toujours est souffrance, mais la souffrance morale n'est pas la même pour tous; la mienne a été terrible. Dans mon éducation, ou plutôt dans l'éducation que je m'étais donnée – ma mère était infiniment plus simple et tolérante que moi –, savoir « se tenir » faisait partie des principes de base : on gardait pour soi ses problèmes, on faisait bonne figure devant l'adversité, on ne se donnait pas en spectacle. Je me souvenais – avec fierté – d'un jour parmi les plus sombres de ma vie, où rien d'autre n'existait que mes amours perdues et où l'un de mes camarades de travail, grand mélancolique à qui j'avais dit : « Ça va ! » avec un large sourire, avait grommelé : « Oh ! vous, on sait bien que rien ne peut vous atteindre. » La maîtrise de soi était la pierre angulaire sur laquelle je m'étais construite – et voici qu'elle se délitait, tombait en poussière, que je la découvrais soluble dans l'alcool. Ne plus savoir ce que je disais ou ce que je faisais lorsque j'avais bu m'était une douleur sans cesse renouvelée; d'autant plus qu'à chaque dérapage non contrôlé je me voyais me perdre : face à celle qui s'enfonçait, il y avait l'autre, la vigilante, le témoin qui constatait, impitoyable, les étapes de l'enlisement.

De ces étapes, la première aurait pu paraître anodine : elle ne m'effrayait que parce que je reconnaissais en elle les prémices de la catastrophe. L'alcool délie les langues, on le sait : je me surprenais en train de trop parler, de dire ce que ma réserve naturelle m'aurait fait taire en d'autres circonstances, de me montrer un peu trop contente de moi. Puis le flou de l'ivresse envahissait le corps et l'esprit; pourtant tout contrôle n'avait pas disparu, je pouvais encore ruser avec moi-même. Une hantise me taraudait : sauver les apparences, ne pas trop me tralir. Eviter de traverser une pièce dans toute sa longueur quand je ne marchais pas droit ; me rappeler qu'au-delà d'un certain nombre de bières il y avait des mots que je ne pouvais plus prononcer. La langue fourche, s'embrouille, certaines syllabes offrent des difficultés insurmontables, il faut penser à les contourner. Et que dire de ces paupières de plomb qui, à chaque instant, malgré vous, se ferment ? De ce sommeil auquel j'aurais tant voulu pouvoir céder et qu'il fallait repousser sans cesse ? Epuisante tension de chaque seconde : Mon Dieu, mon Dieu, je sais bien qu'ils voient que j'ai bu ; mais faites qu'ils ne sachent pas à quel point je suis ivre... Parfois, incapable de lutter davantage, je m'effondrais sur mon lit ; il m'est arrivé, lorsque j'attendais des amis le soir, de reprendre conscience juste avant leur coup de sonnette, étendue de tout mon long sur le sol de ma cuisine ; au bureau, c'était recroquevillée par terre dans les toilettes que je sombrais pendant un moment dont je ne pouvais évaluer la durée. Je me réveillais ayant perdu tout sens de l'espace et du temps, sentant la fraîcheur du carrelage contre ma joue, pétrifiée de terreur à l'idée que forcément on m'avait cherchée, qu'on m'avait appelée, qu'il fallait sortir de mon refuge et faire face – mais avec quels mots ? avec quelles forces ?

Et puis venait, inéluctablement, le moment de l'ivresse profonde, celui où je ne me souvenais plus de rien. Quelle autre Anne venait alors prendre ma place ? J'ignorerai toujours son vrai visage, puisqu'il apparaît au moment où le moi familier s'efface, où la mémoire, paralysée par l'ivresse, ne fonctionne plus. Les alcooliques passent leur temps à revivre, avec mille variantes, l'histoire du docteur Jekyll et de Mr Hyde. Parfois, affligés ou indignés, les témoins de votre métamorphose viendront vous raconter, le lendemain, les faits et gestes de cette inconnue; Pierre, lui, ne me disait rien, j'en étais réduite à imaginer le pire. Et comme par hasard, moi qui ne buvais pas régulièrement, c'était toujours devant ceux que j'aurais particulièrement voulu séduire ou impressionner que je me montrais sous le jour le plus abominable : à combien de dîners suis-je arrivée déjà ivre pour basculer bientôt dans l'inconscience complète; combien d'entrevues essentielles pour un travail, un projet qui me tenait à cœur, pour ma vie ont dérapé à cause de l'alcool, suivant un déroulement qui se répétait toujours à l'identique : un début prometteur, le sol qui commence à se dérober sous mes pieds, puis le temps qui s'arrête tandis que je continue à fonctionner comme un automate et, après un grand blanc, le retour à la vie dans un accablement, une culpabilité insoutenables.

Je dois quand même reconnaître que dans ma détresse j'ai eu beaucoup de chance : cette agressivité désespérée que fait naître le trop-boire, c'est toujours contre moi que je l'ai retournée. Personne n'est venu me dire que j'avais essayé de l'étrangler; on ne m'a rapporté aucune phrase assassine, de celles que des années de sobriété parviennent difficilement à effacer. Mais chaque passage à vide me renvoyait à la seule perte impossible à supporter, plus douloureuse que celle de n'importe quel être cher : la perte de soi. Egarée, j'étais égarée dans cet univers parallèle sans mémoire ni repères où tout – le monde, autrui, moi-même – avait cessé d'exister. La folie, est-ce autre chose ? Mais est-ce qu'on a tellement honte d'être fou ?

Un temps qui se dérobe, un corps qui se défait

Je dérivais. Le temps même dans lequel je vivais n'était plus celui des autres. Il avait perdu sa continuité, n'était plus un mais trois – trois temps entremêlés qui rythmaient, inégalement, les jours et les nuits. Celui de tout le monde, que je continuais vaille que vaille à partager ; le non-temps dans lequel, ivre morte, je coulais à pic, tuant au sens propre du terme un temps qui jamais ne ressusciterait puisqu'il avait glissé sur les cellules de la mémoire sans les impressionner ; et enfin, lorsque je n'étais plus qu'envie de boire, le temps gelé de l'angoisse, celui qui se fige en une quasi-immobilité, se désagrège en une série de secondes dont chacune dure des heures. Le passé n'existe plus, il n'y a pas d'avenir, seul reste cet instant présent, infini, insupportable : comme dans *Alice au pays des merveilles* où pour le Chapelier fou accusé d'avoir lui aussi voulu tuer le temps, la journée s'est arrêtée, il est toujours l'heure de prendre le thé. Je n'ai pas oublié une certaine veille de Noël où je m'étais juré de ne pas dépasser six bières dans l'après-midi – je voulais, le soir, être à peu près présentable –, suspendue à l'aiguille des minutes, portant sans cesse ma montre à mon oreille pour m'assurer qu'elle marchait encore, me cramponnant de toutes mes forces à la certitude, si abstraite hélas, que cette agonie aurait une fin, que si j'arrivais à tenir bon, à additionner ces interminables fragments de temps comme on enfile des perles sur un collier, je me sentirais moins mal, j'aurais gagné un bref répit pendant lequel, mon ambition n'allait pas plus loin, je réussirais peut-être à faire illusion, à marcher, parler, rire comme les autres.

Se vengeait-il, ce temps que j'essayais d'abolir, en m'imposant avant l'heure les marques du grand âge ? Avec la maîtrise de l'esprit s'en allait celle du corps. J'avais trente ans, quarante ans, et des mains tremblantes de vieillard – affreux souvenir de mon écriture d'alors, toute distordue –, des jambes qui ne me portaient plus, une mémoire trouée. Mes ivresses nocturnes devaient être agitées : je me réveillais couverte de bleus énormes, sortis d'on ne sait où, et qui mettaient un temps fou à disparaître ; une année, je suis partie en vacances avec un œil au beurre noir. Mon visage s'était empâté et dès que j'avais un peu forcé la dose, je voyais apparaître sur mes joues, sur mon cou, de grandes taches rouge foncé que j'essayais de masquer, tant bien que mal, sous d'épaisses couches de maquillage. L'horreur des vomissements m'avait été pratiquement épargnée, mais non celle qui était pour moi la pire de toutes – on ne boit pas impunément des litres et des litres de bière : je me revois debout dans ma chambre, était-ce face à mon mari ou l'ai-je ajouté en surimpression pour que mon humiliation soit plus grande encore, avec la sensation d'un liquide chaud coulant le long de mes cuisses, et le spectacle effrayant de la flaque qui se formait entre mes pieds. Tout ivre que j'étais, je n'ai pas oublié la déflagration de la honte qui m'avait foudroyée : que n'aurais-je pas donné, à ce moment-là, pour qu'elle ne laisse de moi qu'un petit tas de cendres...

Le mensonge comme seule issue

Je ne me reconnaissais plus. Avant, dans ce passé préhistorique où mon destin n'était pas encore scellé, on m'avait appris à fuir la dissimulation et le mensonge, vilains défauts ; d'ailleurs, je ne savais pas inventer, je n'avais guère de peine à dire le vrai – sauf lorsque j'avais peur d'être grondée, ce qui ne m'arrivait pas si souvent. Et voici que je me retrouvais intérieurement contrainte de mentir sans cesse, de faire sans cesse semblant d'être celle que je n'étais plus. L'alcoolisme était pour moi signe de faiblesse intérieure, quelque chose d'aussi inavouable que la syphilis au siècle dernier. Je voyais double, je ne tenais pas sur mes jambes, j'étais incapable d'articuler une phrase, et contre toute vraisemblance je me cramponnais à ce « Je n'ai pas bu », le rouge au front, avec l'impression de faire un de ces énormes mensonges d'enfant qui n'ont pas la moindre chance d'être crus dix secondes par les grandes personnes. Petite fille terrifiée et butée, tellement dépassée par l'énormité de sa faute qu'elle se serait fait couper en morceaux plutôt que de la reconnaître...

Dissimuler, sans fin. Mes bouteilles. Le fait que j'avais bu. Les bêtises que j'avais pu faire parce que j'avais bu. Mes trous de mémoire – travail de détective inlassablement recommencé : à partir de questions biaisées, d'indices ténus, essayer de reconstituer, par bribes, ces pans de vie qui m'échappaient. Ma fatigue, aussi : je savais bien que l'alcool en était la cause. Toute énergie avait disparu, laissant la place à un épuisement qui me coupait bras et jambes ; les mille activités de la vie quotidienne – faire la vaisselle, taper une lettre, passer un coup de fil – devenaient autant de montagnes à soulever, demandant une volonté de tous les instants, tendue à se briser, me laissant incrédule devant une phrase si souvent entendue, prononcée tout haut ou pensée tout bas : « Si elle le voulait vraiment, elle arrêterait de boire ; le problème, c'est qu'elle n'a pas de volonté. »

Pas de volonté ! S'ils savaient... Mais j'étais un monstre, un prodige de volonté : personne n'en avait plus que moi. Comment aurais-je fait, sans cela, pour simplement décider d'ouvrir les yeux un lendemain de cuite, et recevoir de plein fouet la blessure de la lumière, alors qu'un marteau-piqueur fulgurant se déchaînait dans mon crâne, que mon cerveau était méthodiquement passé à la tronçonneuse, que mon sentiment de culpabilité me coupait bras et jambes ? Pour mettre un pied par terre, me tenir debout, marcher ? Une définition ancienne apprise sur les bancs de l'école me revient en mémoire : la marche est une chute évitée. Tomber, mais je n'aurais demandé que cela : m'écrouler de tout mon long, ne plus bouger, attendre que la terre miséricordieuse se décide enfin à m'engloutir, larve misérable, écrasée sous le poids de mon indignité, épuisée par un combat dont l'issue n'était que trop certaine ; tout me tirait vers l'inertie, la stagnation, le non-être. Comment aurais-je fait pour survivre si je n'avais pas été dotée d'une volonté peu commune ?

Qui, hélas, s'évaporait complètement devant l'alcool : face à la bouteille, je n'avais pas plus de liberté véritable qu'un oisillon fasciné par un serpent. De verre en verre, ma vie était semée d'abandons, de capitulations lamentables, de redditions désastreuses. Je n'ai pas oublié ce cauchemar des samedis matin, où le combat pour ne pas boire la première bière commençait sous la douche, où, inévitablement, je me retrouvais tout humide encore devant le frigidaire ouvert : début d'un film dont je connaissais chaque séquence. L'humiliation d'avoir craqué une fois de plus, l'alcool bu au goulot, le bref soulagement initial. Le premier acte s'achevait toujours par la même défaite, le même serment d'ivrogne – Je n'en boirai qu'une avant midi –, qui s'adaptait, au fur et à mesure – Je n'en boirai que deux, que trois... –, au délabrement de la situation, avec le même espoir fou que cette fois-ci ce serait différent, qu'un grain de sable viendrait enfin gripper l'engrenage, et la même certitude d'une fin désastreuse. L'histoire se terminait toujours mal, mais avec quelques variantes : l'anéantissement complet, bienheureux mais dont j'aurais à rendre compte le lendemain, n'était pas toujours mon lot ; parfois je m'arrêtais au stade précédent, où l'horreur de mon destin d'alcoolique m'apparaissait avec une force telle que je ne pouvais que m'effondrer, et pleurer toutes les larmes de mon corps sur ma vie perdue.

L'alcool, unique objet d'amour ?

Parfois, de plus en plus rarement à mesure que l'alcool envahissait le devant de la scène, j'avais effectivement des amis à dîner ; mais ces jours-là, la présence de ceux qui étaient venus me voir, si chers fussent-ils, me devenait bientôt insupportable : qu'ils s'en aillent, vite, qu'ils s'en aillent, que je puisse enfin boire en paix, vider, premier acompte, tous les fonds de verre restés sur la table, comment peut-on se lever sans avoir bu son vin jusqu'à la dernière goutte? Avec cette même impatience j'attendais, le matin, que la maison soit déserte pour retrouver sans crainte d'être surprise ce qui était devenu le centre de mon existence. Souvent il m'arrivait d'envier celles qui vivaient seules, qui pouvaient s'enfermer, tirer leurs rideaux, couper leur téléphone pour que rien ne vienne troubler leur tête-à-tête avec la bouteille; car l'alcool est jaloux et ne souffre pas de rival. Face à lui, les amours les plus vraies s'étiolent et finissent par ne laisser au cœur que le creux douloureux de leur dégradation. L'enfer, ce n'était pas les autres, mais l'absence des autres. « L'enfer, c'est de ne plus aimer », écrit Dostoïevski. Est-ce que vraiment je n'aimais plus personne? Ou plutôt, est-ce que je n'osais plus appeler amour ce sentiment que mon besoin de boire emportait comme fétu de paille, écrasée par l'affreuse évidence qu'entre la bouteille et ceux que j'aimais, c'était toujours la bouteille qui aurait le dernier mot?

Non, non, il fallait bien que l'amour n'ait pas disparu de ma vie pour que m'ait été si intolérable la souffrance que j'infligeais à mes proches. Le plus souvent, l'égoïsme de celle qui boit n'est qu'apparent : le mal qu'elle fait à ceux qui l'entourent la désespère – ce mal multiforme qui peut se traduire par l'agressivité ou seulement l'absence, pendant ces moments où elle est tellement absente à elle-même. Comment ne les aurais-je pas comblés de promesses puisque je souhaitais si fort mettre un terme à leur malheur, puisque j'espérais toujours, contre toute attente, que cette fois-ci serait la bonne, qu'enfin je réussirais à arrêter de boire ? J'avais une conscience aiguë de ce que j'infligeais à Pierre : les humiliations publiques, lorsque mon ivresse ruinait totalement une soirée entre amis ou qu'à la dernière minute il devait prendre le téléphone pour décommander nos invités – la phrase rituelle était : « Anne n'est pas bien », tout le monde savait à quoi s'en tenir –, ou, quand nous étions seuls, le spectacle d'une femme hébétée, murée, avec laquelle toute communication était impossible. Je n'osais plus aller voir ma mère, pour ne pas me montrer dans un aussi triste état : elle en souffrait en silence, ce qui me crevait le cœur, persuadée que j'avais des problèmes avec elle dont je ne pouvais pas lui parler. La peine de ceux que j'aimais me renvoyait à ma culpabilité profonde, je me haïssais de les faire souffrir ; et pourtant, au plus secret de mon cœur, une petite voix têtue criait mon innocence, et je les détestais de toutes mes forces de n'avoir rien su comprendre, d'imaginer que j'ingurgitais par plaisir cet alcool dont je n'aimais même plus le goût : avec son odeur de punaise écrasée, le whisky me faisait horreur, j'en ai bu des barils entiers. Mais comment auraient-ils compris, les pauvres, ce comportement absurde qui m'échappait à moi-même, cette autodestruction méthodique et désespérée ?

Leurs yeux, leurs tristes yeux, où la désolation se mêle au reproche. Plus difficiles encore à affronter que le regard de tous les autres, les irréprochables, les purs, les parfaits, ceux qui réussissent à boire comme tout le monde. Ces autres qui me faisaient si peur.

Je me souviens. La peur, la peur, partout. Peur de tous ceux à qui l'on a affaire au bureau

– et guère plus du grand patron que de la plus petite secrétaire. Du voisin qui vous salue dans l'escalier et de celui qui vous ignore. De la moindre ménagère au cabas pacifique, devenue porteuse de menace. Peur des rues animées et des rues désertes. De prendre le métro. D'entrer dans un magasin. De la porte entrebâillée, d'une marche qui craque. Peur d'affronter Pierre en rentrant du travail, peur en sonnant à la porte de ma mère, peur en arrivant, le dimanche soir, au dîner rituel chez ma sœur aînée – « Tu étais dans un drôle d'état », me disait-elle parfois, j'aurais voulu disparaître sous terre. Peur, comme si un châtiment terrible était en permanence suspendu au-dessus de ma tête et me menaçait à chaque instant. Quoi de plus normal, quand on se sent tellement coupable ? Et puis cette peur-là, je le sais bien, n'était que l'écho affaibli de la peur panique que j'avais de moi-même, de cet Autre en moi qu'éveillait l'alcool et dont je ne pouvais attendre que le pire.

Avoir honte à en mourir

Et, toujours présente, la honte. Quand je repense à ces années de détresse, ce ne sont ni les angoisses, ni le malheur absolu, ni l'idée constante du suicide dont le souvenir m'est le plus difficile à affronter, mais la honte de l'image que j'ai pu trop souvent donner de moi. Lorsque je commençais à émerger de mon anéantissement, lorsque la mémoire me revenait ou plutôt l'horreur devant l'absence de mémoire – pages blanches des « trous noirs » où rien jamais ne vient s'inscrire –, le sentiment d'indignité qui me terrassait était si insoutenable qu'après quelques minutes ou quelques heures d'un vain combat, je capitulais, lamentable, et m'engouffrais dans la seule porte de sortie qui m'était encore offerte : boire pour oublier. Que faire pour échapper à ce cycle infernal, dont la répétition me laissait chaque fois un peu plus effondrée ? Un jour, j'ai cru avoir trouvé une solution : puisque je ne pouvais ni vivre sans boire, ni boire sans honte, il ne me restait plus qu'à tirer ma révérence.

J'aime bien redécouvrir, même à mes propres dépens, le sens premier des expressions que l'on emploie métaphoriquement, sans y penser. En Irlande, quand j'étais jeunette, j'avais appris au terme d'une trop longue marche, en me retrouvant à plusieurs reprises le nez dans l'herbe mouillée, que l'on pouvait vraiment « tomber de fatigue ». Je sais maintenant que l'on peut aussi « mourir de honte » ; tout au moins, j'aurai essayé.

Chez une de mes amies qui pendait la crémaillère – Pierre m'avait laissée partir seule, sans doute avait-il ses raisons –, j'avais retrouvé un couple d'éditeurs que je connaissais quelque peu, et que je tenais en particulière estime. Je me revois au milieu de la foule de la première heure, un verre de sangria à la main, puis, beaucoup plus tard, dans l'appartement quasi désert, allant me resservir une fois encore de cette boisson que je n'aimais pas, mais qui avait le mérite d'être alcoolisée. Quels propos décousus ou franchement stupides – l'alcool rend bête, je le savais depuis belle lurette – avais-je pu tenir à ces deux-là qui me connaissaient sous un jour meilleur ? Je me réveillai le lendemain matin torturée par cette question sans réponse. Pendant quinze jours elle ne me quitta plus, devenant peu à peu insoutenable, jusqu'au moment où, à bout de résistance, j'avalai un flacon entier de Tranxène 50. Je croyais pouvoir tout supporter, je supportais tout depuis si longtemps déjà : l'excès d'angoisse, l'excès de désespoir, l'excès de malheur ; je ne savais pas que seul l'excès de honte pouvait me faire perdre le peu de tête qui me restait.

Ai-je vraiment voulu mourir ? Je ne le pense pas : c'était le soir, Pierre est arrivé très vite, j'ai repris conscience à l'hôpital après un lavement d'estomac dont je n'ai aucun souvenir. Mais je sais, avec une absolue certitude, que ce n'était pas un suicide-appel au secours : simplement je ne pouvais plus continuer à souffrir autant. Il me fallait un répit, un vrai, j'étais prête à le payer n'importe quel prix ; m'en sortir ou pas était devenu tout à fait secondaire.

Lorsque j'ai repris conscience, mon mari et ma mère étaient là, au pied du lit, qui me regardaient ; un regard que je n'ai pas oublié. « Me faire ça à moi, disait leur silence, me faire ça à moi qui ai tout compris, tout accepté, tout supporté... » Je n'avais pas encore suffisamment retrouvé mes esprits pour me sentir coupable et, dans ma consternation d'être toujours de ce monde, je les ai haïs, brutalement, d'oser penser à eux, d'être trop submergés par leur propre souffrance pour imaginer la mienne, pour se rendre compte que c'était d'abord à *moi* que j'avais fait *ça*...

(Bien des années plus tard, j'ai revu l'une des deux personnes pour lesquelles j'avais failli me retrouver sur l'autre rive, et je lui ai tout raconté. Sa stupéfaction a été sans bornes : « Je n'avais rien vu, me dit-elle, et si par hasard j'avais vu quelque chose, j'aurais pensé : Tiens, ce soir, elle a bu un coup de trop. Mais je n'ai rien pensé... »)

« O mort si fraîche, ô seul matin... »

Qui dira la place de la mort dans une vie où l'alcool règne en maître ? Dans le Rorschach – ce test où l'on demande à quoi vous font penser de grandes taches d'encre colorées qui ressemblent à des papillons –, l'alcoolisme s'exprime par des signes de mort ; je n'y avais vu que ruines, décombres, feuilles pourrissantes. Un psychiatre, Alonso-Fernandez, a parlé du « désespoir plombé » de l'alcoolo-dépendant : plombé comme un ciel d'orage, plombé comme un cercueil... A chaque instant la mort est présente, en filigrane. D'abord, bien sûr, après les cuites où l'on a vraiment passé la mesure : le langage populaire, une fois de plus, montre sa justesse, « ivre mort » n'est pas une façon de parler. Mais ce n'est pas le pire, loin de là. Avouerai-je même qu'après avoir cessé de boire, il m'est arrivé de regretter ces heures d'oubli absolu – il n'est pas d'angoisse, de désespoir, de dégoût de soi-même que l'alcool ne puisse faire disparaître –, ces « vacances dans l'alcool », selon l'expression de William Faulkner qui savait de quoi il parlait, pendant lesquelles rien ne peut plus vous atteindre ? (Un sentiment que j'ai retrouvé, ô surprise, exprimé par l'abbé Pierre : « C'est vrai que les seules époques où je garde une pensée pleinement heureuse, ce sont les trois anesthésies générales que j'ai subies... C'était la joie d'être absent. Ouf ! »)

Non, le pire, c'est l'obsession de la mort lorsqu'on est à jeun, ou même « ivre vivant », une expression que l'on devrait bien inventer. Mort passionnément souhaitée, puisqu'elle seule peut mettre fin à un malheur insoutenable, pour lequel on n'imagine plus d'autre issue ; puisque aussi elle apparaît comme un châtiment mérité : boire n'est-il pas un acte immoral, indigne, scandaleux ? Mort terrifiante en même temps, qui viendra irrémédiablement faucher l'indéracinable espoir, mille fois déçu, mille fois renaissant de « s'en sortir un jour ». D'ailleurs, peut-on même parler de mourir ? Pour moi, c'étaient les gens sobres qui mouraient. On meurt dans la dignité ; quand on s'est perdu de boisson, on crève, comme un chien galeux, comme une vieille pocharde sur son trottoir.

A partir d'un certain stade, les imaginations heureuses sont interdites à celle qui se reconnaît prisonnière de la bouteille. Le désespoir infiltre tous ses projets : elle sait qu'elle ne peut plus rien attendre de bon, ni d'elle-même, ni des autres, et parfois l'un des rares plaisirs qu'il lui reste est de programmer la façon dont elle choisira sa sortie. Je me souviens de l'avoir fait avec une précision maniaque, enfin distraite de mon malheur par l'élaboration d'un scénario parfaitement irréalisable que je me suis raconté cent fois. Après m'être gavée de barbituriques, je louais une barque au bord d'un grand lac et ramais aussi loin que je pouvais ; au moment où j'allais perdre conscience, je me mettais debout à l'avant : pour être bien sûre de me noyer, je me tirais une balle dans la tête. Et j'ai fini par avaler, comme tout le monde, un flacon de tranquillisants...

Rattrapée par les cheveux, ramenée sur la rive de cette vie détestée, je voyais bien les perspectives qui s'ouvraient devant moi. J'allais perdre mon travail, c'était évident ; Pierre allait me quitter, cela ne faisait pas l'ombre d'un doute. A partir de là, l'angoisse devenait si forte que l'esprit, paralysé, refusait de fonctionner.

Il ne me restait plus qu'à gérer l'enfer, et à continuer de débiter en tranches cette mort qui n'avait pas voulu de moi.

VOUS QUI ENTREZ,
TROUVEZ TOUTE ESPÉRANCE

« Une force monte en moi, une louange... Il n'y a plus de prison quand une chose pareille se passe : être entendue. »

ELSA BERG
Poupée de sang

Des mouvements d'anciens buveurs j'ignorais tout, ou presque. Comment ai-je pu traverser ces vingt années où tant de gens navrés ou désapprobateurs m'avaient vue ivre sans que personne, jamais, ne me parle des AA ? Je connaissais bien, il est vrai, l'existence de la Croix Bleue, une association d'obédience protestante, mais j'avais entendu dire qu'on y jurait de ne plus boire avec l'aide de Dieu, ce qui m'était une double raison de ne pas y aller. La perspective de faire une fois de plus, et avec une certaine solennité, une promesse que je me savais incapable de tenir me coupait bras et jambes ; quant à appeler à mon secours ce Dieu de mes ancêtres auquel je ne croyais plus depuis belle lurette, je ne pouvais même pas l'envisager.

Et puis un jour, alors que je m'enfonçais inexorablement dans ma panique, ma mère me parla des Alcooliques Anonymes. C'était un mouvement non confessionnel, il avait fait ses preuves en Amérique, oui, oui, je voulais bien essayer. Et je me revois, un 7 janvier, il y a dix-huit ans, c'était hier, attendant à la nuit tombante devant l'église Saint-Germain-des-Prés l'autobus qui devait m'amener à ma première réunion. J'avais réussi à ne pas boire ce soir-là, je me sentais quand même un peu flottante, et je me demandais : Vers quoi est-ce que je vais ?

Vers quoi j'allais ? Jamais, dans mes espoirs les plus extravagants, je n'aurais pu l'imaginer.

Pousser la porte

La salle ressemble à toutes les salles paroissiales de ma jeunesse. Il fait froid, les murs auraient grand besoin d'être repeints. Prenant à deux mains mon peu de courage, je m'adresse à la première personne qui ne me fait pas trop peur. « Ah, tu n'es jamais venue ? Excuse-moi, de toute façon j'aurais pas pu te reconnaître, je suis pratiquement aveugle », me dit Valentin avec le plus parfait naturel. Autour d'une grande table, des hommes et des femmes, de tous les âges ou presque – il n'y a pas de très jeunes, ni de très vieux –, toutes classes sociales mélangées ; ils sont trente, quarante peut-être. Comment ne me suis-je pas enfuie en courant, moi qui déteste les groupes, qui hais les groupes, qui perds tous mes moyens quand j'ai à affronter plus de cinq personnes ? Dans mon trouble, me faisant aussi petite que possible, je finis par repérer au milieu de cette foule deux femmes à peu près de mon âge, deux bourgeoises/intellectuelles comme moi : leur présence, et plus encore leur beauté m'apaisent un peu. Ce pouvoir rassurant de la beauté ou de l'élégance, j'aurai maintes fois l'occasion de le vérifier par la suite – comme si, d'emblée, la plus gratifiante des identifications vous était proposée : tu peux être, toi aussi, cette femme-là, le contraire même de l'image stéréotypée de celle qui boit trop.

> *Est arrivée une femme que j'ai trouvée éblouissante,* raconte Annie de sa première réunion. *Je croyais être la seule femme qui buvait. Une femme bien habillée, maquillée, qui sentait bon. Elle m'a dit : « Bonjour, je m'appelle Unetelle, je suis alcoolique. » Et moi je lui ai répondu : « Ce que vous êtes belle ! » Elle m'a répondu : « Toi aussi tu seras belle un jour. » Voilà les premières phrases que j'ai entendues en Alcooliques Anonymes.*

(Parmi ceux qui étaient réunis ce soir-là, d'ailleurs, pas un, pas une n'avait l'air, si peu que ce soit, d'un ou d'une alcoolique. Combien d'entre nous, qui s'attendaient à tomber au milieu d'un ramassis de cloportes avinés, de clodos ivrognes avec leur litron, ou, au mieux, de pauvres types, auront fait cette même constatation, au premier abord surprenante : le plus souvent, *personne* ne porte moins les stigmates de l'alcool qu'un membre des Alcooliques Anonymes.)

Mais ce qui me frappe surtout dès mon entrée dans cette salle, c'est la chaleur inhabituelle qui règne entre ces gens-là, chaleur quasi palpable, évidente comme une bouffée d'air chaud qui vous sauterait à la figure. Ils ont un plaisir si manifeste à se retrouver que la nouvelle venue pourrait facilement se sentir mendiante sur le seuil, étrangère, misérable. J'y ai bien souvent repensé depuis : ce qui fait la force des AA risquerait presque, si l'on n'y prend garde, de jouer la première fois un rôle de repoussoir. Pourtant j'ai vu aussi cette chaleur envelopper le nouveau, se faire protectrice, desserrer l'étau de son angoisse : peut-être – on me l'a dit plus tard – n'avais-je pas l'air d'aller assez mal pour que tout le groupe se mobilise autour de moi ? Je ne savais pas encore que là où je venais de débarquer, il n'était plus nécessaire de sauver les apparences.

Une réunion comme les autres

On m'a désigné une place à la grande table. Ma voisine de droite parle avec son voisin de droite, mon voisin de gauche avec sa voisine de gauche, je les déteste de ne pas même s'apercevoir de ma présence, je me sens seule et perdue. Toute à mon mal-être, la tête ailleurs, ai-je seulement entendu lire, au début de la réunion, cette définition des Alcooliques Anonymes dont je me répéterai cent fois, mille fois, par la suite, le premier paragraphe ?

> *Alcooliques Anonymes est une association d'hommes et de femmes qui partagent leur expérience, leur force et leur espoir dans le but de résoudre leur problème commun et d'en aider d'autres à se rétablir de l'alcoolisme.*
>
> *La seule condition requise pour en être membre est un désir d'arrêter de boire.*
>
> *En AA, il n'y a ni cotisation, ni droit d'inscription ; nous nous finançons par nos propres contributions.*
>
> *AA n'est allié à aucune secte, confession, parti politique, organisation ou institution, ne*

souhaite s'engager dans aucune controverse, ne cautionne et ne s'oppose à aucune cause.

Notre but primordial est de rester sobres, et d'aider d'autres alcooliques à parvenir à la sobriété *.

Avec cette lecture première allait s'ouvrir le scénario immuable sur lequel se déroule, en France, n'importe quelle réunion des Alcooliques Anonymes. En tout temps, en tout lieu, deux constantes : un thème proposé, un meneur de jeu. Thème en rapport avec la morale (« Devenir responsable »), la spiritualité, ou même une certaine sagesse pratique dont les AA sont friands (« Lentement ça se fait » ; « Vivre et laisser vivre ») ; thème de réflexion et non de discussion, puisque chacun s'exprime à son tour, lorsque la parole lui est donnée par le « modérateur ». Drôle de mot, qui m'avait fait sourire : prévoyait-on de telles empoignades pendant les séances ? Mais non : cet américanisme, je l'apprendrai par la suite, désigne outre-Atlantique celui qui dirige des débats, si pacifiques soient-ils. Le rôle du modérateur – qui change à chaque réunion – est simple : présenter brièvement le sujet choisi, et permettre aux membres de l'assistance de dire leur expérience en ce domaine, mais l'un après l'autre, pour que tous aient le temps de parler et que la réunion ne tourne pas au mauvais débat télévisé.

Scénario immuable, et pourtant riche d'imprévus puisque, sitôt le sujet énoncé, le modérateur ajoute : « Si quelqu'un a envie de parler d'autre chose, qu'il le fasse : personne ne

* Reproduit avec l'autorisation de The Alcoholics Anonymous Grapevine, Inc.

doit sortir d'ici en ayant gardé sur le cœur un problème qu'il n'aurait pas pu partager. » Pendant cette première réunion, je m'ennuie ferme ; le thème proposé – le « service » – concerne essentiellement l'élection du comité qui va assurer le bon fonctionnement du groupe, qu'ai-je à faire de leur cuisine interne ? Mais d'autres, apparemment, s'en soucient aussi peu que moi, et racontent leurs difficultés présentes – les rapports impossibles avec la mère, la solitude qu'ils vivent si mal, est-ce de leur faute, la mauvaise passe financière –, et je sens bien qu'il se passe là quelque chose de différent. J'entends un ton inconnu de moi, une volonté passionnée de se comprendre soi-même, une telle sincérité dans ce qui est dit sans complaisance, en acceptant de se remettre en cause... Et peu à peu se fait jour, obscurément encore, un sentiment d'immense libération. Toutes les métaphores de la terre, mises bout à bout, ne sauraient exprimer ce moment où tout bascule, où tout s'inverse, où ce qui était jusque-là monstruosité, perversité impardonnable, devient simple donnée échappant à tout jugement moral. Il m'a fallu deux heures pour que commencent à s'effondrer définitivement les murailles de honte et d'horreur de moi-même derrière lesquelles je m'étais peu à peu recroquevillée.

J'étais enfin arrivée chez moi.

Alcoolique, mon frère, toi

Que l'inconscient ait été à l'œuvre, je le savais avec une confuse certitude : les quelques témoignages entendus en un temps si court ne pouvaient à eux seuls justifier un tel renversement.

De fait, l'identification quasi absolue que je pressentais allait prendre corps avant la fin de la réunion. Car le scénario AA comporte une seconde partie : tout le monde se lève, va se servir un café ou un Coca, des conversations s'engagent, à deux, à trois, des fragments de vie se racontent. Là, j'ai commencé à entrevoir que d'autres avaient pu se comporter de façon aussi aberrante que moi, ou même plus aberrante encore ; et que ni eux ni moi n'avions à nous sentir coupables puisque, je l'ai appris ce jour-là, l'alcoolisme est une maladie et qu'il n'est donc pas « mal » de boire, pas plus qu'il n'est « mal » de se reconnaître diabétique ou tuberculeux. Non, être malade n'était pas un déshonneur : qu'avions-nous fait pour cela ? Nous n'avions jamais désiré devenir alcooliques. Et compter sur notre volonté ou notre force de caractère pour « guérir » de cette maladie n'avait aucun sens – pas plus que n'aurait de sens le serment de « renoncer au diabète » ; demander à un alcoolique de ne pas boire, a-t-on pu dire, c'est demander à un coquelucheux de ne pas tousser. Pour beaucoup, cette notion de « maladie » fut une révélation ; pour moi, ce ne fut pas ce mot qui changea la face des choses, mais ce que, sans le formuler, j'avais compris d'emblée : que ceux qui étaient là, sobres et apparemment en paix avec eux-mêmes, étaient tous alcooliques, qu'ils avaient bu comme moi, hors de toute mesure, et que je pouvais comme eux, grâce à eux, arriver à m'en sortir.

Ce jour-là, j'ai découvert aussi que de mon problème d'alcool, jamais je n'avais véritablement parlé avec personne. Je ne le savais pas. Contrairement à beaucoup d'entre nous, j'avais ou l'immense chance d'être entourée d'une mère, d'un mari, de sœurs, d'amis plus que compréhensifs qui en dépit de tout continuaient de m'aimer et ne me jetaient pas la pierre ; mes difficultés, mes succès dérisoires, mes rechutes lamentables, je les avais dits, redits et répétés à mes analystes. Mais je sais maintenant que nous parlions deux langues différentes, qu'un abîme nous séparait, sur lequel aucun pont ne pouvait être jeté. D'un côté les Autres, les irréprochables, les sans-tache, Autres tellement en dépit de toute leur bienveillance, derrière laquelle je sentais une incompréhension profonde pour l'être désolant que j'étais devenu. Et, face à ces Justes, moi, avec ma tare, ma honte, ma reconnaissance obligée pour leur mansuétude ; mes sourdes flambées de haine, aussi, vécues dans une telle culpabilité, à les voir méconnaître pareillement la nature réelle de mon mal.

Et voici que tout à coup se trouvait devant moi mon semblable, mon frère ; celui pour qui boire n'était plus un signe d'infamie ou un vice solitaire, mais un grand malheur partagé ; qui avait tout vécu comme moi : les cuites, les trous de mémoire, l'angoisse sans fond, et me comprenait à demi-mot. « Ah, toi tu ne t'es jamais promenée toute nue dans la rue ? » me demandait une amie dans mes premiers temps, comme s'il s'agissait là d'une activité des plus banales pour une alcoolique « pratiquante », selon l'expression des Alcooliques Anonymes. Il se trouve que non, cela ne m'était jamais arrivé ; mais cela n'aurait pas été « immoral », tout comme il n'était pas « immoral » d'avoir tant bu.

Une alcoolique ordinaire

Très vite, voir à quel point j'étais une alcoolique ordinaire a été un formidable réconfort : tant d'entre eux avaient connu la même chose que moi, parfois de façon bien plus effrayante ou spectaculaire. Françoise, le matin, allant voir les restes dans la poubelle pour savoir quel dîner elle avait préparé. Sonia, se retrouvant un jour chez elle sans avoir le moindre souvenir des trois semaines qui avaient précédé : était-elle malade ? à son travail ? en vacances ? C'est en retournant, tremblante, à son bureau qu'elle avait su le fin mot de l'affaire. Patrick, reprenant ses esprits dans un avion long courrier dont il ignorait la destination. Guy, enfin, se réveillant un jour en prison sans savoir comment il y était venu :

> *Comme j'y avais déjà été, je ne me suis pas trop inquiété. Mais ce fut certes un choc d'apprendre que j'y étais depuis trois jours et non pas depuis la veille, comme je le croyais. Second choc : au lieu d'être libéré, j'ai appris que je devais être traduit devant le tribunal sous une accusation de vol à main armée. Cette aventure s'est terminée avec une condamnation à dix-neuf ans de prison* *...

D'autres avaient bu des barriques entières : « Midi et soir, avant de soi-disant manger, raconte Yves, je prenais un minimum de quinze ricards. Cela commençait dès mon réveil : je buvais de la bière jusqu'au soir et finissais les soirées avec des alcools plus forts. » Alice ne pouvait pas survivre sans ses douze bouteilles

* *Message à l'intention du détenu qui pourrait être alcoolique*, 1987, p. 22, reproduit avec autorisation.

quotidiennes de côtes-du-rhône. Et je n'étais pas la seule à avoir inventé mille façons de tricher avec moi-même – ce qu'il y a d'extraordinaire avec les alcooliques est que mentir aux autres ne leur suffit pas : pour que leur culpabilité leur accorde quelque répit, il leur faut d'abord se persuader qu'ils ne boivent pas tant que ça. Je ne prendrai qu'un porto ce soir, se disait Sonia, avant de se le verser dans un bock ; Valentin jurait de se limiter à vingt bières entre huit heures et midi, mais, saisi de panique, commençait dès six heures à se cuiter au rhum.

Tant d'entre eux avaient comme moi dissimulé de l'alcool un peu partout dans leur appartement. Quelle jolie *Complainte des bouteilles cachées* on pourrait écrire sur le thème du buveur à la recherche de ses trésors enfouis, énumérant de couplet en couplet ces planques tellement astucieuses qu'il lui arrivait de ne plus les retrouver ! Je me souviens d'une réunion où ce thème avait été abordé, et où j'avais été tout éberluée devant l'ingéniosité de mes petits camarades : quelle imagination admirable ! Et quel dommage de m'entendre refiler trop tard toutes ces merveilleuses idées dont je n'aurais plus l'occasion de me servir ! Que l'on ne s'attende pas à les trouver ici : j'aurais l'impression de trahir mes frères et sœurs d'infortune, et j'imagine trop mon désespoir et ma honte si mon époux, alerté par une lecture trop précisément descriptive, avait foncé droit vers... (Je me souviens aussi de mon dernier déménagement ; j'étais sobre à ce moment-là, et mon soulagement avait été grand de savoir que je n'allais pas tomber sur des bouteilles vides dispersées dans les endroits les plus inattendus, sous l'œil consterné des amis venus donner un coup de main.) Alors ma façon de boire – solitaire, clandestine, honteuse – était celle de la quasi-totalité des femmes ? Si communément répandue que les AA avaient inventé, pour la désigner, une jolie expression : l'alcoolisme « de placard », qui s'oppose à celui, convivial, des hommes, l'alcoolisme « de bistrot ».

Et quel soulagement de retrouver chez d'autres que moi ce même déni obstiné – ce « Je ne bois pas » ou surtout « Je n'ai pas bu » si peu crédible que son énormité me décourageait moi-même :

> *Un jour où j'avais bu pratiquement une bouteille de pastis,* raconte Cécile, *mon mari m'a trouvée ivre morte dans l'entrée ; le médecin appelé d'urgence lui a dit tout de suite : Mais votre femme est bourrée ! et il a voulu me faire avouer que j'avais bu. Je ne tenais pas debout, je sentais le pastis à dix kilomètres, mais je me serais fait couper les deux mains, les deux jambes, je n'avais pas bu et il n'était pas question que j'aie bu.*

Les psychanalystes ont trouvé toutes sortes d'explications, parfois extravagantes, à ce refus du réel qui chez moi, de toute évidence, provenait de la honte et de l'impossibilité d'avouer l'inavouable. Mécanisme de défense, disent certains alcoologues, le déni permettrait d'échapper à la dépression, à l'effondrement complet qui serait de se reconnaître alcoolique, c'est-à-dire taré et vicieux à ses propres yeux comme aux yeux d'autrui. Je ne serais pas surprise qu'ils aient raison : lorsque je m'obstinais à nier ce qui sautait aux yeux, je sentais bien que l'enjeu était de taille, et allait bien au-delà du mécontentement, ou même de la fureur de celui que j'essayais d'abuser...

Quand l'alcool vous est ôté

De tout cela, le jour de ma première réunion, je n'entrevis que des bribes. Bribes suffisantes pour que je reparte un peu sonnée, sans trop comprendre ce qui m'était arrivé, en sachant seulement que désormais tout pouvait être différent. J'avais aussi entendu, lu d'autres mots : « Dieu », « Programme », « Etapes », mots gênants ou vides de sens ; ils m'encombraient, je n'en avais rien à faire, on m'a suggéré de les laisser de côté. Et lorsque je suis arrivée à la maison, où le couvert était mis et la bouteille de vin déjà sur la table, j'ai dit à Pierre : « Non, ce soir ce sera de l'eau. »

Extraordinaire, mon histoire ? C'est vrai ; pourtant elle n'a rien d'unique – « L'alcool m'a été ôté » sont des mots que j'ai souvent entendus –, et j'en connais de plus surprenantes encore. Le miracle absolu existe, comme à Lourdes, je l'ai rencontré : il est tombé tel la foudre sur Valentin, grandissime alcoolique et truand de haut vol, heureuse victime d'un coup fourré. Valentin n'avait pas dessoûlé depuis seize ans lorsqu'un soir sa sœur lui demanda de l'accompagner à une conférence sur les Pygmées. Qui dit conférence dit presque toujours bistrot dans les parages et ce perpétuel assoiffé qui, pour éviter le pire, n'avait jamais d'alcool chez lui ne s'était pas fait prier.

Alors on part tous les deux, on prend le métro, elle m'amène rue des Archives, on monte des marches, et puis il y a une salle, puis j'ai bien compris, là tout de suite, qu'il y avait un twist, y avait pas de Pygmées là-dedans, ni des gens à parler des Pygmées, elle m'a dit : « Ecoute, tu restes là, j'irai te rechercher dans une heure. » Elle m'avait emmené aux Alcooliques Anonymes.

Il ignorait tout des mouvements d'anciens buveurs, et n'avait pas compris grand-chose de ce qui s'était dit ce soir-là. Pas grand-chose, sauf l'essentiel :

Je n'ai jamais douté de l'alcoolisme des gens qui étaient là. Ça ne m'est pas venu dans la tête, tiens c'est pas un alcoolique ou c'est un petit alcoolique. J'avais vu des copains souffrir autour de moi qui buvaient pas tant que moi mais qui étaient dix fois plus malades, dix fois plus malheureux, j'en ai qui se sont pendus, j'en ai qui se sont suicidés, je savais que l'alcoolisme était terrible alors que ce soient des femmes, des vieux, des jeunes, j'ai même pas eu envie de dire : Oui, mais moi je suis pas comme vous, moi j'ai tué, moi j'ai volé. J'ai entendu des témoignages de vieilles qui avaient pas une vie aventureuse mais la dépendance de la bouteille, elles savaient ce que c'était. Je ne me suis pas dit : Leur truc c'est bien pour eux, ils n'ont pas connu ce que j'ai connu, ce que j'ai fait, parce que en fin de compte ce qu'on se rappelle, c'est du folklore. En fin de compte, c'est : l'alcool m'a fait faire ça. Je suis pas un voyou qui a bu, je suis un alcoolique qui a eu un chemin comme ça. Les flics, la peur de la mort – en fait ce qui me fait vraiment peur, c'est la dépendance de ce verre.

Quand je suis parti de la réunion je savais que si j'avais envie de m'en sortir, c'était possible. Je suis allé me finir au bistrot, je suis ren-

tré à la maison. Le lendemain j'étais debout à six heures, et je crois qu'à six heures une seconde je commençais à trembler de partout...

Mais je suis passé devant les bouteilles sans y toucher.

C'était il y a vingt-trois ans. Cela fait vingt-trois ans que Valentin, qui a même été entre-temps patron de bistrot, passe devant les bouteilles sans y toucher.

Abstinence, premiers pas

Avant de franchir la porte des Alcooliques Anonymes, je m'étais armée de courage pour affronter une horreur à laquelle je ne pouvais pas donner de visage. J'imaginais une lutte quotidienne pour ne plus reboire, des efforts inouïs, une panique de tout l'être à l'idée de regarder en face ce que je détestais si fort en moi, et que seul l'alcool me permettait de ne plus voir. Il était difficile de se méprendre davantage ; mais comment imaginer que mon problème majeur allait s'évaporer du jour au lendemain ? Disparues, envolées par un coup de baguette magique cette envie de boire qui me tenaillait au saut du lit, ces tentatives désespérées d'éloigner l'angoisse, de demi en demi, de bouteille en bouteille. Comment pouvais-je deviner que cette opération de la dernière chance, que j'appréhendais tant, serait si vite couronnée de succès ? C'est vrai, l'alcool ne m'a jamais manqué. Je mentirais en disant que je n'ai jamais eu de regret de ne plus en boire : aujourd'hui encore, lorsque je vois arriver sur une table amicale un sauternes d'une grande année, je voudrais bien pouvoir laisser remplir mon verre. Petite pointe de nostalgie, qui n'a rien à voir avec une obsession : de la même façon, j'imagine, je serais un peu triste d'être privée de chocolat si mon médecin m'en interdisait l'usage. Rien de plus.

Bien sûr, je me suis mille fois interrogée sur la soudaineté de cette abstinence, sans jamais trouver d'explication satisfaisante. Mais c'est une conversion ! m'a-t-on dit parfois, avec une certaine méfiance. Etrange conversion, qui n'était pas révélation du divin, mais de l'homme : non, je n'étais pas Claudel derrière son pilier, et le seul fait d'entendre parler de Dieu aux Alcooliques Anonymes m'aurait plutôt fait fuir. Pourtant, si l'étymologie de « religion » est effectivement « ce qui relie », j'avais bien vécu une expérience religieuse... J'ai souvent pensé qu'un changement si brutal était en rapport direct, pour moi, pour Valentin, pour tant d'autres, avec l'intensité de la souffrance vécue *avant.* Ceux qui ont quitté l'alcool dès leur première réunion étaient allés loin, très loin dans leur détresse – ce qui n'a rien à voir avec le nombre d'années passées à boire. Mais un malheur si absolu, cet abîme effrayant entre ce qu'on voudrait être et ce qu'on est en train de devenir, la certitude de voir s'aggraver jour après jour, inéluctablement, une dégradation dont on se sent responsable, tout cela peut vous porter à ce point extrême où devient possible la plus fulgurante des métamorphoses, presque au sens premier du terme – « changement de forme, de nature ou de structure si considérable que l'être ou la chose qui en est l'objet *n'est plus reconnaissable* ».

Mais le plus souvent l'abstinence n'est pas immédiatement donnée ; elle se conquiert petit à petit, difficilement, douloureusement parfois.

D'instant en instant gagné sur la bouteille, on peut mettre longtemps à poser le verre. Quelques jours, quelques semaines, quelques mois – ou même quelques années. A certains, il faudra une longue écoute pour lentement s'apprivoiser, comprendre qu'en réunion on leur raconte sans fin leur propre histoire, et parvenir à cette identification qui, en Alcooliques Anonymes, est la porte du salut : « Je ne connais pas un seul cas où un malade, qui s'obstine à venir, ne s'arrête pas un jour * », écrit Lucien, sobre depuis quatorze ans. Et même lorsqu'on réussit à « accrocher sa sobriété », la jubilation n'est pas toujours au rendez-vous. Il arrive que la tristesse persiste, comme l'impression de vide ; rien ne semble positif dans la vie hormis le fait de ne plus toucher à l'alcool. Pourtant, on le sait, le puits qui s'enfonçait vers les profondeurs de la terre et allait se refermer sur vous est devenu tunnel qui, forcément, va déboucher sur la lumière : « Je ne voyais qu'un peu de clarté, loin, écrit Sonia, j'avançais en titubant contre les parois ; j'ai mis un an et demi pour sortir d'une dépression affreuse et pourtant je n'avais pas envie de boire. »

Dirai-je quand même que, soudaine ou progressive, heureuse ou malheureuse, cette abstinence, pour moi, tient du prodige ? L'alcool était là, premier, souverain, régnant en maître absolu sur la totalité de l'existence, fondant la personnalité même de l'alcoolique qu'il possédait, au sens où le diable possédait les sorcières au Moyen Age. Est-il chose plus inimaginable que de le voir disparu, évaporé, relégué au rang des vieilles lunes ?

* *L'Enfant qui jouait avec la lune*, Mulhouse, 1983, p. 127.

Toucher son fond

Pour ce prodige-là, une seule condition est nécessaire : que l'on ait « touché son fond », comme disent dans leur jargon les Alcooliques Anonymes. En d'autres termes, compris avec une absolue certitude qu'on était vaincu, complètement vaincu par l'alcool, que seul on ne réussirait jamais à s'arrêter de boire, qu'il fallait tendre la main, demander de l'aide. Alors seulement, sur cette main ouverte, sur cette main qui n'agrippe plus, qui ne se cramponne plus peut se poser, colombe de paix, le divin cadeau de l'abstinence.

« A chacun son fond selon sa détresse », dit-on souvent. Parfois, c'est un petit signe de rien du tout qui jouera le rôle de déclic : pour Elisabeth, être incapable de remonter ses quatre étages après une soirée trop arrosée sans s'appuyer sur le bras de son fils. Ou le regard d'un enfant, de votre enfant qui vous voit ivre. Ou encore un événement sans grande importance qui aurait pu passer inaperçu : un patron qui, après six mois d'un alcoolisme relativement tranquille, vous adresse quelques mots sévères parce que vous êtes arrivé au travail avec dix minutes de retard. En apparence, lorsque je suis arrivée aux Alcooliques Anonymes, je n'avais rien perdu : mari, travail, appartement, tout était encore là ; pour combien de temps, c'était une autre histoire. Et pourtant... Façade intacte d'une maison bombardée dont l'intérieur n'est que ruines et effondrements, je n'avais rien perdu, non : *j'étais* perdue, tout simplement.

D'autres toucheront ce fond à la suite d'un choc brutal : ainsi Jacques le jour où, rond comme un petit pois au volant de sa voiture, il avait renversé un jeune cycliste. Parfois il faut descendre plus bas, beaucoup plus bas. Les alcooliques sont, eux aussi, un peuple à la nuque raide : quelle que soit l'accumulation des preuves extérieures, ils peuvent refuser de les voir, fermant leurs yeux de toutes leurs forces avec une obstination inentamable. « J'ai subi une vingtaine de cures et postcures, plus un mois de prison, dit Gilbert. Mes médecins m'ont toujours bien soigné, mais je ne comprenais pas. » D'autres acceptent l'étiquette infamante, non l'idée qu'ils ne peuvent s'en sortir seuls : ceux-là iront jusqu'à tout perdre – travail, femme, le toit au-dessus de leur tête –, alterneront les nuits au commissariat et les internements « chez les dingues », feront la manche, multiplieront, fous de malheur et d'alcool, les tentatives de suicide. Jusqu'au moment où leur résistance se brise enfin (si elle ne les a pas tués avant : je pense à ce jeune clochard, mort alcoolique à vingt-deux ans en disant : « Je ne céderai pas »).

Quelquefois, fulgurante, la prise de conscience jaillit dans un cri : « Je n'en peux plus, aide-moi ! » Un vrai cri, jeté à voix haute, comme celui que Bill, le futur fondateur des Alcooliques Anonymes, se surprit à lancer – « *found himself crying out* » – du fond de son désespoir, sur le lit d'hôpital où il était venu une fois de plus cuver son alcool : « Je ferai n'importe quoi, n'importe quoi. S'il y a un Dieu, qu'il se montre * ! » ; ou bien il n'est crié silencieusement qu'au plus intime de l'âme. A qui s'adresse-t-il ? A un Dieu auquel, presque toujours, on ne croit pas ? Peu importe. Seule

* *« Transmets-le »*, 1988, p. 106, reproduit avec autorisation.

compte la reddition sans condition, l'acceptation pleine et entière de la défaite.

La première fois que je suis allée en prison, il ne me restait qu'une seule émotion – la colère... Pendant les deux années qui suivirent, je n'ai eu qu'une idée en tête : boire. Même durant mon sommeil, je rêvais aux bars, à mes compagnons de boisson et, oui, même aux gueules de bois du lendemain.

*Mon agent de libération conditionnelle m'a fait savoir que je devais obligatoirement assister à la réunion hebdomadaire des AA *. J'y suis donc allée... Je ne voulais pas que personne ne me parle ni ne me touche, et quand ces AA me souriaient, je voulais leur sauter à la figure. Ainsi, pendant près de deux ans, je suis demeurée assise à la réunion des AA, sans parler ni écouter.*

J'ai été consternée de constater que les AA étaient les gens les plus tenaces que j'eusse rencontrés. Ils effritaient lentement ma colère, et je ne m'en rendais même pas compte.

Un soir dans ma cellule, après la réunion, je suis devenue consciente qu'un autre sentiment se mêlait à ma colère. Je ne savais pas ce que c'était, mais je sentais que j'étais sur le point d'exploser et que j'étais dangereuse pour quiconque s'approcherait... Je me suis retrouvée à genoux sur le plancher; de grosses larmes chaudes coulaient le long de mes joues. Les seuls mots qui me venaient étaient : « Mon Dieu, aide-moi, je n'en peux plus. »

Le lendemain, il me restait un peu de colère, mais je sentais également de la peur et de la

* Aux Etats-Unis, le tribunal peut obliger quelqu'un à aller aux Alcooliques Anonymes.

confusion. Les murs que j'avais dressés autour de moi s'écroulaient et je ne savais que faire. Tout à coup j'avais du mal à attendre la prochaine réunion AA *.

L'acceptation, pierre angulaire

Seule l'acceptation peut ouvrir la voie au paradoxe sur lequel reposent les Alcooliques Anonymes, et « dont la clinique démontre tous les jours la réalité ** » : c'est au moment où l'on a admis qu'on ne pouvait pas vivre sans alcool que la liberté vous est donnée de vous en abstenir ; autrement dit : l'alcoolique s'arrête de boire le jour où il admet qu'il ne peut pas s'arrêter de boire. Jusque-là – Gregory Bateson, grand admirateur des AA, l'explique très bien *** –, l'alcoolique voulait démontrer qu'il pouvait s'arrêter de boire, et pour cela il lui fallait boire. En rejoignant les AA, il accepte de renoncer à ce défi. « Pour moi, constate Robert, le premier paradoxe se résume dans le fait d'être vainqueur le jour où j'ai été vaincu. »

Accepter l'inacceptable, écrit Graf Dürckheim, ouvre la voie à une autre dimension de l'existence : l'homme peut alors, d'un seul coup, accéder à une véritable libération. « L'acceptation de l'inacceptable – je reprends l'un de ses exemples – est un des stades par lesquels passent ceux qui s'approchent de la mort. C'est ce moment où toute angoisse disparaît et un

* *Message à l'intention du détenu...*, *op. cit.*, pp. 33-34.

** Dr Jean Maisondieu, *Les Alcooléens,* Paris, 1992, p. 186.

*** Dans « La cybernétique du “ soi ” : une théorie de l'alcoolisme », *Vers une écologie de l'esprit, 1,* Paris, 1977, pp. 225 *sqq*.

grand calme fait place à l'agitation, à la nervosité. C'est ce moment où la personne est enveloppée par une grande sérénité; tout est en ordre, il n'y a plus de soucis *. » Ainsi en est-il de l'alcoolique qui se dépouille du vieil homme pour s'approcher de la Vie; de fait, cette acceptation est souvent vécue comme une délivrance : enfin on ne nie plus le réel, enfin on échappe au mensonge, enfin on veut bien se reconnaître tel qu'on est. L'acceptation n'a rien à voir avec la résignation – ce « suicide quotidien », disait Balzac (citation pêchée dans le Petit Robert, qui donne au mot « résignation » de bien tristes synonymes : renoncement, soumission, apathie, démission, fatalisme). Se résigner suppose une arrière-pensée, on fait avec faute de mieux, mais sans avoir perdu l'espoir qu'un jour peut-être les choses seront différentes; dans l'acceptation la capitulation est totale, l'inconscient lui-même lâche prise. A ce moment-là, tout conflit, toute tension peuvent enfin disparaître.

Etre aimé

Alors, laissant tomber sa cuirasse, l'être se retrouve poreux et perméable, et peut enfin redécouvrir, ou parfois même découvrir, l'existence de l'amour. Car ce qui vous est restitué quand on arrive aux Alcooliques Anonymes, même si on ne le met pas en mots, ce qui nous sauve et redonne vie, c'est, me semble-t-il, cet amour premier, inconditionnel, absolu de la mère pour le nouveau-né qui vient de sortir d'elle. Elle ne lui demande rien, elle ne le juge

* *Le Centre de l'être,* propos recueillis par Jacques Castermane, Paris, 1992, pp. 84-85.

pas, elle l'accepte comme il est, blond ou brun, beau ou laid, sans lui réclamer de comptes, sans lui reprocher de n'avoir pas répondu à ses espérances. « Au début, raconte Jacqueline, je ne percevais que des voix, je ne percevais qu'un lieu où m'avait été donné, pour cela même qui m'avait retranché de tout, l'amour inconditionnel. L'amour inconditionnel qui était là, circulant mais ne m'engluant pas, ne me vampirisant pas, qui n'exigeait rien *... »

Lorsque je revins, cette fois-là [après une première expérience malheureuse des AA], le modérateur ouvrait la réunion en disant : « Je m'appelle Amour et je suis alcoolique. » Le prénom me plut, persuadé que j'étais que c'était un nom de guerre dans lequel le modérateur avait voulu exprimer ce qu'il entendait donner.

Ce soir-là, je reçus d'Amour qui portait bien son vrai prénom et de la dizaine d'amis qui l'entouraient de l'amour, rien d'autre... Depuis ce jour, je suis sobre. Je suis marqué au feu de cet amour reçu un soir de décembre **.

Je sais, je sais : même si je ne dis que le vrai, tout cela a un petit parfum de secte du plus mauvais aloi. Mais que l'on se rassure : cet amour absolu a ses failles. Prompt à accueillir le nouveau venu dont la détresse est visible, il peut aussi ne se manifester que plus tard. Le moins qu'on puisse dire est qu'il ne m'a pas submergée lorsque je suis arrivée ; mais il m'a portée dans la joie, légère, légère, tout au long de mes premières années en AA. Et puis, je le découvrirai

* *Partage,* octobre 1985, p. 21, Ed. des Alcooliques Anonymes, Bruxelles.
** *Ibid.*, avril 1989, p. 28.

par la suite, comme dans la vie cet amour inconditionnel ne s'adresse qu'au nouveau-né. Lorsque celui qui vient de nous rejoindre grandit en sobriété, des affinités se nouent, des antipathies se font jour, des énervements se manifestent. De même les classes sociales, d'abord abolies par l'urgence de l'alcool, vont refaire surface. Le loubard qui arrive ivre vivant et dégueule tout son vin rouge dans l'escalier va être reçu avec les mêmes bras ouverts que la dame bon chic bon genre couverte de vison et de perles ; mais, avec le temps, les appartenances à tel ou tel milieu vont réapparaître. Oh, discrètement, l'une des grandes vertus de AA étant de pratiquer le mélange des genres ; mais certains, certaines d'entre nous préféreront aller vers leur semblable plutôt que vers l'autre, trop différent.

Peu importe ; d'ici là, le nouveau membre sera devenu assez solide pour supporter quelques fausses notes dans cet amour qui lui a été si libéralement prodigué au moment où il en avait tant besoin, et qui lui a permis, qui m'a permis, à moi comme à tant d'autres avant moi, de repartir à zéro, de me désengluer de tout ce passé de honte, de culpabilité, d'obsession de boire ; de retrouver, vis-à-vis de l'alcool, une virginité nouvelle, et cette liberté originelle qui m'avait été donnée, boire ou ne pas boire, et dont j'avais fait si mauvais usage qu'elle m'avait été tôt ravie. Bien sûr je restais alcoolique ; bien sûr si, en sortant, j'allais boire un demi au bistrot du coin, j'en boirais dix autres – mais j'avais maintenant la *possibilité* de ne pas boire ce demi-là.

Une nouvelle naissance

Plus qu'une révélation, c'est une nouvelle naissance. « Je suis né, née en AA », ai-je entendu cent fois. « Je suis né de vous. Vous m'avez tant donné ! » s'écrie Raymond. Et Alain : « J'ai maintenant une nouvelle date de naissance, ce qui fait dire à mon fils âgé de quinze ans qu'il est plus vieux que moi. » Une nouvelle date de naissance qui prendrait presque le pas sur la première, tant elle est chargée de sens symbolique. Mes anniversaires « civils » ne me touchent plus guère ; et voici qu'aujourd'hui, il y a dix-huit ans, juste dix-huit ans que j'ai passé pour la première fois la porte des Alcooliques Anonymes, et toute la journée, portée, baignée, envahie par la gratitude j'ai célébré dans mon cœur une fête secrète. Quoi d'étonnant à cela ? Où serais-je si je n'avais pas rencontré AA sur ma route ? Je ne suis pas née en Alcooliques Anonymes – j'avais vécu avant eux, intensément, et connu le goût du bonheur, et la tendresse, et l'émerveillement devant la beauté du monde. Mais lorsque tout ne m'était plus que souffrance, ils m'ont permis d'abandonner cette non-vie comme un vêtement usé glissant de mes épaules. Renaissance ? Résurrection ? Peu importe : je le sais bien, je suis vivante aujourd'hui grâce à eux.

Repartir de zéro : quelle chance inouïe ! Bien des non-alcooliques pourraient nous l'envier. Parfois, tant le changement est spectaculaire, tant le vieil homme paraît loin, on se prend à penser que les débordements appartiennent au passé, qu'une coupe de champagne, une bière fraîche ne vous ferait aucun mal. La tentation du « Moi, c'est pas comme les autres » en effleurera plus d'un. Et puis, dans notre société où l'alcool est si présent, le fait de se dire que jamais plus une seule goutte, a quelque chose de scandaleux. Ouverte ou insidieuse, la pression sociale est souvent terrible ; et là je n'ai pas fini de m'étonner devant la différence de traitement que l'on réserve à ceux qui ont arrêté de boire et à ceux qui ont cessé de fumer : les nouveaux non-fumeurs seront chaleureusement félicités pour leur héroïsme, personne n'aura l'idée de leur tendre une cigarette ; tandis que nous, pauvres de nous, les : « Tu ne vas pas me refuser le verre de l'amitié ! » ou même : « Maintenant que tu es devenu raisonnable, tu trinqueras bien avec nous ! » ne nous laissent pas en paix. Intérieurement parfois, extérieurement presque toujours, tout vous encourage à avoir la mémoire courte.

La rechute, effondrement ou délivrance ?

« L'alcool est rusé, déroutant, puissant », est-il écrit dans ce que les Alcooliques Anonymes appellent leur « littérature », entendez livres et brochures écrits par des AA pour permettre à d'autres AA de vivre mieux. Rusé, oh ! que oui. Une rechute arrive rarement comme un coup de tonnerre dans un ciel serein : l'idée de reboire commence par cheminer à bas bruit, sans que celui qui l'abrite ait conscience de rien ; il se met à penser de travers avant de s'aventurer effectivement sur la route qui mène aux retrouvailles avec la bouteille. « L'alcool est dans la tête avant d'être dans le verre *. »

* Dr Fernand Gloeser, *in Mieux connaître l'alcoolique*, Paris, 1979, p. 129.

« L'alcoolisme est une maladie progressive, incurable et mortelle », entend-on dire en réunion : petit à petit, on se prend à oublier les adjectifs, à ne plus se souvenir que du mot « maladie » – et une maladie, ça se guérit, n'est-il pas vrai ? La vigilance s'assoupit, les problèmes non résolus s'accumulent, on n'a plus tellement envie d'en parler avec d'autres, on répugne à se faire aider. Des trésors de mauvaise foi, que l'on croyait définitivement enterrés, réapparaissent avec une fraîcheur nouvelle : Je ne peux pas leur refuser cette coupe de champagne, pense Simone, d'ailleurs je déteste le champagne, et puis je ne risque pas grand-chose puisque je suis chez des amis, c'est chez moi, quand je suis seule, que je roule sous la table... Lorsque les raisons de boire n'ont pas disparu, lorsque le mode de vie AA n'est pas suffisamment intériorisé pour devenir gratifiant, bref lorsqu'on vit sans alcool mais non hors alcool, le mécanisme d'autodestruction peut à nouveau se mettre en marche : « Un jour, j'ai repris un demi-verre de vin blanc... en une semaine j'en étais à rejoindre mon lit à quatre pattes. » Celui qui, en entrant aux Alcooliques Anonymes, avait cru voir le ciel ouvert et repris confiance en lui-même vivra bien souvent cette rechute avec une culpabilité, une douleur terribles, écrasé par le sentiment que sa dernière chance vient de l'abandonner, que cette fois-ci l'alcool l'a, à jamais, emmuré vivant.

Les alcoologues, pourtant, sont unanimes pour considérer la rechute d'un œil beaucoup moins sévère ; sous leur plume, l'image des « plombs qui sautent » pour éviter une catastrophe revient souvent :

Il est fondamental de voir la rechute non pas comme un échec, un retour au point de départ, mais bien plutôt comme les plombs qui sautent pour préserver l'installation psychique du sujet, une pause dans la progression entamée qui l'amènera inexorablement vers un état d'abstinence plus stable quand il en sera sorti.

Certains préfèrent d'ailleurs, pour éviter toute connotation morale, parler de « réalcoolisation » – « le mot rechute n'est pas neutre : cela fait ange déchu *. » Mais, quel que soit le terme employé,

cette façon de voir la rechute évite de la dramatiser, permet au malade d'en parler à ceux qui peuvent l'entendre, ce qui aura pour effet de le déculpabiliser et de lui permettre d'interrompre la rechute avant que ne se réinstalle la dépendance physique majeure... Par l'expérience de la rechute, avec toute la souffrance qu'elle implique et dont il est de beaucoup préférable de faire l'économie par tous les moyens, le sujet aura pris conscience de choses fondamentales sur lui-même, dont une, de taille : connaître ses limites **.

« Dont il est de beaucoup préférable de faire l'économie par tous les moyens » : on ne le dira jamais assez. « Il est des sensibilités à la culpabilité et au déshonneur qui amènent, par autopunition, d'honnêtes gens à s'assumer désormais comme " salauds ", une fois pour

* Henri Gomez, *La Personne alcoolique*, Toulouse, 1993, p. 98.

** Dr François Gonnet, *in Alcool – Alcoolisme – Alcoolisation : Une approche plurielle à Lyon,* repris dans *Le Bulletin,* revue du C.L.J.C., septembre 1987, p. 19.

toutes * », écrit François Perrier, psychanalyste génial que l'alcool a fini par tuer. Certains, découragés, accablés de honte, ne voudront/pourront pas revenir aux Alcooliques Anonymes, et refermeront sur eux les portes de l'enfer. Mais parfois c'est à travers la rechute que, vaincu, celui ou celle qui ne sait pas boire comme tout le monde touchera enfin son fond, et comprendra que le salut existe quelque part, à condition de ne pas rester seul. Après quelques mois d'une abstinence heureuse, Cécile, presque distraitement, boira une gorgée de vin cuit : pendant deux mois et demi, elle ne dessoûlera plus ; mais ces dix semaines de cauchemar lui permettront d'accrocher une sobriété qui dure, aujourd'hui, depuis plus de vingt ans.

* « Thanatol », *La Chaussée d'Antin/2*, Paris, 1978, p. 348.

NOUVELLE VIE, MODE D'EMPLOI

> « Si vous vivez la Vie au lieu d'imaginer que vous la vivez, tout devient possible, tout est possible ! »
>
> *Dialogues avec l'Ange*

Bouleversante fragilité de celui qui pousse la porte pour la première fois : le nouveau, ai-je entendu dire, est la personne la plus importante d'une réunion. Comme c'est vrai ! Bien souvent bloc de souffrance, de peur, de haine de soi ; parfois ivre plus qu'à demi, parfois mort de honte de son ivresse, comme il a tort. S'il savait à quel point on est heureux de le voir parmi nous, quel que soit son état. D'autres débarqueront en faisant les farauds, portant beau : ainsi Jean-Michel, venu en smoking parce qu'il s'attendait à tomber dans une assemblée de clochards. Mais la détresse est la même.

A bras ouverts

Avec chaque nouveau venu se lève l'espoir d'un autre miracle – espoir ténu, qui repose en partie entre nos mains. J'ai souvent pensé, en dehors des AA, que ce qui pouvait arriver à des adultes n'avait pas vraiment d'importance : ils sont grands, relativement solides, leur cuir est plus épais ; mais tout ce qui touche à la vulnérabilité d'un enfant, au malheur d'un enfant m'atteint bien davantage. C'est un peu la même chose aux Alcooliques Anonymes. Ceux qui en font déjà partie ont quelques semaines, quelques mois, quelques années d'ancienneté, des méthodes, des outils, des amis, un Programme ; mais l'écorché vif qui vient pour la première fois ne possède rien de tout cela. Il est là, avec la souffrance qui suinte de tous ses pores, et cette peau de grand brûlé que ne protège même plus la cuirasse qu'il porte habituellement : il l'a laissée à notre porte, sinon il ne serait pas parmi nous. La décision de s'arrêter de boire n'appartient qu'à lui ; mais si nos bras, nos cœurs sont suffisamment ouverts, nous pourrons l'aider à choisir une autre vie, à ne pas retomber, pour toujours peut-être, dans ces ténèbres extérieures que nous avons connues.

« Je souhaite la bienvenue à l'ami qui vient pour la première fois. » « Je souhaite la bienvenue à Serge, Anne, Julie. » Combien de fois l'ai-je entendue s'égrener autour des tables, cette litanie appelant les bénédictions du ciel sur le nouveau venu ? La suite, elle, peut varier : « Et j'espère qu'il/elle trouvera ici une sobriété heureuse, ce qu'il/elle cherche, ce que j'y ai trouvé... » Pour certains, ce sera un coup au cœur de se voir ainsi salués par leur prénom, reconnus en tant qu'être humain par cette communauté fraternelle ; et c'est de ce moment précis, où ils se sont vus exister à nouveau dans le regard de l'autre, que va naître leur renaissance. D'autres auront moins de chance : il arrive que l'assemblée, toute à la joie de se retrouver entre amis ou trop plongée encore dans sa propre souffrance, ne se montre pas aussi réceptive qu'il le faudrait à la souffrance d'autrui. Mon arrivée n'avait assurément pas ému les foules ; mais, au-delà des mots qui ne m'avaient pas été dits, quelque chose avait bien dû passer quand même puisque j'étais restée, et revenue.

Au cœur de l'essentiel

« Si tu es ici aujourd'hui, dit Michel à Philippe qui vient pour la première fois, c'est pour une question de vie ou de mort. » C'est vrai. Nous sommes tous des survivants, et le fait de venir nous trouver montre qu'on a choisi de vivre. Mais c'est peut-être cette proximité de la mort évitée qui donne à ce qui se vit en AA, à certaines réunions AA une telle intensité. L'urgence est là : si l'on ne remplit pas la place momentanément laissée vide par la mort, tôt ou tard celle-ci va la réinvestir. Dans les premiers temps de ma jeune abstinence, j'avais été très frappée de voir à quel point, aux Alcooliques Anonymes, nous étions au cœur de l'essentiel : balayés, le souci de paraître, les menues préoccupations du quotidien, et même tout ce qui fait la trame habituelle des conversations courantes. En 1981, le jour des élections présidentielles, alors que la France entière ne pensait qu'à ça, pas une fois le nom de Mitterrand ou de Giscard n'avait été prononcé au groupe de la rue des Archives, où avaient pourtant défilé plus de cent personnes. Mais comment pourrait-il en être autrement puisque la maladie de boire, qui nous réunit, touche au plus profond de notre être ; puisque nous avons fait nôtre l'intuition fulgurante de nos fondateurs, qui veut que pour rester sobres, c'est-à-dire pour rester vivants, nous ayons *besoin* d'aider d'autres alcooliques ; et puisque certains d'entre nous sont si fragiles, si douloureux qu'il nous faut mettre en œuvre toutes nos forces vives pour qu'ils aient envie de rester parmi nous.

Donner le meilleur de soi

Bien souvent, c'est en AA que nous donnons le meilleur de nous-mêmes. Je me souviens, c'était hier, de l'arrivée de Gilles, il y a plus de quinze ans, ivre vivant, et dans un tel état de désespoir que tous ceux qui étaient là n'avaient vécu la réunion que pour lui. Chacun à son tour, oubliant le thème de discussion qui avait été proposé, s'était adressé à cet homme en larmes, racontant par quels abîmes il était passé lui-même, comment il s'en était sorti, affirmant avec force que lui, Gilles, maintenant qu'il nous connaissait, allait s'en sortir aussi, nécessairement. Jamais je n'avais ressenti à ce point l'élan d'amour qui peut animer un groupe dans son ensemble, et la force d'énergie bénéfique qui émanait de cette solidarité. Toute jeune en AA, avec mes trois petits mois d'abstinence, je n'avais pu que tendre à mon tour la main que l'on m'avait tendue : j'avais remué ciel et terre pour faire entrer à l'hôpital cet homme dont j'ignorais tout la veille encore, je l'avais accompagné dans son hospitalisation, je lui avais tenu la main à sa sortie, ne ménageant ni mon temps, ni ma peine, et absolument ébahie devant le naturel de tout cela (j'allais découvrir par la suite, non sans amusement, qu'en dehors de l'alcool nous n'avions pas trois points communs...) Ce que je raconte là n'a rien d'un exploit – d'autres en ont fait, en feront cent fois plus ; juste une anecdote personnelle pour essayer de dire comment, tous, nous nous sentons à certains moments portés, dans un même mouvement, par une même évidence d'un amour fraternel dont les racines plongent dans le meilleur du cœur. Des années plus tard, dans un texte de Teilhard de Chardin écrit en 1917, *La Nostalgie du front*, je retrouverai un sentiment identique de dépassement de soi et de plénitude. Par la guerre, écrit-il, « une région s'était formée où il était possible aux hommes de respirer un air chargé de ciel * »...

Pense à toi, aime-toi

Au nouveau venu, les AA ne vont pas imposer de grandes injonctions morales, des idéaux admirables. Non. Ils lui tiendront des propos d'une nature véritablement révolutionnaire pour l'alcoolique auquel on a toujours reproché de ne penser qu'à lui, et qui bien souvent se sent coupable jusqu'aux moelles : « Traite-toi avec douceur. Fais-toi plaisir. » Avec la bénédiction du groupe, il lui est fermement suggéré de penser à lui, justement. Non pas à sa femme, à son mari, à ses enfants, qui ont tant souffert de ses excès, mais à lui. D'essayer de se regarder avec d'autres yeux, moins méfiants, moins négatifs, que les siens. Et, puisque les autres, manifeste-

* *Ecrits du temps de la guerre, 1916-1919,* Paris, 1976, p. 240.

ment, l'aiment, d'arriver à admettre qu'il est digne d'être aimé, qu'il peut même s'aimer un peu. (« Il faut aimer la bête qui est en nous, disait le père Duval. Pauvre bête. Il faut aimer la pauvre bête qu'on est. On ne nous a pas appris ça. ») Qu'il peut laisser au vestiaire cette violence terrible qui était bien souvent la sienne – violence extériorisée contre les autres, moyen désespéré de montrer qu'on existe, de créer au-dehors un chaos qui réponde au chaos du dedans ; ou violence intériorisée, dirigée contre lui seul. L'une et l'autre ne connaissent pas de mesure. Je me souviens de Brian racontant, dans une émission de télévision, comment il avait cassé une voiture *exprès.* « Pas un accident, mais une voiture immobile. J'ai cassé avec mes mains. J'ai tout cassé... » La violence intériorisée, elle, celle de l'autodestruction à l'œuvre, continue bien souvent son travail de sape jusqu'à la tentative de suicide – cinq fois plus fréquente chez nous, les alcooliques pas encore anonymes, que dans le reste de la population...

Cette vie neuve qui s'ouvre à lui, ce vide sidéral tout à coup devenu espace, il va lui falloir le construire. Certains, trop mal en point, seront d'abord orientés vers un médecin : dans un organisme saturé d'alcool, une abstinence trop brutale est susceptible d'entraîner un delirium tremens. Une cure pourra leur être suggérée : sans violence aucune, elle apportera un peu de douceur à celui ou celle qui s'est tant maltraité. Pour un organisme épuisé, une tête qui n'en peut plus, la cure sera un sas efficace vers une vie nouvelle ; une bulle, moment suspendu dans le temps et dans l'espace, qui permettra de se ressaisir, de retrouver des forces neuves pour commencer à vivre vraiment.

Des méthodes qui ont fait leurs preuves

• Les vingt-quatre heures

D'autres, en moins mauvaise forme, n'auront pas besoin d'un médecin mais resteront, au moins les premiers temps, taraudés par l'envie de boire ; pour ceux-là, les Alcooliques Anonymes, pragmatiques de génie, ont inventé les vingt-quatre heures.

« Je m'arrêterai de boire *demain* » et « Je ne toucherai plus *jamais* à une goutte d'alcool » sont parmi les serments d'ivrogne les plus fréquemment prononcés. Le premier semble faire preuve d'un certain réalisme : s'arrêter aujourd'hui est totalement impensable, l'angoisse est trop forte, le besoin d'alcool trop grand ; le second, par contre, est de l'ordre du vœu pieux, dont on sait à l'avance qu'il n'a aucune chance de se réaliser. Avec les AA, à la trappe *jamais* et *demain* : il est suggéré au nouveau venu de s'arrêter de boire juste pour aujourd'hui, pour vingt-quatre heures seulement. Et de s'en tenir à l'instant présent, sans se laisser envahir par le remords de la veille ou l'angoisse du lendemain.

> *Il est très important de restreindre les choses et les événements dans des limites les plus courtes et les plus accessibles possibles. L'univers fusionnel ne connaît ni le temps ni l'espace, l'angoisse est sidérante, pétrifiante, le danger est imminent, l'instant est éternel. Ce sont les raisons pour lesquelles les Alcooliques Anonymes adoptent le principe des vingt-*

*quatre heures... [qui] peuvent encore se diviser, si besoin est **.

De fait, si ces vingt-quatre heures paraissent interminables :

C'était pas vingt-quatre heures, c'était une demi-minute, oui, vingt-quatre heures, ça me paraît aussi grand qu'une vie entière parce que moi j'en étais arrivée, au point où j'ouvrais la porte de l'immeuble, la porte de l'appartement et la porte de l'armoire aux poisons et je buvais à la bouteille tout de suite, alors vingt-quatre heures, c'est délirant.

à chacun de les découper en tranches à sa mesure, tranches de temps ou tranches d'espace :

Je vais essayer leur truc idiot, se dit Philippe, *je n'entrerai pas dans ce bistrot-là. Je ne suis pas entré non plus dans le suivant... Si je m'étais dit : Il faut pas que je boive pendant cinq heures, six heures, je sais pas quel effet ça m'aurait fait. Si je m'étais dit : Il faut plus boire pendant toute ta vie, je sais quel effet ça m'aurait fait. Et là, je m'en suis même pas rendu compte. Je me suis dit : De toute façon, j'irai dans le bistrot d'après. Ma démarche s'est strictement arrêtée là et je n'ai plus jamais eu la moindre obsession d'alcool, plus jamais, jamais, jamais !*

* Dr Philippe Bremaud, *Réflexion sur la technique psychothérapeutique des Alcooliques Anonymes*, Paris, 1988, p. 21.

De bistrot évité en bistrot évité, cela fait vingt-cinq ans que Philippe n'a pas touché à l'alcool. « Je boirai dans une minute », se disait Maria, malade d'angoisse, l'œil rivé à la trotteuse de sa montre ; et la minute, s'enchaînant à une autre minute, s'est étirée jusqu'à quinze ans de sobriété sans faille.

• Ne pas prendre le premier verre

Apprendre à gagner du temps, mais aussi à ne pas prendre le *premier verre* : autre idée-force des Alcooliques Anonymes. Ce verre qui vous fait basculer, ce n'est pas le quatrième, le cinquième, le dixième ; vous pouvez jeter aux orties cette épuisante comptabilité, cet effort désespéré pour savoir à quel moment précis il faudrait s'arrêter (effort vain de toute façon : même si je l'avais su, je n'aurais pas pu ne pas le prendre, ce quatrième, ce cinquième, ce dixième verre-là). Non, c'est le premier verre qui est important : après, les écluses sont ouvertes, on ne peut plus rien contrôler. « Chaque fois que je m'approchais du premier verre, je le regardais et lui parlais en pleurant : " Tu es ma mort ", lui disais-je. Mais, après l'avoir bu, tout m'était égal *. » Pour beaucoup de ceux qui viennent frapper à notre porte, cette notion du « premier verre » sera une véritable découverte. Je me souviens d'une amie AA visiteuse de prison qui lors de son premier parloir avait rencontré un garçon de vingt-trois ans, en prison pour la cinquième fois parce qu'à chaque sortie il se retrouvait au commissariat après avoir fait la fête et volé une mobylette ou une voiture. « Je

* Carlo Coccioli, *Hommes en fuite*, Paris, 1972, p. 266.

me souviens jamais de rien, je comprends pas », répétait le garçon, désolé. « Moi je comprends très bien, répond Danielle – je la revois, si jolie, si nette, tellement impeccable, l'image même de la respectabilité –, ça m'est arrivé cent fois. » Et devant le haut-le-corps du jeune détenu, elle explique les effets dévastateurs du premier verre. « Ah ça ! Ah ça ! merde alors, ça c'est intéressant, personne me l'avait jamais dit. » L'histoire ne raconte pas si le délinquant s'est amendé ; on sait seulement que Danielle ne l'a jamais revu.

• Téléphoner pour sauver sa peau

Contre l'obsession d'alcool, les Alcooliques Anonymes ne proposent pas de recettes miraculeuses mais d'abord quelques suggestions qui, toutes simples qu'elles soient, ont prouvé leur efficacité – Bois beaucoup, pourvu que ce ne soit pas de l'alcool, mange autant que tu peux, ne reste jamais dans le vague avec l'esprit vide, occupe-toi : cire tes chaussures, prends un bain... Et, surtout, ils ont leurs cent façons, bien à eux, de décliner une solidarité active. RTL, la vie en trois lettres, proclamait récemment une grande campagne d'affichage sur les murs de Paris. Nous sommes des milliers à lire autrement cette publicité, à y voir le signe discret de la complicité qui nous lie. RTL : Réunions, Téléphone, Littérature – trois lettres qui nous permettent d'abord de reprendre pied, avant d'essayer d'apprendre à être heureux.

Pour le noyé qui vient d'attraper la bouée de sauvetage AA, le plus précieux est peut-être le téléphone. On a beaucoup dit que l'alcoolisme était une maladie de la communication : maintenant qu'elle est rétablie, mais si fragile, il faut absolument la maintenir, notre salut est souvent à ce prix. Quand on se sent trop mal, quand l'obsession d'alcool vous tenaille, on sait qu'il y a toujours quelqu'un, quelqu'une que l'on peut appeler, que l'on peut toujours trouver au bout du fil une oreille attentive, une voix amie, connue ou inconnue – et parfois le seul fait de dire son envie de boire la fait disparaître.

Aux heures difficiles de la nuit ou du petit matin, lorsqu'on n'ose pas réveiller ceux ou celles qui vous ont donné leur numéro, une permanence téléphonique – version AA de SOS Amitié, elle fonctionne vingt-quatre heures sur vingt-quatre – va prendre le relais. Celui qui n'a pas osé franchir la porte des Alcooliques Anonymes, ou bien qui s'interroge sur l'ampleur de son problème d'alcool, pourra ici laisser parler la douleur et la solitude ; les angoisses terribles se feront plus légères d'être partagées. « Le point central de notre méthode, écrivait notre fondateur, c'est de laisser un alcoolique s'entretenir avec un autre alcoolique, que ce soit dans la rue, à la maison ou à une réunion *. » Ou au téléphone, pourrait-on ajouter...

Chaque fois, chaque fois, ma permanence de nuit est magique... Chez moi, quand je décroche, j'ai l'impression de retrouver les mêmes émotions qu'à ma première réunion. J'essaie de transmettre ce que j'ai reçu. Ça ne marche pas ? Ça ne fait rien. Je déverse mon trop-plein d'amour. En réunion, ce n'est pas facile, mais chez moi, je peux dire que j'ai un bel appartement, un bon travail. C'est devenu une drogue, je ne dors pas, j'ai les yeux cernés

* *Le Langage du cœur*, articles de Bill W. dans la revue *Grapevine*, 1995, p. 90, reproduit avec autorisation.

et au bureau, ils m'accueillent par : « Françoise n'a pas dormi, la journée va être bonne ! » Ce que je ne dis pas, c'est que je connais trois amis qui sont sobres.

Hier soir, je me suis dépêchée de rentrer à vingt-deux heures. Premier appel égale première bouffée de joie. C'est essentiel pour ceux qui n'y arrivent pas, ceux qui souffrent, les emmerdeurs. Tous développent ma tolérance et pour moi ça n'a pas d'importance si je ne les rencontre pas. Chaque fois que le secrétariat me demande pour une permanence, c'est comme si je recevais un cadeau.

Je m'en suis étonnée cent fois, mais c'est vrai : un AA en détresse ne dérange *jamais*. Il m'est arrivé, la tête farcie de mes propres soucis, de me sentir fermée comme une huître à ceux des autres, ou d'être arrachée, furieuse, à une soirée délicieuse par la sonnerie du téléphone – et puis mon exaspération tombait comme un soufflé trop cuit dès que je reconnaissais la voix familière d'un AA, et je basculais dans un autre monde, régi par d'autres normes et d'autres rapports, où plus rien n'existait en dehors de ce qui se passait, ici et maintenant, entre deux Alcooliques Anonymes. Et combien de fois, au milieu de la nuit, assise par terre dans la salle de bains – le seul endroit où je ne risquais de réveiller personne –, n'ai-je pas écouté de toute mon âme les appels désespérés qui m'avaient tirée du lit, oubliant complètement le sommeil devenu trop court, le réveil difficile du lendemain matin ?

(Quel coup au cœur le jour où je me suis souvenue que moi aussi, quand j'avais bu... Mais ceux que j'arrachais au sommeil n'étaient pas des Alcooliques Anonymes, et avaient moins de raisons de se montrer compréhensifs. Et Jacques, mon amoureux, que je voyais, quand il était ivre vivant, prendre l'appareil dès le matin et passer sa journée à appeler la terre entière... Pour lui, pour moi, le téléphone était irremplaçable : fil ténu qui nous empêchait de sombrer complètement, cordon ombilical qui nous reliait au monde extérieur en nous donnant la possibilité de parler – ce besoin de parole si fort chez l'alcoolique – à un interlocuteur absent dont on pouvait ignorer le regard désapprobateur, excédé ou navré. Souvenir si lourd de honte. Mais les AA s'entendent comme personne à retourner ce qui était signe de mort en signe de vie.)

Se reconnaître alcoolique

Pourtant, le téléphone à lui seul ne saurait suffire : Alcooliques Anonymes ne s'apprend pas en leçons particulières. Si les livres et brochures écrits par des AA pour des AA – désignés sous le nom de « littérature » – peuvent apporter une aide efficace, les réunions restent irremplaçables. Moments privilégiés, quel que soit le nombre des membres présents – deux parfois dans le Centre de la France, quatre-vingts au groupe de Saint-Sulpice à Paris, bien plus encore aux Etats-Unis –, où le frère retrouve son frère, le semblable son semblable. Paradoxe des paradoxes, c'est à travers le mot d' « alcoolique » que les nouveaux venus vont enraciner leur renaissance dans ce qui leur faisait le plus honte, l'inavouable par excellence. « Je m'appelle Dominique, Pierre, Paul, je suis alcoolique », dit-on pour se présenter avant de prendre la parole. (« Je m'appelle alcoolique », s'écriera un jour, dans un joli lapsus, une jeune étourdie.)

Devant vingt personnes, j'ai dit pour la première fois : « Je m'appelle Lucien et je suis alcoolique. » Eh bien, vous savez, ça fait un choc terrible, ça. Le seul fait de le dire, c'est un choc terrible. Parce que pour la première fois on dit, on base toute sa vie sur la vérité. Une vérité douloureuse, une vérité capitale... Vous savez, le nombre de gens qui passent toute leur vie sans dire une affaire comme ça, cette chose profonde qui est le soubassement de leur structure mentale, spirituelle ; il y a une quantité de gens qui mourront sans l'avoir fait, ça.

A partir de ce moment-là, quelque chose se passe. C'est très, très, très mystérieux.

Cette vérité, qui était trop lourde à porter, on peut la porter avec d'autres. Je m'appelle Lucien et je suis alcoolique – et les autres me regardent. Et je scelle une amitié à la vie à la mort, et un respect à la vie à la mort. Et une confiance réciproque à la vie à la mort.

Ça guérit de la peur ; ça guérit de la méfiance dans les autres, de la méfiance de soi, la méfiance devant la vie, la méfiance devant la mort. Ça guérit tout. L'humilité guérit tout. J'y peux rien, c'est comme ça.

Dire « Je suis alcoolique », c'est dire – enfin ! – le réel. Dire mon passé de galère, mais rappeler aussi cette fragilité qui est la mienne et qui m'empêchera, juste pour aujourd'hui mais, vingt-quatre heures à la fois, jusqu'à la fin de mes jours, de boire un verre d'alcool si je veux continuer à être heureuse. En écoutant, en prononçant ces trois mots, j'ai plus d'une fois pensé au crâne posé devant l'ascète en méditation pour lui rappeler que tout homme est mortel. *Memento mori...* Je suis alcoolique : autre signe de mort inversé en signe de vie. Notre différence d'avec les autres enfin assumée, signe de ralliement parfois affiché avec un brin de forfanterie : « Ils portent ça comme la Légion d'honneur », s'étonnera une visiteuse. Dédramatisation poussée à l'extrême, qui fera dire à l'enfant de l'un d'entre nous, ravi de l'accueil reçu dans une fête AA : « Il y avait vraiment des gens merveilleux, qui me connaissaient pas et qui venaient vers moi comme s'ils me connaissaient depuis toujours ! Ils ont de la chance d'être alcooliques, ces gens-là. Quand je serai grand, je serai alcoolique. »

(Je me suis longtemps demandé d'où venait cette façon d'afficher la couleur : tout simplement, les premières réunions de ce qui allait devenir les Alcooliques Anonymes associaient à une poignée de « buveurs repentis » une majorité d'hommes et de femmes qui appartenaient à un mouvement évangélique chrétien et n'avaient pas le plus petit problème d'alcool. Et pour se reconnaître entre eux, pour fortifier leur solidarité toute neuve, les ex-ivrognes avaient pris l'habitude d'annoncer, d'emblée, ce qui les différenciait radicalement des autres.)

Dans l'état de confusion extrême où l'on est bien souvent lorsqu'on arrive en AA, c'est autour du mot « alcoolique » que l'identité peut commencer à se restructurer. Les premiers temps, seule émerge cette certitude-là : tout le reste est mouvant, eaux troubles et mêlées. « Je suis alcoolique » : sur ce point au moins nous sommes tous pareils, oh ! que oui, même si les apparences prétendent le contraire. Tous frappés du même mal, dévastés par la même souffrance : seule diffère l'ampleur des ravages subis. En voyant quelqu'un parvenu au bout de la déchéance, jamais je n'ai pensé : Je n'en suis quand même pas arrivée là. J'ai toujours eu le sentiment que j'avais dû à la chance, et à la chance seule, le fait de ne pas sombrer complètement ; un autre milieu social, un époux moins aimant, des patrons moins compréhensifs, et je ne donnais pas cher de ma peau. Des buissons m'ont accrochée dans ma chute ; mais l'abîme était là, tout proche, je le savais, j'y pense encore souvent.

Les réunions, pour rire et pour pleurer

Réunions rendez-vous d'amour – j'ai vu des amis apporter un bouquet de fleurs au groupe comme à une femme aimée –, où les batteries se rechargent. « Ici, on fait tous l'amour ensemble », dit Huguette : c'est vrai, même si le sexe reste à la porte de nos assemblées. (Discrètes sont les liaisons qui se nouent, en AA comme dans n'importe quelle société d'hommes et de femmes.) Réunions rendez-vous de souffrance, lorsque la vie est trop dure pour trop d'entre nous, ou lorsque l'alcool est encore tout proche, et que les angoisses qui l'accompagnent n'ont pas eu le temps de se dissiper :

Lorsque je suis arrivée en AA [...], j'écoutais des témoignages et je pensais que le président organisait des « concours de souffrance », celui qui avait le plus souffert, le récit le plus invraisemblable. Je suis même retournée boire pour avoir plus d'anecdotes à *raconter au cas où un jour l'on me demanderait de donner mon témoignage, car je voulais tellement être acceptée et ne pas être renvoyée *.*

Mais aussi réunions rendez-vous de rire, où l'on retrouve enfin la bonne distance pour voir le côté baroque de certaines situations dramatiques, où l'on apprend à se moquer gentiment de soi, où le rire des autres se fait complice et jamais moqueur. Rire qui peut surprendre le nouveau venu, quand il arrive empli de honte et de peur, complètement perdu :

*J'avais l'impression très nette que j'étais arrivée au milieu d'une bande de fous ! Ils – et elles – étaient tous là, ils parlaient de leurs souffrances et ils riaient ! Oui, tu m'entends bien, ILS RIAIENT ! Ce n'était pas possible, ils n'avaient sûrement jamais été aussi malheureux et malheureuses que moi ! Je pleurais, je pleurais ! Je ne savais faire que ça. Je ne comprenais rien à leurs histoires. Comment pouvait-on expliquer, avec le sourire et un air parfaitement heureux, les choses si horribles qu'ils racontaient ** ?*

Rire salutaire, thérapeutique ô combien. L'humour qui a repris ses droits n'est pas seulement le soulagement d'une tension mais, pour citer un maître tibétain, « une façon libre de communiquer avec les situations vitales dans leur pleine absurdité *** », toute dans l'ouver-

* *La Vigne AA*, août-sept. 1983, p. 10.
** *Partage*, juin 1985, p. 10, Ed. des Alcooliques Anonymes, Bruxelles.
*** Chögyam Trungpa, *Le Mythe de la liberté et la Voie de la méditation*, Paris, 1979, p. 46.

turc, qui ne nie pas la souffrance mais refuse de se laisser engluer par elle.

Réunions un peu ennuyeuses aussi parfois, il faut le reconnaître ; où le sujet proposé n'est guère propice aux développements personnels, où les participants s'empêtrent dans un langage convenu – avant de pouvoir trouver leur propre parole intérieure, certains ne peuvent qu'emprunter les mots AA, lus dans la « littérature » ou entendus dans la bouche d'autrui. Pourtant presque toujours, dès que je commence à trouver le temps long, une voix s'élève, singulière, qui vient me toucher droit au cœur ; ou bien j'entends une petite phrase que je vais ranger parmi les trésors qui m'aident à vivre. « En somme, tes réunions, c'est toujours bien ? » me dit ma mère. Plus ou moins ; mais jamais, depuis tant d'années, je n'ai eu l'impression de repartir les mains vides.

La parole qui guérit

Ce lieu de parole que, depuis Mai 68, on a tellement cherché, tellement voulu instaurer avec plus ou moins de succès, il est pour moi là où des AA se rassemblent. Je ne jurerais pourtant pas que tout, absolument tout puisse y être dit : ce n'est sans doute pas un hasard si je n'ai jamais entendu mentionner de violences sexuelles commises contre des enfants. Tout, non, mais presque tout. Les internements « chez les fous » sont évoqués sans gêne, un sortant de prison racontera ce qui l'a amené en taule sans que personne ne hausse le sourcil ni ne se pose de questions. Liberté quasi absolue de dire, mais aussi de ne pas dire. Chacun rapportera de sa vie, de son passé, de ses problèmes ce qu'il voudra, assuré, rassuré de savoir que personne ne cherchera à en apprendre davantage, que, surtout, jamais on ne le jugera : qu'on lui fait tout simplement confiance.

Parole vive et libre et abondante – comment s'étonner que ceux qui se sont perdus par la bouche se servent de leur bouche maintenant pour renaître ? On pourrait craindre que cette liberté qui vous est donnée de parler tout votre soûl – c'est le cas de le dire – de ce que vous aviez jusque-là enfermé à triple tour n'amène aux pires excès. Eh bien non : rares sont ceux qui en abusent. Parole sans aucun rapport, parfois, avec le sujet proposé : il est essentiel que chacun puisse dire ce qu'il a sur le cœur, ce qui lui pèse et pourrait éventuellement lui donner envie de boire. « La vertu première du groupe est probablement celle-ci : on en a besoin * », dit Carlo Coccioli qui s'était précipité en réunion parce qu'il sentait que son vieux chien allait mourir. Là, ceux qui habitent des grandes villes ont beaucoup de chance : quand l'urgence vous presse, on peut aller pratiquement n'importe quand et n'importe où en réunion ; cinquante par semaine à Paris ; mais mille deux cents *par jour* à Los Angeles...

Raconter sa vie

De temps à autre l'un d'entre nous, lorsqu'il fête son anniversaire d'abstinence, ou bien parce qu'on le lui demande, ou qu'il en ressent le besoin, raconte son parcours avant, pendant et après l'alcool. Des témoins extérieurs ont

* *Op. cit.*, p. 188.

souvent parlé sans grande bienveillance de ces « confessions » de « buveurs repentis » : ces termes me semblent tout à fait impropres. Nous ne sommes pas au tribunal de la Pénitence pour avouer nos péchés, et la notion de repentir, grâce au ciel, ne fait aucunement partie de la panoplie AA. « Exhibitionnistes » – on nous l'a souvent reproché aussi : pas davantage. Pour qu'il y ait exhibitionnisme, il faut qu'il y ait quelqu'un à troubler ou à scandaliser : imagine-t-on un exhibitionniste ouvrant son imperméable devant un autre exhibitionniste ? Mais il n'aurait aucun succès, le pauvre. Non, ces « confessions exhibitionnistes » ne sont telles que vues du dehors, par des observateurs non AA ; en revanche, du confessionnal catholique à la psychanalyse, nous ne sommes pas les premiers à avoir constaté l'absolue nécessité de la parole pour exorciser la souffrance, la culpabilité, la honte, pour les élaborer, pour arriver à en faire naître autre chose. Nous ne pouvons pas faire l'économie de cette mise en mots ; simplement, nous l'appelons « témoignage ». « Témoignage : Déclaration de ce qu'on a vu, entendu, perçu, servant à l'établissement de la vérité », selon la définition du Petit Robert.

Pour certains, ce sera le seul moyen de sceller la rupture avec le passé, l'épreuve douloureuse – il n'est pas facile de livrer en public le plus intime de soi – qui permettra à l'homme nouveau de naître. Jamais je n'oublierai le témoignage de Gilles, ce joyeux drille qui toujours, partout avait le mot pour rire, abîmé dans la honte et l'horreur de sa vie passée, revivant à mi-voix, comme s'il se parlait à lui-même, les étapes de sa déchéance, avec une telle douleur, une telle intensité, et le silence passionnément attentif de toute la salle, comme si le seul moyen que nous avions de l'aider à porter cette croix était de retenir notre souffle et de nous reconnaître silencieusement en lui.

S'identifier – enfin !

Mais le témoignage n'a pas pour seul but de libérer celui qui l'exprime d'un passé qui l'empêche de vivre. Pour ceux qui l'écoutent, il peut jouer un rôle déterminant : voie royale de cette identification qui nous est plus qu'à d'autres nécessaire. Celui qui franchit pour la première fois le seuil des AA est bien souvent persuadé qu'il n'est pas alcoolique ; d'accord, il a peut-être un problème d'alcool ; mais dès qu'il aura réussi à modérer sa consommation, il pourra se remettre à boire comme tout le monde. Par ailleurs, il a l'intime conviction d'être seul de son espèce : vicieux, taré peut-être, mais unique en son genre ; la preuve, c'est que personne, jamais, n'a pu ni le comprendre ni l'aider. Et puis voici qu'un jour quelqu'un qui apparemment ne lui ressemble en rien, qui n'a rien de commun avec lui – ni l'âge, ni le milieu, ni le sexe parfois – raconte sa vie et qu'il s'y reconnaît à chaque phrase. « Quand tu as donné ton témoignage, me dit Karine, j'étais folle. J'ai failli hurler : “ Ferme ta gueule, Anne. Assez parlé de moi comme ça. Passons à autre chose ! ” »

Cela, les Alcooliques Anonymes le savent bien ; et s'il leur arrive, alors même qu'ils ont déjà fait un long chemin en AA, de mentionner encore des épisodes particulièrement humiliants de leur alcoolisme actif, ce n'est pas pour y trouver une quelconque jouissance mais parce que peut-être, dans la salle, un nouveau venu va comprendre que celui qui parle et qui a l'air si serein, si bien dans sa vie, a connu les mêmes horreurs que lui, et que donc lui aussi pourra s'en sortir. Dans ce contexte, évoquer un passé douloureux, faire resurgir une honte, une souffrance enfouies sous le limon des années sans alcool mais toujours vivaces et si aiguës ne relève pas de la complaisance, mais presque de l'ascèse. « Votre noir passé est ce que vous possédez de plus précieux : la clé de la vie et du bonheur des autres * », est-il écrit dans notre livre fondateur, que les AA appellent le Big Book : il y a des moments où il faut y mettre du sien pour ne pas l'oublier. Mais le miroir ainsi tendu à celui qui vient d'arriver, qui parfois ne sait même plus qui il est, l'aidera à cerner sa propre image, à se reconnaître dans ce qui le rapproche des autres, première étape nécessaire pour lui permettre, dans un second temps, d'accéder à sa différence.

Différents et semblables

Image semblable et dissemblable, en ces lieux où tous et toutes se côtoient. « Avant, j'étais tueur », dit Yvon. Ayant déjà rencontré rue des Archives trois assassins, deux souteneurs et un certain nombre de malfrats de moindre envergure, je ne m'étonne pas pour autant, et j'imagine aussitôt l'ombre du crime derrière ce visage calme tout en me disant qu'il n'a vraiment pas le physique de l'emploi. Mais non,

* *Alcooliques Anonymes*, 1989, p. 115, reproduit avec autorisation.

mon imagination romanesque m'égare, Yvon n'a jamais tué que des bœufs, il est maintenant boucher. En d'autres temps, pas très anciens, j'aurais dû faire la révérence à ma voisine de droite et lui parler à la troisième personne; ma voisine de gauche a levé haut la jambe pour danser le cancan au Moulin-Rouge : version nouvelle du melting-pot, ce brassage me ravit toujours. Lynn n'a pas encore vingt ans; Simone, elle, a attendu ses soixante-quatorze printemps pour nous rejoindre (non, non, il n'est jamais trop tôt, ni trop tard pour venir aux Alcooliques Anonymes). Pierre a commencé à boire à treize ans et s'est arrêté au bout de quarante ans; c'est lorsqu'il a pris sa retraite que Roland a découvert les charmes de l'alcool : il ne lui a fallu que deux ans pour sombrer complètement, devenir un véritable légume, et se raccrocher à la bouée salvatrice des AA...

Les individus diffèrent, les groupes aussi, qui pourtant se ressemblent. Aux Etats-Unis, où Alcooliques Anonymes est particulièrement florissant – un million de membres, la moitié à peu près de tous les AA du monde –, il existe des groupes particulièrement « pointus » pour les prêtres ou les maniaco-dépressifs, les médecins, les policiers ou même les victimes de traumatismes cérébraux. (En revanche, AA ne devant jamais s'affilier avec aucune confession, parti politique ou institution, il n'y a pas de groupe communiste ou protestant.) En France, toutes les réunions sont « généralistes », comme on dit, mais chaque groupe, plus ou moins mélangé socialement, plus ou moins nombreux, a sa personnalité bien à lui. Arrivée dans une réunion qui ne lui convenait en rien, Françoise avait juré de ne plus jamais mettre les pieds aux Alcooliques Anonymes. Une heureuse rencontre, un autre groupe – la voici en train de fêter, dans la joie, sa première année d'abstinence.

Et pourtant, la musique est la même partout – partout même d'un pays à l'autre. « AA m'a apporté une famille, dit Christine, que son métier entraîne aux quatre coins de la planète. Une grande famille, pleine de cousins et de cousines, avec lesquels je partage sur l'essentiel dans le monde entier. » A Tokyo, Helsinki, Dubaï, des AA français de passage viennent se ressourcer en réunion ; parfois ils ne comprennent pas la langue ; malgré tout quelque chose passe, se passe.

Le groupe, si efficace

Le groupe : espace poreux et ouvert, aux contours toujours changeants puisqu'on ne le fréquente que par choix, qu'aucune appartenance ne vous lie à lui en dehors de votre désir de vous poser là plutôt que chez le voisin. « J'ai l'impression de me retrouver au bistrot », nous avait dit un jour un AA de fraîche date. Nous avions beaucoup ri, mais l'observation ne manquait pas de justesse : en franchissant la porte du bistrot, on retrouve aussi la fraternité du zinc, une certaine chaleur humaine. « Il est vrai que si le bistrot est le lieu privilégié des *sans-nom* : nul ne vous pose de question, ne cherche à savoir qui vous êtes, il est aussi lieu de rencontre : vous y êtes *anonyme et non pas solitaire*, et reconnu comme personne humaine (bonjour, au revoir, merci) *. » Mais les AA vont plus loin – heureusement ! – en proposant au buveur non

* *Promovere*, décembre 1980, Bruxelles-Paris, p. 110.

plus de se réfugier passivement dans un monde clos, mais de participer activement à instituer une existence collective. Il ne s'agit plus d'être en groupe, mais de faire un groupe.

Etrange expérience pour moi, qui me suis toujours sentie si mal à l'aise dès que l'assistance dépassait six personnes. (Et ce malaise persiste, un peu moins vif peut-être, dès que je suis à l'extérieur des Alcooliques Anonymes.) Mais je sais bien, quand je cours chaque semaine à ma réunion, que c'est mon groupe que je vais retrouver, et non pas Pierre, Paul ou Jacqueline. Si tel ou telle me sont particulièrement chers, particulièrement proches, leur absence m'est pourtant légère : c'est de l'étrange courant fraternel, complice, attentif qui circule à travers tous et toutes que je me nourris.

On s'est interrogé sur cette mystérieuse efficacité du groupe ; plusieurs alcoologues ont insisté sur la fusion, « ensevelissement dans une sorte d'univers clos premier », « fusion à la mère ». « Le groupe fait *initialement* fonction de *substitut au monde maternel* avec tout ce que cela représente de chaleur et d'amour *. » Pierrot n'était plus tout jeune quand il est arrivé en AA ; en amont, il y avait vingt ans d'alcool, un alcool dur et violent. Et pourtant, me dit-il, dès la porte franchie :

> *Je me suis senti comme un gosse qui retrouve sa mère qu'il aurait perdue depuis très longtemps. A partir de ce moment-là je n'ai plus eu envie de boire.*

* Henri Gomez, *La Personne alcoolique*, Toulouse, 1993, p. 30.

« En se fondant dans la collectivité, l'individu reçoit ainsi une part importante de la force globale qui lui fait individuellement défaut, écrit Bensoussan. D'autre part, le groupe subvient largement à ses besoins oraux profonds. S'il lui retire l'alcool vécu comme " mauvais objet destructeur ", il lui substitue la fraternité du groupe, dont l'individu profite et qu'il incorpore avidement. Dans toutes les activités d'aide et de soutien matériel ou moral, le groupe se comporte comme une " bonne mère " au sein toujours prêt et généreux *. » Je n'en disconviens pas : la fonction du groupe est *initialement* cela – même si, par ailleurs, la Loi est toujours présente, nous en reparlerons. Et ce que les analystes appellent l' « illusion groupale » joue aussi son rôle, tout à fait bénéfique en l'occurrence :

> *Quand on est dans un groupe,* dit Gérard Vachonfrance, *on est loin de la réalité, on a tout compris, on a tout vu, on est les meilleurs, on s'aime. On vit dans un rêve. Mais c'est très moteur. Bien sûr, après on retombe dans la réalité, mais pendant ce temps-là l'illusion groupale a fait que vous avez fait des progrès dans une ambiance d'amour et de fraternité extraordinaire.*

Un rêve de mes premiers temps en Alcooliques Anonymes : Je suis aux AA, c'est un grand sauna où nous sommes tous réunis, hommes et femmes, jeunes et vieux, nus comme au sortir du ventre maternel, détendus, heureux, et surtout décapés, purifiés par la chaude vapeur humide qui nous pénètre. Un inconnu

* *Annales médico-psychologiques*, février 1956, p. 283.

s'est glissé parmi nous, appareil photo en bandoulière, dans l'espoir de faire chanter nos époux et épouses grâce à ses clichés compromettants. A vrai dire, il ne nous gêne guère : c'est à peine si nous nous apercevons de sa présence. Mais nous lui expliquons quand même, gentiment, qu'il perd sa pellicule et sa peine : il peut bien prendre autant de photos qu'il voudra, elles n'intéresseront personne, il n'en tirera pas trois sous. Notre tranquille assurance finit par l'ébranler, il repart furieux, je me réveille ravie de ma parabole. Et je repense au réconfort que m'avait apporté, il y a bien des années, ma première visite à un bain juif de la rue des Rosiers. A la liberté avec laquelle les corps s'y montraient nus, sans craindre le jugement de l'autre, la critique de l'autre, ou le désir de l'autre, souvent ressenti comme un viol lorsqu'il n'est pas partagé. A ce droit à la différence ou même à la laideur, à la merveilleuse possibilité d'y être enfin soi, sans masque ni comédie, sans ce besoin de séduire qui trop souvent gangrène l'existence. A l'impression d'en ressortir tout neuf, propre de corps et d'âme, plein d'une fraîche énergie pour affronter à nouveau le monde extérieur. Une préfiguration des AA, en quelque sorte.

Je raconte ces images à une amie alcoolique. Moi, me dit-elle, j'ai rêvé que AA voulait dire Aveugles Anonymes. Les gens arrivaient en réunion avec leur canne blanche et leurs lunettes noires. A la fin, ils jetaient canne et lunettes aux orties et repartaient guéris...

Nous sommes peut-être des miraculés, mais nous ne sommes pas des saints ; et AA n'est sûrement pas le Royaume de Dieu sur terre. J'ai appris un jour avec plaisir que, dans les villes tout au moins, l'échantillon sociologique des Alcooliques Anonymes était l'exact microcosme de la société française dans son ensemble telle que l'analyse l'INSERM : il y a parmi nous, proportionnellement, autant de cadres supérieurs, de « cols blancs » ou de femmes au foyer que dans les 60 millions d'habitants de l'Hexagone. Il y a aussi, sans doute, autant de gens intelligents et d'autres qui le sont moins, de généreux et de non-généreux, de cœurs ouverts et de mains fermées. Dure découverte parfois : le nouveau venu, dans son éblouissement, aura tendance à idéaliser les membres de son groupe jusqu'à l'idolâtrie, avant de s'apercevoir qu'ils sont capables de faiblesses, de mensonges, d'un comportement intéressé... comme n'importe quel être humain. Et bien sûr nous avons aussi nos intégristes.

Ainsi peut-on faire la différence entre AA et les AA. Sur le mouvement lui-même, je vois peu de critiques à formuler : tout au plus pourrais-je regretter un vocabulaire trop étroitement imprégné d'un certain protestantisme américain des années trente, qui a pour corollaire un côté parfois un peu boy-scout ; mais toute entreprise humaine est historiquement datée, on ne saurait s'étonner d'y retrouver le reflet de son époque. Les AA, c'est une autre histoire. « Alcooliques Anonymes, disait notre définition dans sa traduction première, est une *société* d'hommes et de femmes. » Une société comme les autres, avec ses failles, ses dysfonctionnements, ses aberrations. Dans une conférence sur les saints, Bernanos évoquait l'utopie d'une Eglise idéale, qui « offrirait le spectacle de la perfection » :

> *Vous voudriez d'une Eglise telle que celle-ci ? Vous vous y sentiriez à l'aise ? Laissez-moi rire, loin de vous y sentir à l'aise, vous resteriez au seuil de cette congrégation de surhommes, tournant votre casquette entre les mains comme un pauvre clochard à la porte du Ritz ou du Claridge. L'Eglise est une maison de famille, une maison paternelle, et il y a toujours du désordre dans ces maisons-là, les chaises ont parfois un pied de moins, les tables sont tachées d'encre, et les pots de confiture se vident tout seuls dans les armoires, je connais ça, j'ai l'expérience* *...

Petit ou grand, huppé ou misérable, le groupe est aussi un lieu privilégié d'émergence à la vie. L'alcoolique actif ne s'accorde pas le droit d'exister. Il est « dans l'alcool », c'est l'expression consacrée aux Alcooliques Anonymes. « Quand j'étais dans l'alcool... » « il est arrivé dans l'alcool... » « Bernard est de nouveau dans l'alcool... » Dans l'alcool : je vois des bocaux poussiéreux sur les étagères d'une armoire vitrée, quelque part au fond d'un vieux muséum de province. Toute une galerie de monstres, suspendus comme des ludions dans leur liquide jaunâtre, préservés pour l'éducation des foules dans un *no man's land* entre vie et décomposition, objets d'un regard distancié, vaguement curieux, vaguement dégoûté. Fascinants. Répugnants. Morts.

* *Les Prédestinés,* Paris, 1983, p. 101.

S'ouvrir au désir

Depuis bien longtemps, celui qui est dans l'alcool n'a plus de désir, ou plutôt tout désir en lui est anesthésié, exténué, détourné vers l'absorption sans fin de l'eau-de-mort : « Marie-Claude, priez Dieu qu'il vous donne le désir », disait un dominicain à une amie qui essayait désespérément de poser le verre sans pouvoir y parvenir. Et voici qu'un jour, ce jour mystérieux où le buveur excessif « touche son fond », ce désir inconscient de mort s'inverse brusquement en désir conscient d'arrêter de boire, qui est aussi désir de vie. Désir, mot oublié, mot fondateur – et pas seulement chez Freud ou dans la littérature amoureuse : ma surprise avait été grande de découvrir que dans les textes mystiques, on le retrouve à chaque pas. Pour les Alcooliques Anonymes, c'est aussi le mot clé qui, en signant la fin de la solitude, ouvre tout grand l'accès à une nouvelle vie : « La seule condition pour être membre de cette fraternité est *un désir* d'arrêter de boire », précise notre définition. La première formulation parlait d'un désir « sincère », c'était encore trop : un petit bout de désir même pas sincère du tout pouvait faire l'affaire, le mot fut supprimé en 1975. Peut-on imaginer définition plus belle, plus ouverte, excluant d'emblée tout interdit, toute exclusion, puisque personne ne peut prétendre juger du désir de l'autre ? « Tu es un membre des Alcooliques Anonymes puisque tu le dis, est-il écrit dans nos Traditions. Peu importe ce que tu as fait, ou ce que tu feras... » Si le diable frappait à notre porte, ai-je entendu souvent en AA, il faudrait, lui aussi, le laisser entrer. (Le diable, je ne l'ai jamais vu ; mais parfois, seule à une permanence, je ne me suis pas sentie très rassurée devant certains loubards qui n'en étaient manifestement pas à leur première bière. Pourtant, s'il n'y avait pas de violence, il n'était pas question de leur en interdire l'accès : qui étais-je pour décider qu'ils n'avaient pas de désir de s'arrêter de boire ?)

Irremplaçable anonymat

Ouverture absolue : pour franchir ce seuil, rien ne nous est demandé – ni parrainage, ni promesse, ni même notre nom ; encore bien moins notre profession, notre situation de famille ou notre adresse. Tout juste un prénom, encore peut-il n'être pas le nôtre. Et dans les cas extrêmes, le prénom lui-même peut disparaître, comme dans cette lettre laconique, adressée par un AA américain au bureau des Services généraux : « Merci pour aujourd'hui. Avec amour. Moi. »

On aurait tort, pourtant, de nous imaginer couleur de muraille, honteux, rasant les murs dans la terreur d'être reconnus. Certes, au départ, il y avait un peu de cela : l'anonymat fut tout d'abord l'enfant de nos premières craintes. « Comme nous sommes, pour la plupart d'entre nous, des gens d'affaires ou des professionnels, nous ne pourrions pas vaquer à nos occupations si nous étions reconnus », avouait avec candeur la préface du livre *Alcooliques Anonymes.* « Quoique devenus sobres, nous pensions encore que nous devions nous cacher, afin d'éviter la méfiance et le mépris du public. » Aujourd'hui encore, la peur d'être identifié en tant qu'alcoolique reste bien vivante. « Si on m'avait demandé mon nom et mon adresse, me dit Gérard, jamais je ne serais revenu. »

Mais beaucoup de choses ont changé en AA depuis les années trente, et si l'anonymat demeure la base même de notre association, ce n'est pas seulement par fidélité à nos origines, ou parce que la honte de boire n'a pas disparu. En fait, l'usage du prénom seul introduit dans le jeu social une égalité qui serait inconcevable autrement. Soyons honnêtes : même si l'on a une « sensibilité de gauche » comme on dit, on ne s'adresse pas tout à fait de la même façon à un déménageur ou à un PDG, à une employée de maison ou à une duchesse. Le poids des conventions est trop lourd ; quels que soient les efforts conscients pour s'en affranchir, l'inconscient, lui, ne s'en débarrasse pas complètement. Et la disparition de tout ce qui peut ressembler à une étiquette rend les rapports plus fraternels. « Si on m'avait dit que je te verrais un jour embrasser un clochard ! », s'étonnait une amie de longue date que j'avais entraînée aux AA. Eh oui ! Mais je pense que si les clochards, effectivement, viennent quelquefois s'asseoir parmi nous, ce n'est pas qu'ils désirent tellement s'arrêter de boire – personne ne le leur demande, d'ailleurs –, mais parce qu'ils ont envie d'un peu d'égalité, justement, et de pouvoir tutoyer les gens qui les tutoient ; d'être traités en êtres humains à part entière, exactement comme leur voisin banquier ou leur voisine sortie tout droit d'un beau quartier ; de retrouver, l'espace d'une réunion, cette dignité d'homme ou de femme que nous avions nous aussi perdue et qui est, de tous les biens que nous avons recouvrés, peut-être le plus précieux.

Imaginons un bateau dans la tempête, suggérait un médecin ami. *On crie « Un homme à la mer ! ». Aussitôt se manifestent les réflexes élémentaires de la solidarité du groupe... Avec « Hitler à la mer », ou « Jean-Paul II à la mer », bien qu'il s'agisse d'hommes, on n'aurait pas la même unanimité qu'avec un inconnu. Conclusion : si vous tombez à la mer, votre plus grande chance est qu'on ne crie pas votre nom, mais simplement « Un homme à la mer »* *.

Liberté, liberté chérie

Cette égalité (qui ne veut pas dire nivellement : sous le grand manteau de l'anonymat, nous ne sommes ni identiques, ni interchangeables) se voit assortie d'une liberté quasi totale. Paradoxe, une fois de plus : d'habitude, les malades du mal-boire n'aiment guère se sentir responsables. Liberté de venir ou pas. D'assister à une réunion par semaine, ou deux, ou vingt (mais pour celui qui vient d'arriver, dans la mesure du possible un minimum de deux réunions hebdomadaires paraît souhaitable). De continuer à boire ou de poser le verre. De choisir son groupe. De parler ou pas. Du sujet proposé ou de tout autre chose. De mentir comme un arracheur de dents. « Je n'ai pas bu aujourd'hui », affirmait Cécile, qui pendant deux mois était venue en réunion soûle comme une grive. « Je me disais : les cons, ils ne voient rien. Bien sûr, ils voyaient. Et ils m'ont dit après : " Tant qu'elle voudra dire qu'elle est

* Professeur Molimard, *in Partage*, octobre 1985, p. 29, Ed. des Alcooliques Anonymes, Bruxelles.

sobre sans l'être, c'est son problème. " » (Certaines réalités, les AA le savent bien, sont si insoutenables qu'il est momentanément exclu de pouvoir les regarder en face. Il faut laisser le temps au temps pour que chacun puisse découvrir et assumer sa vérité.) Liberté d'être en désaccord avec tous et avec tout : « Le programme de relèvement des Alcooliques Anonymes est indéniablement basé sur l'acceptation de certaines valeurs spirituelles. Les membres, en tant qu'individus, sont libres d'interpréter ces valeurs comme ils l'entendent ou de les ignorer s'ils le préfèrent *. » Deux règles seulement ne souffrent pas d'exception : ne pas boire dans la salle qui nous abrite – on prie seulement celui qui sort sa bouteille d'aller la vider derrière la porte – et parler chacun à son tour.

Liberté aussi, bien sûr, de cesser de venir lorsqu'on le souhaite. Certains, certaines, ne font que passer; je le déplore *in petto* : ce n'est pas après une ou deux réunions que l'on peut savoir si AA vous convient. D'autres s'écartent le temps d'une rechute et parfois, terrifiés, mettent longtemps à refranchir la porte, se demandant comment ils seront accueillis : à coup sûr, par un « Salut Michel » ou « Bonjour Cécile, ça fait plaisir de te revoir », et des sourires un peu plus larges que d'habitude – c'est vrai qu'on est drôlement contents qu'ils soient revenus – sans aucun commentaire inquisiteur. D'autres enfin, une fois leur sobriété bien accrochée, quitteront les Alcooliques Anonymes et sauront, ou ne sauront pas, préserver leur abstinence. Et puis il y a ceux qui restent... Je me

* *AA – 44 questions et réponses sur le programme de relèvement de l'alcoolisme*, 1952, p. 19, reproduit avec autorisation.

souviens qu'à ma première réunion, où je n'étais pas trop sûre, justement, qu'AA me convienne, j'avais été consternée d'entendre que Valentin, Jenny, Cécile venaient depuis cinq, six, huit ans : moi j'étais là pour m'arrêter de boire, c'était tout, et je comptais bien passer le moins de temps possible avec ces gens un peu ennuyeux. Qui m'aurait dit, ce jour-là, que dix-huit ans plus tard mon choix, mon libre choix serait de fréquenter encore ces lieux de vie ?

Liberté, encore, dans le fonctionnement du mouvement tout entier. « Ni Dieu ni maître », clament en chœur les alcooliques de la terre entière, tous individualistes forcenés : en bonne logique, depuis les origines, dans ce mouvement qui est le seul à avoir été fondé par des alcooliques pour des alcooliques, il n'y a aucune autorité constituée qui puisse obliger qui que ce soit à faire quoi que ce soit. Et comme il n'y a pas de ligne officielle du Parti, il ne saurait y avoir d'hérétiques. « Une transcendante anarchie régit l'organisation la plus désorganisée du monde * », écrit Carlo Coccioli : la notion de hiérarchie, inhérente à toute organisation sociale en ce bas monde, a complètement disparu; et l'on n'y trouvera pas non plus ces hiérarchies informelles tellement plus prégnantes que les hiérarchies avouées. Bien sûr, les personnalités charismatiques existent, chez nous comme ailleurs; nous avons nos stars, et les phénomènes de pouvoir ne sont pas inconnus en AA. Mais – la différence est de taille – au moins ne sont-ils pas institutionnalisés.

Liberté extérieure aux multiples facettes, pendant de la liberté intérieure qui nous a été rendue, et dont une des manifestations est la

* *Op. cit.*, p. 121.

présence toute naturelle de l'alcool dans la vie d'autrui. Rien de plus normal : nous ne sommes pas du tout une société de tempérance, au sens de « modération dans la consommation des boissons alcoolisées », mais une société d'abstinence totale pour les uns, de liberté pour les autres. Personnellement, j'ai tant aimé boire, au temps où je pouvais le faire sans excès, j'en ai tiré des plaisirs si vifs que je serais désolée d'en voir mes proches privés par solidarité à mon égard. Et puis, d'une certaine façon, j'ai besoin aussi de voir chez moi, hors de chez moi, la bouteille de vin sur la table : après avoir été le symbole de mon asservissement, elle est devenue l'image éclatante de ma liberté reconquise.

« La prison a été ma chance »

De cette liberté toute neuve, personne ne parle mieux que les AA en prison – car notre mouvement tient aujourd'hui des réunions dans une trentaine d'établissements pénitentiaires en France : témoignages bouleversants de ceux qui ont encore des années à passer entre quatre murs et qui pourtant, pour la première fois de leur vie, se sentent des hommes libres. La contradiction n'est qu'apparente : on comprend bien comment des hommes pris dans le cercle vicieux délinquance/alcool/délinquance, et qui n'avaient aucune conscience de cet engrenage, peuvent être éblouis en découvrant à la fois le rôle joué par l'alcool dans leur destin, et que l'alcoolisme n'est pas une fatalité. (« Je me suis rendu compte, dira la première amie AA à être intervenue en prison, que tous ces hommes atteints par l'alcoolisme ne comprenaient rien à leur problème et, à la sortie, ils recommençaient à boire devant toutes les difficultés de la vie qui les attendaient *. ») A Fresnes, à Bois-d'Arcy, aux Baumettes, des hommes incarcérés prononcent des phrases stupéfiantes, je voudrais pouvoir toutes les citer :

> *La joie règne en mon cœur. Les longues années que je dois encore effectuer pour quitter cet étau carcéral ne me font plus peur. Je sais qu'avec les ami(e)s AA, je ne suis plus jamais seul. Ce n'est plus un chemin de croix, c'est une route qui mène à la victoire! Je suis devenu un homme* libre *et* confiant **.
>
> *Je suis déjà ici depuis cinq ans et j'en ai encore pour cinq, six ou sept ans... Ici, j'ai, grâce à AA, le moyen d'enfin comprendre l'inutilité de boire, et je me trouve en un lieu [la prison] où je puis résister à cette tentation qu'est la boisson... J'ai la « chance » d'être enfermé et d'être obligé de rester abstinent. Si j'étais libre, je ne résisterais sûrement pas avant d'avoir compris. Ici, j'en ai le temps* ***.
>
> *Depuis que je suis en prison et que je connais les AA, je suis enfin libre, car je n'ai plus l'alcool dans la tête et, en plus, j'ai un Programme qui m'aide à supporter mon incarcération. C'est une bénédiction pour moi d'avoir été emprisonné car cela m'a permis de rencontrer les AA, puis d'accrocher mon abstinence et, aujourd'hui, j'ai confiance en mon avenir* ****.

* *Partage*, février 1987, p. 29, Ed. des Alcooliques Anonymes, Bruxelles.
** *Ibid.*, octobre 1987, p. 23.
*** *Ibid.*, avril 1993, p. 22.
**** *Partage*, décembre 1992, p. 6, Ed. des Alcooliques Anonymes, Bruxelles.

Et enfin ce détenu condamné à dix-huit ans et qui en avait encore dix à tirer :

*Je suis heureux même en prison parce que j'ai découvert qu'il n'y a pas de maton pour la vie intérieure *.*

Nous sommes actuellement plus de deux millions, presque la population de Paris intra muros : les jours où je ne déborde pas d'amour pour mon prochain, j'imagine que les voyageurs au visage fermé rencontrés dans le métro, la postière hargneuse, l'employé de banque excédé sont tous des Alcooliques Anonymes, ont tous roulé sous la table, se sont tous retrouvés au fond de la honte et du désespoir, et mon humeur devient beaucoup plus amène. Plus de deux millions – sans engagement d'appartenance, sans cotisation, sans obligations d'aucune sorte, réunis par le plus fort des liens : le désir de vivre une vie meilleure et – aussi – par la volonté de mettre en application un Programme spirituel.

* *Ibid.*, octobre 1989, p. 16.

DIEU ?

« Vous allez entendre parler de Dieu. Ne vous énervez pas ! »

Un psychiatre

On m'avait mal indiqué l'heure de ma première réunion, je suis arrivée en avance. Et tandis que les autres bavardent – comme je les envie d'avoir l'air si heureux de se retrouver ! – je me plonge, pour me donner une contenance, dans la documentation libéralement dispensée à ceux qui viennent pour la première fois. *AA est-il pour vous ?* – je l'espère bien ; un questionnaire * : « Etes-vous un alcoolique ? » auquel la réponse, sans surprise, était oui ; et voici qu'au détour d'une brochure qui me semblait particulièrement innocente, *Hier aujourd'hui demain*, un texte vient me sauter à la figure, que je lis avec une consternation grandissante.

* *Cf.* p. 334.

Les Douze Etapes

Voici les étapes que nous avons suivies et que nous proposons comme programme de rétablissement :

1. Nous avons admis que nous étions impuissants devant l'alcool, que nous avions perdu la maîtrise de nos vies.

2. Nous en sommes venus à croire qu'une Puissance supérieure à nous-mêmes pourrait nous rendre la raison.

3. Nous avons décidé de confier notre volonté et nos vies aux soins de Dieu tel que nous Le concevions.

4. Nous avons courageusement procédé à un inventaire moral, minutieux, de nous-mêmes.

5. Nous avons avoué à Dieu, à nous-mêmes et à un autre être humain la nature exacte de nos torts.

6. Nous avons pleinement consenti à ce que Dieu éliminât tous ces défauts de caractère.

7. Nous Lui avons humblement demandé de faire disparaître nos déficiences.

8. Nous avons dressé une liste de toutes les personnes que nous avions lésées et nous avons résolu de leur faire amende honorable.

9. Nous avons réparé nos torts directement envers ces personnes, partout où c'était possible, sauf lorsqu'en ce faisant nous pouvions leur nuire ou faire tort à d'autres.

10. Nous avons poursuivi notre inventaire personnel et promptement admis nos torts dès que nous nous en sommes aperçus.

11. Nous avons cherché par la prière et la méditation à améliorer notre contact conscient avec Dieu tel que nous Le concevions, Lui demandant seulement de connaître Sa volonté à notre égard et de nous donner la force de l'exécuter.

12. Comme résultat de ces étapes, nous avons connu un réveil spirituel. Nous avons alors essayé de transmettre ce message aux alcooliques et de mettre en pratique ces principes dans tous les domaines de notre vie *.

Le ciel m'est tombé sur la tête. Personne ne m'avait dit que AA était un mouvement religieux ! Moi qui n'avais jamais voulu aller frapper à la porte de la Croix Bleue pour ne pas entendre parler de Dieu... Je me sentais flouée, trahie, malade de déception et de révolte d'avoir été ainsi abusée. Et tandis que je voyais s'évanouir ma dernière chance, la lecture de ces mots détestables faisait resurgir, du fond de mon enfance, d'autres mots enfouis, ceux d'un acte de contrition que je croyais avoir oublié. Allais-je de nouveau faire partie de ces « pauvres pécheurs, nés dans la corruption, enclins au mal », qui « attirons sur nous, par Ton juste jugement, la condamnation et la mort », mais qui pourrions « porter des fruits de justice et de sainteté » pourvu que « nous nous condamn[i]ons, nous et nos vices, avec une sérieuse repentance » ? Ce Dieu-là, je n'en voulais pas, je n'en voulais plus, nous n'avions plus rien à voir ensemble ! J'en aurais pleuré. Qu'étais-je venue faire au milieu de ces bigots ?

* Reproduit avec l'autorisation de Alcoholics Anonymous World Services, Inc.

Prends ce qui te plaît...

J'ai eu envie de prendre mes jambes à mon cou. Et pourtant, pourtant, je sentais bien que le moment était venu, que j'étais prête à tout, vraiment à tout pour m'arrêter de boire : si on m'avait dit qu'il fallait faire mille fois le tour de la place de la Concorde à cloche-pied par une nuit d'hiver, ou me nourrir exclusivement de crocodile pendant un an, j'aurais essayé. Alors pourquoi ne pas tenter de jouer le jeu, d'ouvrir mes oreilles et mon cœur à tout ce qui pouvait me convenir en Alcooliques Anonymes, en restant résolument sourde à ce que je ne voulais surtout plus entendre ?

Je suis restée. Bien m'en a pris.

Lorsqu'un peu plus tard je m'ouvris de mes réticences à Jacqueline, qui dirigeait la réunion ce jour-là, ma véhémente sortie contre Dieu ne sembla pas la troubler outre mesure. Elle se borna à me dire, avec son beau sourire : « Prends ce qui te plaît et laisse le reste. Et garde l'esprit ouvert. » Je l'ai écoutée. Et j'ai pris – à pleins bras, j'avais tant à prendre. J'ai essayé de garder l'esprit ouvert. Ça a si bien marché que j'ai transmis ce conseil, par la suite, à des dizaines et des dizaines de nouveaux venus.

« Prends ce qui te plaît... » Pendant longtemps, les Etapes ne m'ont pas plu du tout. Je ne suis pas sûre qu'elles me plaisent aujourd'hui, et je mentirais en disant que leur formulation ne me gêne plus : après dix-huit ans passés en Alcooliques Anonymes, lorsque je les entends lire au début d'une réunion je suis encore heurtée – moins qu'à mes débuts grâce au ciel – par la façon dont elles sont présentées. Je ne les aime toujours pas, mais je crois que je ne pourrais plus vivre sans elles : j'ai appris à les décoder, à y trouver, au-delà des mots qui m'agressent encore, une méthode efficace pour vivre mieux, pour avancer sur mon propre chemin. D'ailleurs, ce n'est pas un hasard si elles sont dénommées « étapes », et non « règles » ou « commandements ». En langage AA, elles portent aussi un autre nom : le Programme. Une trouvaille, ce terme, avec sa double acception : un but nous est proposé, et la manière nous est donnée d'y parvenir.

> *Songe au Programme,* écrit Coccioli : *passé le premier moment où on le considère comme idiot, plus on étudie les Douze Etapes et plus on est illuminé par leur sagesse... [Elles] forment un enchaînement admirable et implacable : celui qui consent à s'abandonner à son engrenage ne sera plus le même* *.

Le Programme, chemin suggéré

« N'essaie pas d'entrer dans le Programme, laisse le Programme entrer en toi », dit-on parfois en AA. Il m'aura fallu du temps. Toute raidie dans mon premier refus de ce texte aux relents de catéchisme, je n'avais pas vu immédiatement où résidait son étonnante nouveauté : non dans son contenu, déjà vu ou lu ailleurs en grande partie, mais dans la façon dont il est présenté. Ce ne sont pas douze préceptes, mais douze constatations ; on y cherchera en vain une seule interdiction, un seul " Tu dois ! ". " Tu

* *Hommes en fuite*, pp. 109 et 161.

vois, c'est comme ça ", nous dit le groupe, en nous montrant une réalité concrète et objective. Là où j'avais cru voir tout d'abord des injonctions péremptoires, une version en douze points des Dix Commandements, il s'agit en fait d'un compte rendu d'expérience : nous avons essayé cette méthode, elle a été efficace dans notre cas. Si vous voulez la paix intérieure que nous avons, libre à vous d'essayer de faire ce que nous avons fait. Nous vous le suggérons de tout notre cœur ; mais nous ne pouvons que vous le suggérer.

Glanée dans notre littérature, une image qui me semble assez juste : les Etapes ne sont pas des règlements mais des cartes routières. Pour aller de Paris au Havre, vous avez besoin d'une carte ; elle ne vous force pas à vous rendre au Havre, elle vous indique seulement le meilleur chemin à prendre, si c'est là que vous voulez aller. Ce qu'elle vous apprend aussi, c'est que, pour que cette carte puisse être dessinée, d'autres avant vous ont parcouru ce même itinéraire. « En cours de route, ils ont dû se tromper de chemin, s'enliser dans la boue, prendre des voies sans issue. Mais ils ont finalement trouvé les meilleurs chemins et les ont balisés en Douze Etapes AA. * »

Ce renversement de perspective changeait beaucoup de choses. Là encore, cette méthode qui avait fait ses preuves depuis tant d'années – alors que quantité de nouveaux venus, j'en suis sûre, avaient rué dans les brancards tout autant que moi –, pourquoi n'essayerais-je pas, à mon tour, de la mettre en pratique, à condition bien sûr de l'accommoder quelque peu à ma

* *Leurs messages*, 1979, p. 11, reproduit avec autorisation.

manière ? « Essayer », je le découvrirais bientôt, est l'un des maîtres mots en Alcooliques Anonymes ; on le rencontre même dans une variante encore plus modeste, et plus réaliste parfois, « essayer d'essayer »...

Ecrites en 1938, les Douze Etapes sont restées, avec les Douze Traditions – qui concernent non plus l'individu, mais le groupe AA – la pierre angulaire du mouvement. On peut se demander comment un texte qui est à mille lieues de notre monde actuel, et paraît d'autant plus obsolète qu'il s'adresse aujourd'hui à des hommes et des femmes très souvent agnostiques, ou tout au moins fort éloignés de leur religion première, peut avoir gardé le même impact, être encore opérationnel à la fin du siècle. Toutes sortes d'explications pourront bien sûr être proposées ; personnellement, j'en retiendrai deux : ce que j'appellerai, faute de mieux, la « théologie de l'incarnation », et la nécessaire présence de la morale dans une vie d'homme.

Une méthode faite chair

Peu importe, à la limite, la façon dont ces Etapes sont rédigées : ce qui compte, c'est la façon dont elles s'incarnent en des hommes ou des femmes auxquels on a tellement envie de ressembler. Non plus des abstractions, mais des êtres de chair et de sang :

> *Ce qui m'a sauvé la vie,* écrit un prêtre alcoolique, le père Martin, *ce ne sont pas les Douze Etapes écrites sur un bout de papier. J'aurais pu les lire dans ma chambre et mourir*

*ivrogne. Ce sont les Douze Etapes écrites dans la vie d'un homme qui m'ont sauvé la vie. Je suis entré dans la salle et j'ai rencontré cet homme, et dix minutes après, j'avais envie de devenir exactement comme lui. Je voulais tout ce qu'il avait à cause de cela... J'avais la solution : tout ce que j'avais à faire, c'était de faire ce qu'il me disait *.*

Redécouverte de la Loi

Mais aussi, les Douze Etapes, le Programme, représentent dans une existence qui avait bien souvent perdu tous ses repères la nécessaire réapparition de la morale, de la Loi, dit le docteur Vachonfrance, alcoologue, psychiatre et psychanalyste – cette Loi sans laquelle l'homme ne saurait vivre :

Le malade alcoolique vit avec ses pulsions sans Loi, et il fait n'importe quoi. C'est-à-dire que la pulsion est libre. Et une pulsion qui est libre mène à la mort. J'en ai pour preuve deux films qui font l'apologie de la morale : Le Dernier Tango à Paris *et* La Grande Bouffe *: à la fin, ou bien tout le monde est transformé en mort vivant, ou bien ils sont tous morts. Pulsion en liberté = mort. Alors l'astuce, pour soigner un malade alcoolique, c'est de lui permettre d'articuler la pulsion et la Loi. Et qu'est-ce que font les AA ? Voilà des gens qui arrivent complètement perdus, qui n'ont plus de loi du tout, ils arrivent dans une pièce, on leur dit : Programme. Une Loi. Ils sont pris*

* *Partage*, juin 1984, p. 24, Ed. des Alcooliques Anonymes, Bruxelles.

dans le groupe, ils sont tellement aimés, on leur propose plein d'identifications, ils se disent, j'en ai tellement marre de souffrir, pourquoi pas moi, eux ils ont réussi... Parce qu'ils se sentent protégés, ils prennent la loi, ils l'articulent à leur pulsion pour vingt-quatre heures, et ça marche.

Je l'ai constaté, pour moi et pour tant d'autres : ces retrouvailles avec la morale sont source de grande joie. Peut-être parce qu'elles sont le chemin d'une découverte inespérée, celle d'un accord avec notre être le plus profond – la Loi, je cite toujours Vachonfrance, n'étant pas une histoire de philosophe ou de moraliste mais, bien avant tout raisonnement, une nécessité biologique. Pour suivre le vivant, il faut que la pulsion puisse être guidée par la Loi, soit organisée par la Loi. Abandonnée à elle-même, elle laisse les tristes héros de *La Grande Bouffe* mourir dans l'abjection, et l'alcoolique impénitent s'acheminer vers la cirrhose du foie et sa fin dernière.

Se passer de Dieu...

Il n'en reste pas moins qu'au-delà de cette évidence le Dieu « tel que nous Le concevons » qui apparaît dans la Troisième Etape a posé des problèmes à plus d'un. Dieu a eu, de tout temps, particulièrement mauvaise presse auprès des alcooliques ; certains des premiers AA en avaient bien conscience qui, pour éviter de heurter leur auditoire en prononçant un nom honni, parlaient du « Type qui est là-haut ». Comme le petit enfant que, quelque part, il n'a pas cessé d'être, l'alcoolique est pénétré du sentiment de sa toute-puissance. Son narcisssime ne souffre aucun contrôle venant de l'homme ou du divin. « Entendre parler de Dieu m'exaspérait, dit Jean-Yves. Dans la mesure où on est son propre dieu, il est trop dérangeant de voir un concurrent. »

Mais les alcooliques ou les alcoologues ont trouvé plus d'une façon d'aborder cette Etape en sortant des sentiers battus. Dans *La Personne alcoolique* *, l'alcoologue Henri Gomez, au lieu de « Dieu tel qu'on Le conçoit », préfère

> *parler de* conscience, *envers de l'inconscient. Le terme englobe la conscience de l'individu et la conscience du groupe. L'intelligence peut faire bon ménage avec la spiritualité si elle cohabite avec le sens du relatif, l'amour et l'humour.*
>
> *Je crois qu'un alcoolique a besoin d'une conscience, que cette conscience ne se limite pas à la raison et qu'elle inclut certaines valeurs. Dans les premiers temps de son abstinence, l'alcoolique peut* s'appuyer sur la conscience du groupe... *Ensuite, ses choix lui appartiennent. Tout le travail suggéré par les différentes étapes du programme de rétablissement vise à donner à l'alcoolique les moyens d'une conscience personnelle.*

Pour lui, la Deuxième Etape se traduirait par : « Accepter que la conscience du groupe puisse nous rendre la raison », et la Troisième par : « Soumettre nos décisions et notre vie à notre conscience. » (Nul besoin non plus de faire intervenir le divin dans « ce que les AA

* P. 34.

appellent la prière », « cette capacité à prendre du temps pour faire le silence, pour réfléchir avec le maximum d'objectivité et d'ouverture d'esprit à partir des émotions parasites * ».) D'autres, plus poreux au langage de la psychanalyse, pourront voir dans cette Troisième Etape l'acceptation du Père comme force organisatrice qui détache l'alcoolique du monde maternel ; ou encore la soumission du Moi à un Surmoi représentant la Loi qui permet d'échapper à l'univers fusionnel et au chaos.

J'ai aimé cette diversité d'approches, qui apportait de l'eau à mon moulin : à partir de là, pour l'agnostique que j'étais, tout devenait simple ; ce n'était plus qu'une question de décodage, de vocabulaire à transposer. Nul besoin d'être croyant pour trouver son bonheur aux Alcooliques Anonymes : on peut se sentir AA jusqu'aux moelles tout en restant résolument athée ; j'en ai autour de moi des exemples éclatants. Un très beau témoignage publié à la fin d'*Alcooliques Anonymes* **, notre livre fondateur, est intitulé « Mes deux allergies : l'alcool... et Dieu ». « Je préférais retourner boire plutôt que croire », y est-il dit en préambule ; et in fine :

> *Je me sens en parfaite harmonie avec moi-même et les autres... La philosophie des AA m'habite dans toute son orthodoxie, mais la langue des croyants n'est pas la mienne... Je ne crois ni en Dieu, ni aux curés. Je voudrais simplement apporter un peu d'espoir à celui qui souffre parce qu'il doute. Je veux simplement dire à cette personne : « Même si tu n'as pas de*

* *Ibid.*, p. 324.
** P. 290, reproduit avec autorisation.

Dieu, tel que défini par les religions, tu as ta place chez les AA... »

Et d'ailleurs :

Etre athée ne veut pas dire ne croire en rien... L'athée croit! Il croit à la primauté de l'esprit sur la matière. Il croit à la pensée libre et sans entraves... Il croit aux vertus humaines... Il croit en une foule de choses! Il n'y a qu'en Dieu qu'il ne croie pas, le mot « athée » signifiant tout simplement « sans Dieu ».

Par conséquent, il ne lui est en aucune façon plus difficile de croire au programme des Alcooliques Anonymes qu'à n'importe quel pratiquant : au contraire, peut-être, puisqu'il ne risque pas de confondre le religieux avec le spirituel, qui est, en somme, la véritable essence de ce programme.

*J'avouerai toutefois qu'au début de mon abstinence, parfois gêné aux entournures par le mot « Dieu » qui revenait trop souvent à mon gré dans les étapes, je me suis demandé par quel autre terme je pourrais le remplacer, afin d'aider tous ceux qui, athées comme moi, risqueraient de ne pas apercevoir le spirituel derrière le religieux. Or, à ma grande confusion, je dois bien avouer que je n'ai rien trouvé qui puisse aussi clairement, et en aussi peu de syllabes, éveiller dans l'esprit de tout un chacun, croyant comme incroyant, l'image de quelque chose qui soit, en définitive, supérieur à nous-même. Et, dès lors, le mot « Dieu » ne me gêne plus dans le programme *.*

* *Partage,* octobre 1977, p. 10, Ed. des Alcooliques Anonymes, Bruxelles.

... mais croire à l'amour

Cela dit, à l'intention de ceux qui, comme moi, renâclaient devant le mot « Dieu », les Alcooliques Anonymes avaient quand même mis de l'eau dans leur vin, si j'ose dire, en parlant tout d'abord d'« une Puissance supérieure à nous-mêmes », la PS entend-on parfois en AA. (Les sigles n'ayant pas toujours la même connotation pour tout le monde, lorsque j'avais entendu dire, un jour : « Je n'aime pas trop qu'on dise PS, ça me fait penser à un parti politique », j'étais tombée des nues : pour moi, ça avait toujours voulu dire post-scriptum !) Cette « Puissance supérieure », je n'avais guère eu de mal à en admettre l'existence. Quand on s'est vainement battu pendant vingt ans contre un monstre aux têtes sans cesse renaissantes, et que d'un seul coup l'envie de boire vous est ôtée, comment ne pas attribuer cette libération inouïe à quelque chose qui vous dépasse ? Ce quelque chose, pour moi, c'était de toute évidence le groupe, l'inconscient collectif du groupe auquel je devais mon salut. Ou, plutôt, l'amour que je voyais à l'œuvre dans cet inconscient collectif. L'idée d'un « Dieu d'amour » s'exprimant à travers la conscience du groupe étant une référence constante en AA, il me suffisait de mettre Dieu entre parenthèses, d'ajouter une majuscule à Amour, et le tour était joué...

« Elimine le mot Dieu s'il te gêne, avait dit un curé à l'un de mes petits camarades. Vis l'amour envers tes frères AA. » Ces mots me convenaient tout à fait. Depuis mon enfance, je le savais bien, aimer avait été la grande affaire de mon existence. J'avais dix ans, douze ans peut-être quand une phrase de saint Jean de la Croix – « Là où il n'y a pas l'amour, mettez l'amour et vous recueillerez l'amour » –, exergue d'une de mes lectures de petite fille, s'était logée dans un coin de ma mémoire pour n'en plus ressortir ; ma jeunesse pieuse avait lu, lu et relu l'Evangile et les Epîtres de Jean, qui parle de l'amour comme personne. « Si, à ma mort, je m'aperçois que Dieu n'existe pas, disait le curé d'Ars, je serai bien attrapé, mais je ne regretterai pas d'avoir passé ma vie à croire à l'amour. » En bonne logique, pendant mes trois premières années en Alcooliques Anonymes, l'Amour a donc été une Puissance supérieure tout à fait acceptable. Cela m'a permis d'entendre parler de Dieu sans m'énerver – jusqu'au jour où, quasi soudainement, la Troisième Etape a pris pour moi tout son sens, un sens que je n'osais même plus espérer.

De la Puissance supérieure à Dieu tel que je le conçois

L'extrême prudence de l'énoncé de la Deuxième Etape – « Nous en sommes venus à croire qu'une Puissance supérieure à nous-mêmes pourrait nous rendre la raison » – ouvre d'ailleurs la voie à toutes les conceptions possibles. « La grande force du mouvement AA : il propose à ses membres de satisfaire leur religiosité sans religion et telle qu'ils la conçoivent eux-mêmes au fur et à mesure de leur évolution *. » Aux temps héroïques, on raconte même qu'un membre américain s'était choisi

* Marie-Madeleine Boitel, *Le Monde AA et l'Alcool*, Paris, 1991, p. 73.

comme PS un autobus de la Cinquième Avenue. Le cas est quand même, je crois, resté isolé. (Dans l'ex-Union soviétique – mais oui, nous y sommes implantés aussi ! – certains Alcooliques Anonymes auraient semble-t-il un problème avec l'expression « Puissance supérieure », qui pourrait être confondue avec Staline...) Mais là encore, notre individualisme effréné a toute latitude de se manifester : la Puissance supérieure de Pierre n'est pas forcément celle de Paul ; elles peuvent même sembler tout à fait opposées. Les témoignages se suivent, mais ne se ressemblent pas :

*J'ai commencé à confier ma vie à Dieu cinq minutes à la fois et à Le surveiller très attentivement pour voir ce qui arriverait. L'écoute m'a aidée à me rendre compte que d'autres membres avaient des rancunes à régler avec Dieu et cela m'a permis de tempêter jusqu'à ce que je finisse par trouver une Puissance supérieure à moi-même, féminine celle-là, en qui je pouvais avoir confiance. Quand j'ai dit : « Notre Mère qui est aux cieux » et que personne ne m'a lancé un regard furieux ni ne m'a obligée à quitter la réunion *, j'ai décidé que je pouvais rester en toute sécurité. Il aurait été bon que les Etapes soient réécrites pour éliminer le masculin, mais j'ai décidé que « tel que nous Le concevions » signifiait le féminin pour moi **.*

* Aux Etats-Unis, les réunions AA se terminent par le *Notre Père*.

** *De la survie au rétablissement*, pp. 34-35 © 1994 par Al-Anon Family Group Headquarters, Inc. Reproduit avec l'autorisation des Al-Anon Family Group Headquarters, Inc.

La Troisième Etape me permit aussi d'envisager la vie de façon positive, efficace : « Si je nage dans l'eau salée et que, pris de panique, je commence à me débattre, je m'y noierai. Mais si je me détends et lui fais confiance, elle me fera flotter. »

[...] Qu'est-ce qui a dominé mon orgueil, du moins temporairement ? Je n'ai pas trouvé de meilleure réponse que ce que mon père appelait « la force de la vie ». Il était médecin de famille à l'ancienne mode et avait souvent vu cette force surgir ou faiblir. Elle nous habite tous. Cela, je le crois. Elle anime tout ce qui vit... La métaphore de l'eau salée, appliquée à la Troisième Etape, ne fut pas choisie par hasard, car pour moi, l'océan est un symbole de cette force.

*Mais l'océan n'est-il pas un symbole plutôt froid ? Oui. Est-ce que je crois qu'il est conscient du petit poisson que je suis, qu'il se préoccupe du sort de l'individu ? Est-ce que je lui parlerais ? Non... Existe-t-il quelque chose au-delà de la raison ? Oui, je le crois. QUELQUE CHOSE *...*

Et même chez ceux qui accueillent sans problème, ou avec quelle joie, l'idée de Dieu, la notion du divin prendra toutes sortes de formes. « Plus ça va, plus je crois et moins je sais en qui je crois » est une phrase souvent entendue que je reprendrais volontiers à mon compte. A la question : « C'est quoi, Dieu, pour toi ? » un petit enfant avait répondu : « Dieu, c'est un papa qui vous aime comme une maman. » Certains d'entre nous retrouveront, à travers la reli-

* *Nous en sommes venus à croire*, 1981, pp. 152-153, reproduit avec autorisation.

gion de leur enfance, mais vécue à une autre profondeur, ce « Dieu d'amour » dont parle l'Evangile ; d'autres, définitivement brouillés avec l'image d'un Père céleste perçu comme vengeur et culpabilisateur, découvriront avec un soulagement immense que Dieu n'est pas forcément un Dieu personnel ; d'autres enfin appelleront Dieu ce qu'il y a de meilleur en eux, rejoignant à leur manière la conviction intime d'Etty Hillesum, cette jeune femme juive morte en déportation et qui est, de toutes les figures de notre siècle, l'une de celles qui me semblent le plus proches de la sainteté. « Ce qu'il y a de plus profond en moi et que pour plus de commodité j'appelle Dieu », écrivait-elle. Et encore : « C'est peut-être l'expression la plus parfaite de mon sentiment de la vie : je me recueille en moi-même. Et ce moi-même, cette couche la plus profonde et la plus riche en moi où je me recueille, je l'appelle " Dieu " *. » Dieu intime, Dieu intérieur qui nous renvoie à l'étymologie d'« enthousiasme » : *Enthéos,* Dieu en nous.

La prière de la Sérénité

« Celui qui croyait au ciel, celui qui n'y croyait pas »... Cette diversité d'approches s'exprime, à la fin de chaque réunion, lorsque ceux d'entre nous qui le désirent récitent ensemble la « prière de la Sérénité » – anonyme elle aussi même si elle n'a pas été écrite par un alcoolique ; les AA l'ont piquée dans la rubrique nécrologique du *New York Times*, et je

* Etty Hillesum, *Une vie bouleversée*, Paris, 1985, pp. 171 et 194.

voudrais vraiment bien savoir qui en est l'auteur :

Mon Dieu, donnez-moi la sérénité
D'accepter les choses que je ne peux changer,
Le courage de changer celles que je peux
Et la sagesse d'en comprendre la différence.

Cette leçon d'humilité, mise en prière, ouvre ou termine dans le monde entier chaque réunion d'Alcooliques Anonymes. (Il m'arrive parfois de penser, tard dans la nuit, ou aux petites aubes, que quelque part dans l'un des quatre-vingt-huit mille groupes de la planète, des voix inconnues sont en train de prononcer ces mots que j'ai faits miens, et je me sens submergée par un violent sentiment d'appartenance et de gratitude.) Certains les diront avec ferveur. D'aucuns resteront muets, ne voulant rien avoir à faire avec une oraison, quelle qu'elle soit. Exaspérée par le Nom imprononçable, Claire commençait par « *Je voudrais* la sérénité... » « Les premiers temps, avoue André, je n'arrivais pas à prononcer le mot " Dieu ". Alors, je disais : " Mon vieux, donnez-moi la sérénité... " »

Moi qui, dans ma rigueur protestante un peu courte parfois, me suis tant moquée de mes petites camarades catholiques dévidant leurs *Ave Maria*, je me surprends en train de réciter dix fois, vingt fois d'affilée la prière des AA. S'agit-il de Dieu ? Je n'en suis pas bien sûre. D'une incantation magique ? Assurément non ; car derrière la répétition apparemment machinale le réel est là, qui ne se laisse ni oublier, ni manipuler. Dans les moments difficiles, ces mots sont devenus un « Sésame, ouvre-toi » qui me permet de prendre la bonne distance vis-à-vis de mes problèmes, apaise les houles affectives, préserve dans les incohérences ou la tension du moment une clairière sereine. Prière ou souhait fervent ? Qu'importe puisque j'y puise, presque à tout coup, un peu de force et un grain de discernement...

Il y a un Dieu pour les ivrognes

Que le ciel n'abandonne pas ceux qui ne savent pas maîtriser leur consommation d'alcool, la sagesse des nations l'avait remarqué depuis belle lurette : on peut le vérifier quasi quotidiennement dans un certain nombre de situations simples, par exemple en traversant une rue au feu vert quand on est rond comme un petit pois. Et si les révélations fulgurantes ne sont guère fréquentes parmi les AA, dans la vie de beaucoup d'alcooliques pourtant les « signes » n'ont pas manqué ; chacun les interprétera comme il l'entend. « Les coïncidences, c'est quand Dieu veut rester anonyme », entend-on dire parfois en réunion : le Dieu des Alcooliques Anonymes montrerait effectivement, en ce qui nous concerne tout au moins, un goût assez vif pour l'anonymat. Du chapelet d'histoires qui me viennent à l'esprit, et que j'aurais envie de citer toutes, je ne retiendrai que celle de l'homme-qui-avait-envie-de-se-soûler-à-Chicago.

Dans une petite ville des Etats-Unis, un malheureux AA, sobre depuis trois ans, avait vu fondre sur lui une série de calamités. Trop, c'était trop : il décida de se payer une bonne cuite ; mais ne voulant pas perdre la face chez lui, où son abstinence était connue, il préféra aller à la grande ville cacher sa honte et sa désolation. C'était le vendredi soir, les bars étaient remplis de clients plutôt gais ; mais notre homme ne désirait qu'une cuite tranquille et misérable. Finalement, il dénicha un bar en sous-sol, dans une rue paisible et peu fréquentée. Il se posa sur un tabouret et commanda un double whisky. « Bien, monsieur », lui répondit le barman, qui tendit le bras vers une bouteille.

Soudain, le barman s'arrêta, regarda attentivement son client, se pencha vers lui et lui murmura : « J'étais à Milwaukee il y a quatre mois à peu près, et j'ai assisté à une réunion AA. Tu faisais partie de ceux qui ont parlé, et tu as donné l'un des meilleurs témoignages que j'aie jamais entendus en AA. » Sur ce, il se retourna et s'en alla à l'autre extrémité du comptoir.

Sidéré, le client resta quelques minutes comme en état de choc. Il reprit son argent d'une main tremblante et sortit. Tout désir de prendre un verre d'alcool l'avait quitté *.

Il y avait, à l'époque, près de 8 000 bars à Chicago, qui employaient quelque 25 000 barmen. Parmi ces 8 000 bars, notre homme avait choisi le seul endroit où se trouvait, parmi les 25 000 barmen, la seule personne qui le connaissait comme membre AA et qui savait qu'il n'avait aucune raison de se trouver là.

Mais, me dira-t-on peut-être, la sagesse des nations n'est pas toujours à prendre au pied de la lettre ; et pourquoi diable vouloir obstiné-

* *Nous en sommes venus à croire*, p. 135, reproduit avec autorisation.

ment mêler Dieu à vos histoires de buveurs repentis ? N'est-il pas totalement contradictoire de décréter que l'alcoolisme est une maladie, et d'affirmer en même temps que Dieu seul pourra vous en débarrasser ? Lorsqu'on a mal au foie, au dos, aux yeux, c'est un médecin que l'on va voir, pas un prêtre ; et on ne se réunit pas avec d'autres compagnons de souffrance pour mettre ses maux entre les mains d'une Puissance supérieure en attendant qu'elle vous rende la santé !

Boire pour chercher Dieu ?

La voix même du bon sens... Et pourtant, les AA sont bien loin d'être les seuls à avoir établi un rapprochement entre Dieu et l'alcool. Depuis toujours, partout, sous des formes diverses mais dans le monde entier l'ivresse a été associée au sacré. « Mangez, compagnons. Buvez, enivrez-vous, chéris », dit le Cantique des Cantiques. « Nous prions avec la danse et avec la coupe », répondent en écho les Indiens d'Amérique du Sud. « Toute ivresse est hommage à Dieu... C'est pour cela que l'homme la recherche... mais sur le mauvais chemin », affirment les *Dialogues avec l'Ange* *. « Soyez ivres de Dieu », répètent, sous des formes diverses, les mystiques de tous les temps.

Bien sûr, je savais, j'ai toujours su tout cela ; mais quel rapport aurais-je pu établir entre cette ivresse divine et l'alcoolisme tel que je l'avais vécu, cette autodestruction honteuse, lamentable, désespérée qui avait été mon lot pendant si longtemps ? En dehors de l'ingestion du même produit, ils n'avaient pas deux points

* P. 84.

communs. Honnêtement, je n'aurais jamais eu l'idée que Dieu – ou plutôt la recherche de Dieu – puisse être associé aux tourments de l'alcool : comment quoi que ce soit de divin se serait-il dissimulé derrière ce qui n'était, pour moi, qu'abjection ? Vin = sacré : c'était du domaine du symbole, ou de l'histoire des religions, au même titre que les amours de Jupiter ou le vautour de Prométhée : abstraction pure.

Certains textes mystiques, pourtant, m'avaient intriguée par des descriptions tout à fait explicites où manifestement il ne s'agissait plus de métaphores. Thérèse d'Avila, que je ne créditerais pas d'une grande expérience personnelle en matière d'ivresse, a dépeint avec une précision clinique, dans *Les Châteaux de l'âme,* les différents stades de l'oraison qui font accéder l'âme à la rencontre avec Dieu et qui sont exactement superposables aux différents degrés de l'enivrement. Fascinée, j'ai reconnu point par point, depuis la langue qui s'embarrasse et la somnolence béate – dans l'oraison de quiétude – jusqu'au corps qui est comme mort – dans l'oraison de ravissement – ce qui avait été pour moi descente aux enfers brusquement inversé, devenu montée vers le ciel. Aux dires de Raymond de Capoue, lorsque Catherine de Sienne revenait à elle à la fin de ses extases, elle était pareille à un ivrogne, qui ne peut se réveiller de son sommeil et qui, cependant, n'est point parfaitement endormi. Un témoin rapporte que, foudroyé par la douceur divine, Ruysbroek l'Admirable, dans son ravissement, avait l'air d'un homme ivre. On pourrait multiplier les exemples.

Par ailleurs, l'analogie ne m'avait pas échappé entre ce que nous appelons « toucher son fond » et certaines conversions religieuses : celles qui s'enracinent dans le désastre, qui interviennent chez un homme ou une femme complètement battu, désespéré, qui a connu une défaite totale – et totalement accepté sa défaite. Autrement dit, lâché prise... « C'est faire naufrage pour arriver au port. C'est mourir pour renaître à la vie véritable. Il faut traverser l'anéantissement, comme dit Jacob Boehme, et ce passage est une crise. Quelque chose doit craquer en nous, se briser et se fondre au feu de cette crise *. » A partir de là, « ce qui était impossible devient possible... La personnalité se transforme, l'homme naît vraiment une seconde fois ** ». « Je suis né en AA », disent-ils, disent-elles... D'ailleurs, remarque William James, les exemples de conversions durables abondent chez les buveurs excessifs.

Quoi de plus logique, pour Carlo Coccioli. L'alcoolisme, écrit-il, « est une situation existentielle, une dimension de l'âme » ; il « peut être vu comme la face pathologique du phénomène religieux » :

> *Les personnes anonymes qui ont formulé le Programme d'AA ont eu l'intuition, peut-être ont-elles compris, qu'à la racine de l'alcoolisme – mal sacré – il y a un sentiment nébuleux mais débordant de Dieu. Il n'est pas exclu qu'elles se soient rendu compte que* l'alcoolisme est à la religion, ou plus exactement à la mystique, ce que les cellules cancéreuses sont aux cellules saines ***. *Explosion mystique*

* William James, *L'Expérience religieuse*, Paris/Genève, 1906, p. 93.
** *Ibid.*, p. 217.
*** C'est moi qui souligne.

dans une direction négative, l'alcoolisme ne peut être soigné si ce n'est par un très patient travail destiné à ramasser et à renouer les fragments de la personnalité – de l'âme – lacérée par l'explosion *...

D'autres voix, avant lui, avaient tenu le même langage. Ernst Jünger y revient à plusieurs reprises ; derrière la soif du buveur se cache l'aspiration à un monde plus spirituel : « Cette faim-là est inextinguible, comme tout besoin métaphysique, et c'est ce qui explique que ses victimes soient insatiables **. » Et, plus proche de nous, Marguerite Duras :

L'alcool ne console en rien, il ne meuble pas les espaces psychologiques de l'individu, il ne remplace que le manque de Dieu. Il ne console pas l'homme. C'est le contraire, l'alcool conforte l'homme dans sa folie, il le transporte dans les régions souveraines où il est le maître de sa destinée. Aucun être humain, aucune femme, aucun poème, aucune musique, aucune littérature, aucune peinture ne peut remplacer l'alcool dans cette fonction qu'il a auprès de l'homme, l'illusion de la création capitale. Il est là pour la remplacer. Et il le fait auprès de toute une partie du monde qui aurait dû croire en Dieu et qui n'y croit plus ***.

Ça ne sent pas la mort dans l'alcool. Mais tout est comme si Dieu existait. Je pense que les gens qui boivent, qui m'écoutent, là, doivent reconnaître ce que je dis. C'est Dieu, l'alcool. Le monde est vide et voilà, tout à

* *Hommes en fuite*, p. 349.
** *Approches, drogues et ivresse*, Paris, 1973, p. 99.
*** *La Vie matérielle*, Paris, 1987, p. 22.

coup, il y a Dieu et le monde est bon et resplendissant. J'ai parlé avec quelqu'un que j'aime beaucoup, cet été, qui boit, de façon moins régulière que moi et qui m'a dit ça : l'absence de Dieu, c'est la cause, et j'ai été comme éblouie par cette évidence *.

Carl Gustav Jung, ancêtre inattendu

L'un des premiers, Jung avait mis l'accent sur cet aspect de l'alcoolisme dont les buveurs noyés dans leur bouteille n'ont généralement pas la plus petite conscience, d'une façon qui fut déterminante pour l'histoire de notre mouvement. Jung inventeur des Alcooliques Anonymes ? Pas tout à fait mais presque. Car sans lui nous n'aurions pas existé.

« Saviez-vous qu'une conversation que vous avez eue avec l'un de vos patients, un certain Rowland H., au début des années trente, a joué un rôle crucial dans la naissance de notre association ** ? » écrit Bill W., fondateur des AA, à Jung en 1961. Rowland H. était un homme d'affaires très en vue aux Etats-Unis, grandissime alcoolique, qui avait traversé l'Atlantique pour se faire soigner par le docteur Jung à Zurich. Un an de traitement semblant avoir fait merveille, l'Américain repartit chez lui la joie au cœur ; hélas, on devine la suite. Accablé, il revint trouver son thérapeute, mais vit tôt s'envoler ce qu'il lui restait d'espoir :

* Extrait d'une interview reproduite dans le *Bulletin de l'Association freudienne de Belgique*, mai 1985, pp. 81-82.

** La correspondance entre Jung et Bill W. a été publiée dans *Le Langage du cœur*, 1995, pp. 291-293. Reproduit avec autorisation.

Vous lui avez dit d'abord [je continue à citer la lettre de Bill] *que son cas était désespéré du point de vue de la médecine et de la psychiatrie. Cette déclaration franche et humble de votre part est, sans l'ombre d'un doute, la première pierre sur laquelle notre association a été érigée.* (« Nous avons reconnu notre impuissance devant l'alcool », dira notre première Etape...)

– *N'y a-t-il jamais d'exception ?* demanda Rowland H., effondré.

– *Elles sont très rares,* répondit Jung. *Ici et là, de temps à autre, des alcooliques ont connu ce qu'on appelle une expérience spirituelle vitale, une expérience qui semble être de l'ordre des plus violents dérangements et redressements émotifs... En fait, c'est le genre de transformation émotive que j'ai essayé de provoquer chez vous... Mais je n'ai jamais pu réussir auprès d'un alcoolique de votre calibre.*

– *Mais,* protesta Rowland H., *je pratique ma religion, et j'ai encore la foi.*

– *Il ne suffit pas d'une foi religieuse ordinaire,* répliqua Jung. *Je vous parle ici d'une* expérience qui vous transformerait, *d'une expérience de conversion, si vous préférez. Je ne puis que vous recommander de vous plonger dans l'atmosphère religieuse de votre choix, de reconnaître votre défaite personnelle et de vous vouer à ce Dieu que vous reconnaissez, quel qu'il soit. Peut-être alors serez-vous frappé par l'éclair de cette expérience transformante de conversion. C'est, à mon avis, le seul moyen de vous en sortir* *.

* *Trois causeries à des sociétés médicales*, par Bill W., cofondateur des Alcooliques Anonymes, 1977, pp. 6-7. Reproduit avec autorisation.

Rowland H. repartit la tête basse ; les paroles de Jung l'avaient profondément ébranlé. Peu après, il rejoignait ces groupes d'Oxford dont la foi ardente et la vitalité étaient, me semble-t-il, dans l'Amérique des années trente, très comparables à celles des mouvements du Renouveau charismatique aujourd'hui. Dans son désespoir et son humiliation, il s'y jeta à corps perdu ; presque aussitôt, à son intense surprise, il s'aperçut que Jung avait vu juste : son obsession de boire l'abandonna pour ne plus revenir.

Un alcoolique devenu abstinent, je le sais par expérience, n'a qu'une idée en tête : partager avec des alcooliques encore entre deux vins la merveilleuse méthode qui lui a rendu la sobriété. Rowland H. ne manqua pas à la règle ; dans son zèle de prosélyte, il entreprit de prêcher la bonne parole à Ebby T., autre grand ivrogne et compagnon d'infortune, et fut semble-t-il entendu – premier exemple de l'identification en profondeur que l'on verra si souvent à l'œuvre chez les AA – puisque Ebby rejoignit également les groupes d'Oxford et ne tarda pas à s'arrêter de boire.

> *Comme vous vous en rendez sûrement compte maintenant,* concluait Bill, après avoir raconté sa propre conversion et le développement d'Alcooliques Anonymes, *cette incroyable suite d'événements a en fait commencé il y a longtemps dans votre cabinet, et elle découle directement de votre propre humilité et votre profonde intuition... Soyez sûr que vous occupez dans notre affection et dans l'histoire de notre association une place incomparable* *.

* *Le Langage du cœur*, p. 294, reproduit avec autorisation.

Jung fut, semble-t-il, très touché de cette lettre, et répondit à Bill par retour du courrier *. Depuis près de trente ans, il n'avait pas oublié Rowland H. et se demandait souvent ce qu'avait été son destin :

Son désir impérieux d'alcool était l'équivalent, à un niveau inférieur, de la soif spirituelle de notre être pour une totalité [wholeness] *qu'on appelait en langage médiéval l'union avec Dieu...*

Je suis absolument convaincu que le principe du mal qui prévaut en ce monde conduit le besoin spirituel non reconnu à la perdition, s'il n'est pas neutralisé par une réelle intuition religieuse ou par le mur protecteur de la communauté humaine...

Le même mot latin, remarquait Jung, désignant tout à la fois la plus haute expérience religieuse et le plus dégradant des poisons, la formule utile serait donc : *spiritus contra spiritum.*

Chaîne d'événements... Chaîne de mains tendues, chaîne de libération, qui commence avec Rowland H. et aboutit à moi aujourd'hui. En passant par cet Ebby T., dont le rôle allait être décisif.

Car, quelques mois après sa conversion, devant une table de cuisine, Ebby, homme nouveau, racontait Jung, Rowland H. et sa fraîche sobriété à Bill W., son vieux copain de beuveries, qui l'écoutait, incrédule, en vidant méthodiquement et mélancoliquement une cruche de gin.

* Lettre du 30 janvier 1961. Princeton University, N. J.

IL ÉTAIT UNE FOIS

« Dieu écrit droit avec des lignes courbes. »

Proverbe portugais

Avant de fabriquer lui-même dans sa baignoire ce gin qu'il était bien heureux de ne partager avec personne, William Griffith Wilson avait été un brillant analyste de marché à Wall Street. A cette époque d'argent facile, sa réussite fulgurante n'avait rien eu de surprenant : intelligent et audacieux, pragmatique et imaginatif, Bill joignait à un flair peu commun en matière de finances la volonté têtue, apparue dès l'enfance, d'être le premier en tout :

Il fallait que je devienne un athlète, parce que je n'étais pas un athlète. Il fallait que je devienne un musicien parce que je chantais faux. Il fallait que je devienne le président de ma classe. Il fallait que je sois le premier en tout, parce qu'au fond de mon cœur frustré je me sentais la plus vile des créatures de Dieu. C'est pourquoi je devins capitaine de l'équipe de base-ball et j'appris à jouer du violon assez convenablement pour diriger le petit orchestre *de mon école secondaire... C'était ainsi, tout ou rien. Je me devais d'être le Numéro 1 *.*

« Au fond de mon cœur frustré »... Depuis l'âge de onze ans, Bill avait une revanche à prendre. Profondément marqué par le divorce de ses parents – vécu comme infamant dans une bourgade américaine du début du siècle –, il s'était vu séparer d'un père qu'il adorait, puis d'une mère peu aimante partie étudier la médecine en le confiant à ses propres parents. Adolescent timide, empêtré dans un grand corps dont il ne savait que faire, il avait subi sans mot dire les brimades de ses camarades de classe jusqu'au jour où il s'était rebellé, et fermement décidé à exceller en tout.

En 1917, peu avant qu'il ne parte se battre en France, ses fiançailles avec Lois, fille d'un médecin connu de Brooklyn, l'avaient amené à fréquenter un milieu de notables qui lui était totalement étranger : le manque d'assurance, la gaucherie qu'il croyait exorcisés depuis ses années de collège le paralysèrent de nouveau. Et puis un soir, dans une réception, quelqu'un lui tendit un cocktail qu'il n'osa pas refuser (pourtant, l'alcool avait tué plusieurs membres de sa famille et avait peut-être été la raison majeure du divorce de ses parents).

La déchéance

Ce fut une révélation ; très vite, « l'alcool prit une part importante et enthousiasmante dans [sa] vie », sans empêcher tout d'abord une réus-

* *Le Mouvement des Alcooliques Anonymes devient adulte*, 1983, p. 66, reproduit avec autorisation.

site éclatante. Les hasards de l'existence l'avaient amené à Wall Street; un an plus tard c'était la vie à grandes guides, l'appartement somptueux, les parties de golf, l'argent qui coulait à flots. C'était aussi, parallèlement, la marée montante de l'alcool qui chaque jour gagnait du terrain. Dès la fermeture de la Bourse à quinze heures, Bill filait vers un bar clandestin (la Prohibition était en vigueur depuis 1920) et buvait tout le long du chemin pour rentrer chez lui. « Je démarrais avec 500 dollars en poche et j'étais obligé de ramper sous le portillon pour prendre le métro jusqu'à Brooklyn *. » Un certain temps encore, il réussit à faire illusion; ses dons étaient tels que le krach de 1929 l'ébranla sans l'abattre; mais l'alcool de contrebande allait réussir là où la crise avait échoué : face à cet énergumène qui, ivre vivant, insultait ceux qu'il voulait convaincre ou, ivre mort, tombait de tout son long devant la porte de leurs bureaux, les derniers clients se découragèrent; les amis, eux non plus, n'avaient pas résisté. Bill cessa de travailler, ne sortant plus de chez lui que pour acheter à boire, avec l'argent volé dans le maigre porte-monnaie de sa femme – Lois avait trouvé une place de vendeuse à 19 dollars par semaine chez Macy's, les Galeries Lafayette de New York.

Pendant deux ans, ce fut l'enlisement dans le cauchemar : le délabrement physique, l'angoisse affreuse, le matelas traîné au rez-de-chaussée pour ne pas être tenté de sauter par la fenêtre, les serpents qui, la nuit, grouillaient dans le noir, le sentiment que la folie était là, toute proche; et surtout la honte, la honte terrible de

* *« Transmets-le », la biographie de Bill Wilson,* 1988, p. 69, reproduit avec autorisation.

se laisser ainsi terrasser par ce qui, pour cet homme droit entre tous, n'était que « faiblesse morale ». A de brefs éclairs de sobriété succédaient des rechutes un peu plus dramatiques chaque fois, ponctuées de séjours à l'hôpital, sous l'œil navré du docteur Silkworth, « le petit médecin qui aimait les ivrognes ». Car dans sa descente aux enfers Bill avait quand même eu deux grandes chances : l'amour de sa femme Lois, et sa rencontre avec un médecin exceptionnel qui allait lui permettre d'échapper quelque peu à sa culpabilité. Dans l'Amérique puritaine des années trente, où les buveurs excessifs étaient encore considérés comme des pécheurs endurcis, le « petit docteur » avait compris beaucoup de choses, qu'il exprimait à sa façon : pour lui, l'alcoolisme était une « allergie physique » doublée d'une « obsession mentale ». Celui qui en était atteint ne pouvait qu'absorber, inlassablement, un liquide que son corps ne supportait plus. Malheureusement, contre cette maladie-là, rien n'avait encore été inventé.

A l'automne 1934, Bill ne mangeait plus – il avait perdu vingt kilos –, ne sortait plus sauf pour se réapprovisionner en alcool, passait ses journées à boire et à écrire des lettres furibondes au Président Roosevelt et aux hommes politiques avec lesquels il n'était pas d'accord. C'est dans cet état que le trouva, un beau matin de novembre, le coup de fil de son ami Ebby.

Lueur d'espoir

Ebby avait disparu depuis longtemps de la vie de Bill, qui le croyait même interné dans un asile psychiatrique et se demandait comment il avait pu réussir à s'évader. Et voici que son vieux complice, le compagnon de soûleries homériques, était devant lui, souriant, et *sobre*. N'en croyant pas ses yeux, Bill lui demanda ce qui lui était arrivé :

« J'ai retrouvé la foi », répondit Ebby avec simplicité.

Eh bien voilà ! La folie religieuse a remplacé la folie alcoolique, se dit Bill consterné en se versant à boire. L'idée qu'un Dieu auquel il ne croyait pas pût avoir le moindre rapport avec la sobriété lui semblait absolument extravagante. Pourtant, il le voyait bien, Ebby était « littéralement ressuscité des morts... Mon opinion sur les miracles changea sur-le-champ. Finies les opinions d'autrefois : un miraculé était là, assis en face de moi, de l'autre côté de ma table * ». Intrigué malgré lui, il laissa son ami lui raconter comment, deux mois plus tôt, grâce aux principes des groupes d'Oxford que lui avait transmis Rowland H., son obsession d'alcool l'avait abandonné.

Ces principes pouvaient sembler décourageants au départ, tant ils étaient ambitieux : les quatre piliers des groupes étaient l'honnêteté absolue, la générosité absolue, la pureté absolue et l'amour absolu. Heureusement, pour traduire ces idéaux admirables dans la vie de tous les jours il n'était pas nécessaire d'être un saint : il suffisait, disait Ebby, d'admettre la faillite complète de sa vie ; de faire un examen de conscience et d'avouer ses défauts à une autre personne en toute honnêteté ; d'essayer de réparer les torts causés à autrui, de pratiquer le

* *Alcooliques Anonymes*, 1989, p. 11, reproduit avec autorisation.

don de soi sans rien attendre en retour ; et enfin de prier Dieu, même si on n'était pas trop sûr qu'il existe, de vous aider à mettre ces principes en pratique. « Et tu sais, concluait-il, c'est curieux, mais même avant d'avoir posé tous ces gestes, dès que j'ai décidé d'essayer avec un esprit ouvert, je me suis senti délivré de mon problème d'alcool *... »

L'idée même de conversion paraissait totalement idiote à Bill ; Ebby parti, il continua à boire. Poussé par la curiosité, il rendit quand même visite aux groupes d'Oxford, battit sa coulpe et se crut sauvé : cela ne dura pas vingt-quatre heures. Pourtant, pendant ses périodes de lucidité il ne cessait de penser à ce que lui avait dit son ami. Il décida finalement de reprendre le chemin de l'hôpital pour une nouvelle cure de désintoxication. Après, se disait-il, il pourrait étudier avec un esprit plus clair la formule de sobriété découverte par Ebby... Avec tristesse, le docteur Silkworth vit arriver pour la quatrième fois en un an, rond comme une bille, ce patient qu'il aimait et qu'il avait si bien compris :

> *En réalité, Bill est un idéaliste en faillite, ruiné par des rêves vains et enfantins de perfection et de pouvoir. Désormais victime de son obsession, il est un petit garçon qui pleure, seul dans une pièce inconnue et sombre, attendant dans l'angoisse que sa mère – ou Dieu – vienne allumer une chandelle* **.

* *Le Mouvement des Alcooliques Anonymes devient adulte*, 1983, p. 72, reproduit avec autorisation.

** *Le Langage du cœur*, 1995, p. 108, reproduit avec autorisation.

Comme il n'était pas trop mal en point, Bill se retrouva très vite dégrisé, lucide – et affreusement malheureux, tourmenté par un sentiment d'intense mélancolie et de profonde culpabilité.

« Tu es un homme libre »

L'esprit agonisant, je repensais au cancer de l'alcoolisme qui avait dévoré ma pensée, mon esprit et dévorerait bientôt mon corps. Finalement, j'eus l'impression d'avoir atteint le fond du gouffre... Les derniers vestiges de mon orgueilleuse obstination furent écrasés. Et n'ayant ni foi ni espoir, je m'aperçus tout à coup que je criais : « S'il y a un Dieu, qu'il se manifeste ! Je suis prêt à tout, à tout ! »

Le résultat fut instantané, magique, indescriptible. Soudain, la chambre s'éclaira d'une grande lumière blanche. Je fus saisi d'une extase au-delà de toute description. Toute joie que j'avais connue n'était en rien comparable...

Comme dans une vision, je me vis au sommet d'une montagne ; je sentais le souffle d'un grand vent qui m'enveloppait et me pénétrait. Ce vent, pour moi, n'était pas de l'air, c'était l'Esprit. Une grande force pure soufflait à travers moi. Il me vint, fulgurante, cette formidable pensée : « Tu es un homme libre. » Je ne sais pas combien de temps je suis resté dans cet état, mais finalement la lumière et l'extase s'effacèrent... Une grande paix m'envahit, et cela était accompagné d'une sensation difficile à décrire. Je devins intensément conscient d'une Présence qui ressemblait à un véritable océan de vie spirituelle. J'étais sur les rives d'un nouveau monde. Le voilà donc, pensai-je, le Dieu des prédicateurs, voila donc la Grande Réalité.

Mais bientôt, ma prétendue raison me revint, mon éducation moderne reprit le dessus. Je dois être fou, me dis-je, et un grand effroi me saisit *.

Appelé à l'aide, le docteur Silkworth lui posa toutes sortes de questions avant de conclure : « Non, Bill, vous n'êtes pas fou. Nous sommes en présence d'un événement psychologique ou spirituel. J'ai déjà vu ça dans les livres. Il arrive que des expériences spirituelles libèrent les gens de l'alcoolisme. » Exactement les mots de Jung à Rowland H...

Quelques jours plus tard, Bill Wilson sortait de l'hôpital; il avait encore trente-six ans à vivre. L'obsession d'alcool qui l'avait si longtemps tenaillé corps et âme n'allait plus jamais revenir.

Une chose lui paraissait évidente : son rétablissement spectaculaire était dû aux principes des groupes d'Oxford – n'avait-il pas admis sa défaite totale ? prié un Dieu auquel il croyait si peu ? – *et* au fait que ces principes lui avaient été transmis par un alcoolique rétabli, vivante preuve de leur efficacité. Et Bill se prit à rêver d'une réaction en chaîne : la transmission de ce message et de ces principes d'un alcoolique à un autre. Une chaîne aux dimensions fantastiques, puisqu'elle serait susceptible d' « atteindre dans le monde chaque alcoolique capable d'être

* Bill a raconté son expérience dans *« Transmets-le »*, pp. 106-107, *Le Mouvement AA devient adulte,* p. 77, et *Trois causeries à des sociétés médicales,* p. 10. Reproduit avec autorisation.

assez honnête pour admettre sa propre défaite ». Il ne lui restait plus qu'à passer à l'acte : « Dès ma sortie de l'hôpital, je m'associai aux groupes d'Oxford... Et je partis comme une fusée à la conquête des alcooliques. »

Insupportable, il dut être insupportable, à cette époque, tant il était sûr de lui :

> *Dévoré de confiance et d'enthousiasme, je poursuivais les alcooliques matin, midi et soir... Bientôt, je répétais à qui voulait l'entendre que je rétablirais tous les ivrognes du monde, même si les résultats de mes prédécesseurs dans ce domaine depuis cinq mille ans étaient à peu près nuls* *.

Pourtant, les six mois qui suivirent ne vinrent guère étayer cette belle conviction : des alcooliques qu'il travaillait au corps en leur racontant sa merveilleuse révélation spirituelle, pas un ne devint sobre. Mais Bill, lui, n'avait pas rebu ; il n'en avait même pas eu envie.

La mise à l'épreuve

Cependant, le vent du boulet siffla à ses oreilles en mars 1935, à Akron (Ohio), où l'avait amené un travail enfin retrouvé. La scène qu'il vécut en faisant les cent pas dans le hall de l'hôtel où, après l'échec de leur commune entreprise, ses associés l'avaient laissé seul avec dix dollars en poche me semble si visuellement dramatique que j'ai l'impression de la voir se dérouler sous mes yeux. Si sa charge émo-

* *Le Mouvement des Alcooliques Anonymes devient adulte*, 1983, p. 79, reproduit avec autorisation.

tionnelle est si forte, c'est qu'à ce moment-là tout pouvait encore basculer : ma vie, la vie de tous les Alcooliques Anonymes du monde, sont suspendues à ces quelques minutes. (Non, je n'exagère rien : nul ne sait où vous mènera une rechute, et si Bill n'avait pas résisté à l'alcool ce soir-là, la folie ou la mort auraient pu être au rendez-vous.) A un bout, le bar, avec ses bruits familiers, si rassurants – et la tentation terrible de venir s'y asseoir, simplement pour commander n'importe quoi de non alcoolisé et parler à quelqu'un : où pouvait-il, dans cette ville inconnue, retrouver un peu de chaleur humaine qui l'aide à oublier ses projets avortés ? A l'autre bout, sur un grand panneau, un titre en vilaines lettres gothiques et la liste des églises d'Akron. Cent pas, cent pas encore ; la tentation grandissante, l'idée folle, aussi, que maintenant, avec ses six mois d'abstinence, il saurait ne pas boire ce que boiraient ses voisins. Et tout à coup, la pensée de ce qui allait *vraiment* se passer dans ce bar s'il en franchissait la porte le jeta, pour la première fois de sa vie, dans une panique affreuse. Il se souvint alors que c'était en essayant d'aider d'autres alcooliques qu'il avait réussi à rester sobre : il lui fallait, de toute urgence, trouver un autre buveur de son espèce à qui parler. Mais que peut faire un ivrogne repenti de New York, débarquant dans une ville inconnue, pour trouver un autre ivrogne pas encore repenti à secourir ?

Choisissant au hasard dans la liste des églises, Bill appela un pasteur épiscopalien : quand il entendit cette étrange requête, le révérend Tunks crut tout d'abord que son interlocuteur cherchait un compagnon de beuverie. Puis il comprit de quoi il s'agissait, et donna à Bill une liste de dix noms. Après neuf tentatives infructueuses, une jeune voix compréhensive lui répondit : « Je connais justement l'homme dont vous parlez, c'est un médecin, nous l'appelons le docteur Bob. Voulez-vous venir tout de suite ? »

Chirurgien de renom, le docteur Robert H. Smith avait commencé à boire pendant ses études de médecine et ne s'était jamais arrêté depuis ; à cinquante-cinq ans, une quinzaine d'années de plus que Bill, il était en train de perdre sa clientèle et sa vie. Buveur clandestin écrasé de honte, il alternait les fortes doses de calmants le matin pour ne pas trembler et d'alcool l'après-midi pour survivre à son angoisse. Depuis deux ans et demi, il fréquentait lui aussi les groupes d'Oxford, séduit par leur philosophie spirituelle, par la liberté de parole, la chaleur, la sincérité qui régnaient dans leurs réunions, et plus que tout par le fait que leurs membres avaient l'air heureux. Mais sa consommation d'alcool n'avait ni cessé, ni même diminué.

Rencontre fondatrice

La rencontre entre les deux hommes eut lieu le lendemain. Et cette fois-ci Bill n'essaya pas de subjuguer son auditoire en racontant combien il avait été favorisé par le ciel : il parla pour sauver sa peau. Et parce qu'il parlait pour sauver sa peau, il fut entendu comme jamais auparavant. Qu'avait-il dit à Bob que celui-ci ne savait pas ? Pas grand-chose, sans doute. « Mais, commente Bob, ce qui est beaucoup plus important encore, c'est que pour la première fois de ma vie, j'étais en face d'un être humain qui savait, par expérience, de quoi il parlait quand il s'agissait d'alcoolisme. En d'autres mots, il parlait la même langue que moi *. » Une répétition, en quelque sorte, de l'histoire d'Ebby et de Bill, six mois auparavant. Ebby et Bill, Bill et Bob : ainsi commence, avec ces diminutifs enfantins, la comptine des Alcooliques Anonymes à venir...

Et ce fut une double révélation : pour Bob, celle qu'un alcoolique aussi gravement atteint que lui avait pu s'en sortir; et pour Bill, la découverte que, pour être en mesure d'aider véritablement un autre alcoolique, il faut avoir *besoin* de lui autant qu'il a besoin de vous. Personne, apparemment, n'y avait pensé avant lui.

« C'était quelque chose de complètement réciproque », écrit-il. Constatation révolutionnaire à l'époque : au sein des sociétés de tempérance, si prospères aux Etats-Unis depuis le XIXe siècle, ceux qui prêchaient la sobriété aux ivrognes – médecins, prêtres ou simples particuliers, bourgeois de préférence, qui n'avaient jamais roulé sous la table – n'étaient jamais sur le même plan qu'eux. Dans ce contexte, la seule idée que des alcooliques puissent s'aider mutuellement était d'une audace stupéfiante. La vieille Europe, pourtant, l'avait déjà mise en pratique : cinquante-cinq ans plus tôt, la première association d'anciens buveurs était née elle aussi d'une expérience spirituelle. A trente-neuf ans, comme Bill, un paysan du Doubs qui avait pratiquement tout perdu à cause de l'alcool, seul dans son champ de pommes de terre, s'était mis à crier – comme Bill sur son lit

* *Alcooliques Anonymes*, p. 165, reproduit avec autorisation.

d'hôpital : « Misérable que je suis, qui me délivrera ? Pardonne-moi encore cette fois, Seigneur, avait-il ajouté, et donne-moi la force de ne plus jamais boire de ma vie ! – Est-ce bien sincère ? avait murmuré une voix. – Seigneur, tu le sais », répondit Pierre Barbier *. Dès ce jour, il devint abstinent ; six ans plus tard, en 1880, il créait la branche française de la Croix Bleue – mouvement fondé en Suisse trois ans plus tôt par un pasteur protestant désespéré de voir les ravages de l'alcoolisme autour de lui.

Espérant toujours mener à bien l'affaire pour laquelle il avait été envoyé à Akron, Bill s'y installa pour plusieurs mois. Désormais, ils étaient deux – il faut être au moins deux, on ne peut pas être Alcoolique Anonyme tout seul –, avec le sentiment aigu que leur abstinence était une flamme de chandelle dans le vent : pour la préserver, il fallait inventer quelque chose, mais quoi ? Trois éléments avaient de toute évidence joué dans leur rétablissement : la médecine, la religion, et le partage de leur expérience ; restait à déterminer de façon plus précise la formule de ce nouveau cocktail.

Les premiers pas

Le partage de l'expérience dans le but d'aider autrui était essentiel : « Bill, ne crois-tu pas qu'il serait extrêmement important pour nous de travailler auprès d'autres alcooliques ? avait dit Bob aussitôt après avoir émergé de sa dernière cuite. *Ne serions-nous pas plus en sécurité si*

* *La Voix protestante*, mars 1994.

*nous étions actifs * ?* » Et ils s'étaient mis en quête d'un autre ivrogne à « fixer », comme ils disaient alors. Le zèle dont ils firent preuve avec une première recrue franchement récalcitrante évoque quelque peu les missionnaires convertissant les Indiens d'Amérique : ils l'enfermèrent dans une chambre au deuxième étage de sa maison pour l'obliger à rester sobre. « Une fois, Eddie se glissa le long de la gouttière et atterrit gaiement dans la rue, raconte le fils du docteur Bob. Papa et Bill se précipitèrent à toute vitesse derrière lui... » Ce fut, à ma connaissance, le seul cas où ils employèrent la manière forte ; elle allait d'ailleurs mettre un certain temps à porter ses fruits, puisque Eddie n'allait « poser le verre » que... quatorze ans plus tard !

Quant au reste... Un zeste de médecine intervenait au départ : quelques jours d'hospitalisation, pratiquement exigés, du candidat à la sobriété – on pensait que, sans cela, ses chances de rétablissement seraient trop minces. La religion, telle que Bill l'avait redécouverte à travers les groupes d'Oxford, se taillait la part du lion (heureusement pour moi que, depuis, les choses ont bien changé !) Mais à quoi aurait pu se raccrocher cette poignée de survivants qui se retrouvaient chez l'un ou chez l'autre, autour des cafetières et des tables de cuisine, sinon à ces principes, si bénéfiques pour ceux qui leur avaient montré la voie ? « L'honnêteté, la confession, l'amende honorable, le travail avec les autres et la prière étaient la seule formule pour notre survie et notre croissance », écrira Bill. Dans leurs réunions comme dans leur vie

* C'est moi qui souligne. *Le Mouvement des Alcooliques Anonymes devient adulte*, 1983, p. 88, reproduit avec autorisation.

quotidienne, la Bible tenait une place essentielle ; mais le meilleur atout de leur abstinence était sans nul doute leur chaleureuse complicité, ces liens tissés par leurs passés désastreux, si semblables, et par la joie de la résurrection. Et si leur recherche spirituelle se coulait dans le moule de leur temps, leurs méthodes, elles, enracinées dans leur connaissance profonde de l'alcoolique, n'avaient rien d'orthodoxe ; à Eddie qui lui téléphonait en disant qu'il allait se suicider, Bill répondait, en substance : « Bois encore un petit coup, et attends-moi, j'arrive ! » Qui d'autre qu'un ex-ivrogne aurait osé donner ce genre de conseil ?

Quatre mois plus tard, après l'échec définitif de ses démarches professionnelles, Bill repartait pour New York, où il allait consacrer tout son temps et toute son énergie à « transmettre le message », comme disent les AA dans leur jargon. Sa femme Lois avait pensé qu'il serait merveilleux de remplir d'alcooliques leur vieille maison (l'idée était particulièrement généreuse : à l'époque, elle travaillait à plein temps, s'occupait de la cuisine et du ménage, et tout le monde trouvait ça normal). Il y en avait généralement cinq en permanence, souvent tous ivres en même temps : aucun ne devint sobre pendant qu'il était sous leur toit. Cela dura trois ans ; Bill ne se laissait pas abattre. A sa foi qui aurait déplacé les montagnes s'ajoutait un indéracinable optimisme, que colorait parfois une étonnante naïveté, et un merveilleux oubli – temporaire – des réalités de l'alcoolisme : « Il essayait de rendre des gens sobres en une heure d'entretien. Il les prenait dans une pièce [...], il leur exposait ses théories et sortait rayonnant en proclamant : “ Il y a là un homme qui ne

prendra plus jamais un verre, je te le parie. " »
L'inévitable démenti des faits ne l'entamait pas. « En ce temps-là, raconte Russ, l'un des AA de la première heure, les arguments de Bill n'étaient pas toujours cohérents. Il était tellement imbu de sa propre personnalité... et d'un égocentrisme si tenace que, lorsqu'il voulait quelque chose, cela devenait une réalité... » « Quoi qu'il en soit, conclut Russ, s'il n'en avait pas été ainsi, il n'y aurait pas eu de AA *. »

De fait, Bill allait se révéler un leader exceptionnel : désormais, c'est lui qu'on verra sur le devant de la scène, inventant, organisant, dominant tout de son charisme évident ; orateur-né, adorant les feux de la rampe, mégalomane, impossible – génial. Toutes les idées, tous les projets, toutes les innovations viendront de lui ; mais tout sera discuté pendant des heures et des heures à Akron avec le sage docteur Bob, moins excessif, beaucoup plus ancré dans le réel. Avouerai-je que, davantage qu'à Bill, ma tendresse va à cet homme de l'ombre, d'une humilité si profonde et si naturelle, et dont le pouvoir de fraternité et d'amour était quasi sans limites : à l'hôpital Saint-Thomas, c'est à près de 5 000 alcooliques qu'il permettra de découvrir une vie nouvelle.

Sauver sa peau – et/ou celle des autres

Les premières années de AA – qui ne s'appelait pas encore AA – furent un mélange étonnant d'ouverture absolue et d'extrême méfiance. La plupart des nouvelles recrues étaient sans le sou. Ceux qui avaient encore un

* *« Transmets-le »,* p. 151, reproduit avec autorisation.

toit trouvaient tout naturel de loger, nourrir, réconforter les ivrognes qui n'avaient plus que leur chemise. Quatre ans après la rencontre d'Akron, Bill tracera un portrait apocalyptique des situations qu'un Alcoolique Anonyme pouvait avoir à affronter pour transmettre la Bonne Nouvelle ; je ne résiste pas au plaisir de le citer :

> *Vous devez agir en bon Samaritain tous les jours s'il le faut. Cela peut signifier que vous passerez plusieurs nuits blanches et que vos loisirs et vos affaires seront souvent interrompus. Peut-être devrez-vous partager votre argent et votre foyer, conseiller les conjoints et les parents pris de panique, vous présenter de nombreuses fois au poste de police, dans les cliniques, les hôpitaux, les prisons et les centres de soins psychiatriques. Votre téléphone pourra sonner à toute heure de la nuit. Votre femme se plaindra peut-être que vous la négligez. Un alcoolique soûl peut briser votre mobilier ou brûler un matelas. Vous pourriez devoir vous battre avec lui s'il est violent. Parfois vous devrez avoir recours au médecin et suivre ses directives pour administrer un sédatif à votre protégé. A d'autres moments, vous pourriez être dans l'obligation d'avoir recours à la police ou d'appeler une ambulance. Occasionnellement, vous ferez face à des situations comme celles-là* *.

En même temps, dans « ce premier petit groupe effrayant d'alcooliques d'Akron, où chacun se demandait qui ferait la prochaine rechute », « chacun avait une peur folle que

* *Alcooliques Anonymes*, p. 89, reproduit avec autorisation.

quelqu'un ou quelque chose fasse chavirer le bateau, ce qui nous rejetterait dans l'alcool » ; il n'était donc pas question d'accepter d'emblée n'importe qui. Pendant quelques années encore, et alors même que le mouvement s'était développé dans d'autres villes des Etats-Unis, il valait mieux, pour en franchir la porte, être blanc, bourgeois, protestant, et d'une honorabilité sans tache – alcool mis à part, bien entendu. (Qui plus est, dans les premières réunions, des « renifleurs » postés près des portes débusquaient ceux qui arrivaient avec quelques verres dans le nez et leur interdisaient l'entrée.) Il valait mieux aussi avoir tout perdu : « As-tu encore ton travail ? » demandait-on au nouveau venu. « Encore marié ? Ta femme et tes enfants vivent-ils encore chez toi ? » Et lorsque la réponse était oui, le malheureux impétrant avait toutes les chances de s'entendre dire : « Eh bien, nous ne pensons pas pouvoir faire grand-chose pour toi... » Etaient exclus les gens de mauvaises mœurs, les esprits par trop détraqués, les Noirs – admis ensuite à titre de simples observateurs avant de devenir membres à part entière –, les sortants de prison, les clochards, etc. ; l'arrivée des femmes alcooliques avait suscité de véritables tempêtes.

De la méfiance à l'ouverture

Je n'ai pas fini de m'émerveiller qu'un mouvement si frileux à l'origine ait pu pareillement faire tomber toutes les barrières qu'il avait érigées : ce qui l'a sauvé, me semble-t-il, de l'enfermement sectaire a été son souci premier d'efficacité. Sur l'essentiel, il ne variera pas d'un iota : le message qu'il voulait transmettre était un message spirituel et il voulait toucher le plus grand nombre possible d'alcooliques. Le reste se précisera petit à petit, par tâtonnements successifs : pragmatisme très américain, qui ouvrira finalement sur la démocratie et une certaine universalité. Mais il fallut du temps pour que ce pragmatisme porte ses fruits ; la peur n'avait pas disparu, que venait alourdir, avouons-le, la crainte du qu'en-dira-t-on. Au début des années quarante, le bureau central des AA eut la curiosité de demander à tous les groupes existants quelles étaient leurs conditions d'admission. Le résultat fut édifiant : si toutes ces règles avaient dû être appliquées partout en même temps, personne, pratiquement personne n'aurait pu faire partie des Alcooliques Anonymes...

Fort heureusement, des failles apparurent assez vite dans cette réglementation draconienne ; au fur et à mesure que se dissipaient leurs craintes, les AA se rendirent compte qu' « enlever sa chance, si petite fût-elle, à un alcoolique équivalait parfois à prononcer sa sentence de mort et souvent à le condamner à une misère sans fin. Qui oserait être le juge, le juré, le bourreau de son propre frère malade * ? » Mais il me semble que le tournant fut pris le jour où, dans une permanence new-yorkaise, on vit débarquer une folle perdue : un Noir aux cheveux blonds oxygénés, maquillé, sortant de taule et qui avouait avoir des problèmes de drogue. La consternation fut générale, on téléphona à Bill.

« Et il dit qu'il a un problème d'alcool ?

– Oui, fut la réponse désolée.

– Alors je crois qu'il faut le laisser entrer. »

* *Douze Etapes et Douze Traditions*, 1985, p. 215, reproduit avec autorisation.

« Soyons réalistes, demandons l'impossible »

En 1937, se retrouvant une fois de plus à Akron, Bill et Bob avaient fait leurs comptes. Je les imagine si bien en train d'écrire leurs listes, n'en croyant pas leurs yeux, énumérant encore et encore, sur leurs doigts ou presque, ceux dont l'abstinence semblait suffisamment établie : finalement, on pouvait estimer qu'en deux ans une quarantaine de personnes avaient trouvé une sobriété durable. Manifestement, leurs méthodes tenaient la route ; tout devenait possible : « Il s'agit probablement du plus grand projet médical et spirituel de tous les temps. » Des rêves fous commencèrent à s'ébaucher, qui deviendraient extravagants quelques années plus tard ; transformer le monde fut le mot d'ordre du jour. Ce qui impliquait de réviser manuels scolaires et traités de médecine pour informer les gens sur l'alcoolisme ; modifier les lois pour que les alcooliques, enfin considérés comme des malades, ne soient plus mis en prison ; moraliser la politique grâce à leur honnêteté absolue ; apporter leur manière de vivre dans les usines, « et ainsi amener les travailleurs et les capitalistes à s'aimer mutuellement ». A leurs yeux, si l'alcoolisme pouvait être vaincu, n'importe quel problème pourrait l'être également... Est-il nécessaire de préciser que toutes les tentatives d'application de ces admirables théories – il y en eut – ne se terminèrent pas très bien ?

Mais en 1937, les rêveurs étaient moins ambitieux, enfin, un peu moins. Assez réalistes même, me semble-t-il, lorsqu'ils considéraient qu'AA ne pouvait pas rester plus longtemps une société quasi secrète et pratiquement inconnue. Un premier projet fut élaboré, prévoyant des « missionnaires » rémunérés qui parcourraient le pays pour annoncer la bonne nouvelle, des hôpitaux spéciaux pour les alcooliques, un livre enfin qui, relatant l'expérience des pionniers, porterait le message d'un bout à l'autre des Etats-Unis et, pourquoi pas, sur la terre entière. Tout cela supposait de l'argent, beaucoup d'argent, eh bien, quoi de plus simple : les riches ne pouvaient que participer avec enthousiasme à une entreprise aussi exaltante. Il fallut, bien sûr, très vite déchanter : pourquoi les nantis auraient-ils donné un sou à ces ivrognes déchus qui avaient fait leur propre malheur ? « Avec plus de cohérence interne, le mouvement décida alors de s'inspirer de saint François d'Assise : dépenser le moins possible sans pour cela mépriser l'argent. »

Si le mouvement n'avait pas un sou vaillant, Bill et Bob, eux, étaient plus pauvres que des rats d'église. Dévoré par son travail auprès des alcooliques, auxquels il consacrait dix heures par jour, Bob n'avait plus le temps de gagner sa vie ; contraints de quitter leur maison qui allait être vendue, Bill, toujours sans travail, et Lois allaient abandonner les derniers vestiges d'aisance et de respectabilité qui leur restaient encore. Incapables de payer un loyer, si modeste fût-il, ils vécurent pendant deux ans la vie de vrais SDF, passant d'une famille AA à l'autre : d'avril 1939 à novembre 1940, ils « déménageront » cinquante fois.

Les ex-ivrognes et le milliardaire

C'est sur ce fond de dénuement absolu que vint se profiler la grande ombre de John D.

Rockefeller Jr. Ardent défenseur de la Prohibition, le milliardaire avait manifesté une vive curiosité lorsque le responsable de ses œuvres de bienfaisance, William Richardson, lui avait parlé des Alcooliques Anonymes. A l'idée que peut-être, sans doute, sûrement l'argent allait couler à flots, les beaux principes de Bill et de Bob fondirent tout aussitôt comme neige au soleil. Hélas, lorsque Richardson présenta à Rockefeller un rapport enthousiaste sur cette nouvelle fraternité, suggérant une première subvention de 50 000 dollars, le milliardaire, pourtant très impressionné, hocha la tête : « Dick, j'ai vraiment peur que l'argent ne gâte cette entreprise. » Et la réponse fut non.

Avant les AA eux-mêmes, Rockefeller avait tout compris (il y a des moments où l'on voit bien pourquoi les milliardaires sont, ou restent milliardaires : ils sont souvent *très* malins). La voie royale que les Alcooliques Anonymes avaient cru voir s'ouvrir devant eux n'était pas la leur ; une trop grande richesse aurait étouffé le message spirituel qui était leur raison d'être. La déception fut rude et salutaire ; la survie du mouvement était à ce prix : « Saint François nous avait inspirés, John D., dans sa sagesse, nous força à vivre selon l'idéal franciscain... Remercions Dieu de les avoir placés sur notre route * ! » A défaut du financement espéré, un chèque de 5 000 dollars vint toutefois sauver Bill et Bob de la misère, et leur permit de continuer à consacrer leur temps, leurs forces, leur vie à leurs frères alcooliques sans en distraire une miette.

* *Le Mouvement des Alcooliques Anonymes devient adulte*, 1983, p. 138, reproduit avec autorisation.

Abandonné le projet des « missionnaires » et des hôpitaux, restait celui du livre, plus indispensable et moins chimérique. Grâce à des prodiges d'ingéniosité, la poignée d'AA existants – une centaine – parvint à financer, avec l'aide de leurs amis, un ouvrage qui relatait leurs expériences et exposait de façon claire et complète leurs méthodes de rétablissement. Son titre, *Alcoholics Anonymous*, trouvaille d'un membre journaliste au *New Yorker*, allait désormais désigner ceux qui, jusque-là, ne se définissaient que comme « une bande d'alcooliques sans nom » *(a bunch of nameless alcoholics)*. L'élaboration et la rédaction de ce texte permirent au mouvement de préciser son programme, et d'officialiser en quelque sorte la rupture survenue deux ans plus tôt avec les groupes d'Oxford, qui lui avaient pratiquement donné naissance mais dont les objectifs et les méthodes n'étaient décidément pas les siens.

John D. Rockefeller n'oubliait pas pour autant les Alcooliques Anonymes : un an plus tard, en 1940, il décida d'organiser, pour les faire connaître, un dîner où il réunirait les personnalités les plus en vue et les plus fortunées de New York. Prudemment, aucun journaliste n'avait été convié de peur qu'un des nôtres, pris de boisson, ne roule sous la table ; mais après le succès de l'opération un communiqué de presse avait été rédigé de concert par l'organisme chargé des relations publiques de Rockefeller et par les Alcooliques Anonymes. « John D. R. invite les ivrognes à dîner », titraient les gazettes quelques jours plus tard. Ce coup médiatique spectaculaire porta ses fruits : les commandes du livre se multiplièrent, des centaines d'alcooliques appelèrent à l'aide, de nouveaux groupes virent le jour. Par son intelligente générosité, en mettant son crédit au service de AA, Rockefeller lui avait permis de faire, sur le plan national, son « entrée dans le monde ».

Le mouvement explose

Mais le grand tournant fut pris en mars 1941, avec la publication d'un article de Jack Alexander dans le *Saturday Evening Post*, l'un des hebdomadaires américains les plus populaires de l'époque, qui tirait à plusieurs millions d'exemplaires. Les réactions furent immédiates, et spectaculaires. « Par poste et télégraphe, un déluge d'appels à l'aide et de commandes du livre arrivait à la B.P. 658; d'abord par centaines, puis par milliers... Prenant au hasard dans la masse des appels poignants, nous nous sommes retrouvés en larmes *. » Comment faire face à cette montagne de courrier, d'autant plus qu'il n'était pas question d'envoyer une lettre type (chaque correspondant avait droit à une réponse personnelle et chaleureuse) ? Une chaîne de solidarité se mit en place ; tous les AA, toutes les épouses de AA possédant une machine à écrire furent réquisitionnés, des bénévoles se chargèrent d'emmener les nouveaux en réunion. « On estime que 6 000 AA doivent leur sobriété à l'article du *Post*, et nul ne sait chez combien d'autres milliers il a fait jaillir l'étincelle. »

Avec la parution de cet article, la période héroïque de la geste AA connaît sans doute l'un de ses derniers épisodes ; le mouvement

* *« Transmets-le »*, p. 233, reproduit avec autorisation.

explose, des groupes se créent un peu partout, sur le tas, avec le livre *Alcooliques Anonymes* comme seul guide et garde-fou, se heurtant à des difficultés sans nombre : « Quelle aventure ! Nous avons tout connu sauf le meurtre ! » Face à l'avalanche de lettres reçues par les Services généraux de New York, qui toutes posaient les mêmes problèmes, Bill entreprit, à la fin de 1945, d'apporter à ces questions répétitives des réponses codifiées une fois pour toutes ; réponses simples, basées sur les expériences réussies des AA dans leurs relations avec les autres AA et avec le monde extérieur. Ce seront les « Douze Traditions », aussi indispensables pour la vie des groupes que les Douze Etapes le sont pour la reconstruction individuelle. Je vous en aurais bien proposé un petit choix, la deuxième, la troisième, la cinquième et la douzième par exemple, les autres étant manifestement à usage interne ; mais, pour éviter qu'elles ne soient dénaturées ou mal interprétées, la règle du jeu veut que, la première fois qu'elles apparaissent dans un livre, elles soient citées en bloc. Les voici donc :

1. Notre bien-être commun devrait venir en premier lieu : notre relèvement personnel dépend de l'unité des AA.

2. Dans la conduite de notre Mouvement, il n'existe qu'une seule autorité ultime, un Dieu d'amour tel qu'il émane de la conscience de nos groupes. Nos chefs ne sont que de fidèles serviteurs ; ils ne gouvernent pas.

3. La seule condition pour faire partie des Alcooliques Anonymes est un désir d'arrêter de boire.

4. Chaque groupe devrait être autonome, sauf pour des sujets concernant d'autres groupes ou l'association des AA dans son ensemble.

5. Chaque groupe n'a qu'un but primordial : transmettre son message à l'alcoolique qui souffre encore.

6. Un groupe AA ne devrait jamais endosser, ou monnayer, le nom de AA, ni le prêter à des groupements connexes ou à des organisations étrangères, de peur que les soucis d'argent, de propriété et de prestige ne nous distraient de notre but premier.

7. Chaque groupe devrait entièrement couvrir ses frais et refuser toute contribution extérieure.

8. Les Alcooliques Anonymes devraient toujours rester bénévoles, mais leurs centres de services peuvent engager et rétribuer des employés spécialisés.

9. Les Alcooliques Anonymes, comme tels, ne devraient jamais être organisés ; néanmoins, ils peuvent constituer des comités ou des conseils de service directement responsables envers ceux qu'ils servent.

10. AA n'émet jamais d'opinion sur des sujets étrangers ; son nom ne doit jamais être mêlé à des controverses publiques.

11. La politique de nos relations publiques est basée sur l'attrait plutôt que sur la réclame ; nous devons toujours respecter l'anonymat dans nos rapports avec la presse, la radio, la télévision et le cinéma.

*12. L'anonymat est la base spirituelle de nos traditions ; nous devons nous rappeler toujours de placer les principes au-dessus des personnalités *.*

* Reproduit avec l'autorisation des Alcoholics Anonymous World Services, Inc.

AA devient adulte

Pour établir les structures du Mouvement, Bill s'était dépensé sans compter, traversant des années de grande tension et d'immense fatigue ; dans la croissance d'Alcooliques Anonymes, son expérience professionnelle aussi bien que sa personnalité avaient joué un rôle déterminant :

> *Il est à la fois étonnant et réconfortant,* écrivait-il en 1960, *de constater que mon expérience [...] à Wall Street soit pour une part importante dans le succès actuel des AA. C'est l'entraînement que j'avais alors reçu en traitant des affaires importantes ainsi que l'effort constant de prévoir et d'évaluer l'avenir qui ont depuis compté considérablement. Sans cette expérience inestimable, j'aurais commis beaucoup d'erreurs graves. Sans effort d'imagination, je n'aurais pu combiner les affaires et la ligne de conduite des affaires des AA avec leur objectif spirituel* *.

Kessel, qui l'avait rencontré à cette époque, parle de son visage « plein de vigueur, de jeunesse, d'intelligence, d'humour, un de ces visages spécifiquement américains qui, à un certain âge, tiennent à la fois du sénateur de la Rome antique et du businessman heureux ». L'ambition dévorante qui l'avait toujours habité, celle du petit garçon qui aurait voulu devenir président des Etats-Unis, était restée la même : simplement, il avait su la mettre au service de la Fraternité ; à trente-cinq ans, au plus creux de ses années de déchéance, n'expri-

* *« Transmets-le »,* p. 159, reproduit avec autorisation.

mait-il pas déjà « le désir de savoir qu'à ma mort je laisserai un monde meilleur que je ne l'ai trouvé à ma naissance » ?

Tandis qu'Alcooliques Anonymes se développait dans le monde entier, longtemps la France était restée lanterne rouge : AA existait déjà dans soixante-dix pays, et nos amis des Etats-Unis soupiraient en se demandant comment ils pourraient jamais prendre pied dans une contrée où le vin jouait un aussi grand rôle culturel et n'était pas considéré comme de l'alcool. Il fallut attendre 1960 pour qu'un premier groupe en langue française ouvre enfin ses portes à l'église américaine du quai d'Orsay; il réunissait un Espagnol, un Tchèque, un Suédois et un Belge...

Cinq ans plus tôt, Bill avait voulu organiser le Mouvement dont il était en quelque sorte le seul « patron de droit divin » (le docteur Bob était mort en 1950) afin qu'il survive à sa disparition : tous les pouvoirs, désormais, allaient appartenir à une Conférence élue pour maintenir nos trois héritages – rétablissement, unité et service. Effectivement, à sa mort, en 1971, rien ne fut changé. L'une des singularités de AA, et non des moindres, est sans doute que ce mouvement sans chefs et sans organisation soit resté pareillement uni et fidèle à l'esprit de son fondateur, allant à l'encontre de ce qui est la règle commune : dans un groupe, la mort du « père » entraîne généralement querelles, déviations, haines intestines, affadissement ou déformation de la pensée originelle. Serions-nous l'exception qui confirme la règle ? Mais comment pourrait-il en être autrement quand on voit la façon dont a été rendue pratiquement impossible, chez nous, toute recherche de pouvoir, de prestige ou d'argent ? Sur ce point, la lucidité de Bill nous a rendu un immense service :

Ma propre vie, voyez-vous, s'est résumée pendant des années à une poursuite implacable de la richesse, de la gloire et du pouvoir, pour aboutir presque à un naufrage dans un océan d'alcool. J'ai survécu à cette triste mésaventure, mais je sais que le germe redoutable et contagieux de l'obsession du pouvoir a lui aussi survécu. Il sommeille, prêt à se multiplier de nouveau, à me déchirer et à déchirer le mouvement. Des milliers de mes frères AA ont le même tempérament que moi. Heureusement ils le savent, et je le sais *.

Pas de pouvoir : personne ne nous gouverne. Pas de prestige : nous restons anonymes vis-à-vis de l'extérieur, à la télévision nous n'avons pas de visage, nul d'entre nous ne peut parler au nom d'Alcooliques Anonymes. Pas d'argent, nous n'en recevons de personne – nous ne sommes même pas une association d'utilité publique –, le nom de AA n'est pas à vendre, nous ne pouvons nous faire payer pour transmettre ce que nous avons reçu. Tout cela peut paraître suspect : Denise a voulu « prendre du service », comme on dit parmi nous – entendez : être élue au comité qui assure la bonne marche d'un groupe – pour voir ce que masquaient toutes ces belles paroles. Elle a vu.

En arrivant aux AA, je me disais toujours : Qu'est-ce qu'il y a derrière ? C'est pour ça que j'ai pris du service : pour voir ce qu'il y avait

* *Le Langage du cœur*, p. 218, reproduit avec autorisation.

derrière. Et j'ai vu. Je peux dire que j'ai pas été déçue : j'ai trouvé de l'amour, encore de l'amour, toujours plus d'amour.

« Une bande d'alcooliques sans nom. » La bande s'est élargie aux dimensions de la planète ; mais comme ils me semblent proches, ces quelques hommes qui, à la fin des années trente, se réunissaient autour de Bill W., rescapés, comme moi, d'un même naufrage...

CORPS ET ÂMES

« La question de l'alcoolique n'est pas d'être aimé ou non, mais de survivre ou non à la catastrophe. »

MICHÈLE MONJAUZE
La Problématique alcoolique

SOS... Je me souviens encore de ma surprise lorsque j'avais découvert, il y a bien longtemps, le sens premier de ce signal de détresse, d'abord réservé aux navires en danger. *Save Our Souls*, sauvez nos âmes : il aurait pu être inventé pour des alcooliques. Nos corps sont en perdition, notre vie même est en jeu, nous nous en apercevons à peine :

Ils ne savent plus qu'ils ont un corps, à un moment donné. Ils vont avoir des complications qui nous font frissonner, leur existence est menacée à court terme s'ils continuent et ils s'en moquent : c'est comme s'ils n'avaient plus de corps. Ils se sont tellement évadés de leur condition d'êtres humains qu'ils ne se rendent plus compte *.

* Lionel Bénichou, *in* Henri Gomez, *La Personne alcoolique*, Paris, 1993, p. 20.

« Moi, je n'ai pas de foie », dit-il, dit-elle, oubliant superbement sa cirrhose ; non, c'est pour nos âmes, nos âmes malades que, de toutes nos forces, nous crions silencieusement au secours.

Revenue sur la terre ferme, j'ai eu envie de comprendre, de mettre des mots sur ces vingt années chaotiques et désespérées. Dans quelle mesure en étais-je responsable ? Ou bien m'était-il arrivé quelque chose sur quoi je n'avais pas de prise ? L'alcoolisme est une maladie, la plupart des médecins le reconnaissent aujourd'hui : alors, étais-je coupable d'être malade ? Et pourquoi moi, moi, à un moment de mon existence difficile assurément, mais d'autres l'auraient vécu beaucoup moins mal, m'étais-je mise à boire ? Pourquoi, surtout, ne m'étais-je pas arrêtée quand la vie m'était redevenue plus douce ?

Alors j'ai lu, beaucoup ; je suis aussi allée voir des alcoologues, et je crois que je commence à y voir un peu clair. Mais à partir de là, que faire de la moisson d'informations que j'avais recueillies ? Les présenter sous forme de récit, les mettre en scène, en quelque sorte ? Gageure intenable. Essayer de les exposer simplement, logiquement, sans fioritures ? C'était, me semble-t-il, leur faire meilleure justice, même si le ton de ce chapitre n'a rien à voir avec ce qui précède. Un jour de ma jeunesse, j'étais entrée avec mon amoureux dans un cinéma minable des boulevards dont l'affiche naïvement aguichante annonçait *Le Baiser qui tue*. Nous espérions un film de série B vaguement porno ; déception totale, ce n'était que l'histoire ennuyeuse d'un jeune homme médiocre et d'une pas très belle jeune fille. Au milieu d'une intrigue pâlotte l'héroïne, craignant d'être enceinte, allait voir un médecin qui, ô surprise, disait alors à sa patiente : « Je vais vous expliquer les mécanismes de la génération » – et, film dans le film, nous avions eu droit à un dessin animé de dix minutes montrant les ovaires, le trajet des spermatozoïdes et tutti quanti. L'auteur, manifestement, n'avait pas trouvé d'autre moyen de faire passer des informations qui lui tenaient à cœur, je crois bien que je vais lui emboîter le pas.

Définir l'alcoolisme

Les définitions sont multiples, et toutes différentes. Sans m'encombrer de trop de subtilités, je retiendrai, pour mon compte, celle du docteur Fouquet – l'homme qui, en 1966, a véritablement « inventé » la notion d'alcoologie (« discipline consacrée à tout ce qui a trait dans le monde à l'alcool éthylique [...], soit au niveau collectif [...], soit au niveau individuel ») : « Il y a alcoolisme lorsqu'un individu a, en fait, perdu la liberté de s'abstenir d'alcool. » C'est la plus courte et, me semble-t-il, la plus juste ; celle dans laquelle l'alcoolique que je suis se reconnaît le mieux. Une fois cette liberté perdue, il ne lui en reste plus guère d'autres : « Au fil du temps, sa relation à l'alcool tisse autour de lui une véritable toile d'araignée et engloutit son existence entière dans un système totalitaire *. » Disparue, la liberté de l'esprit, puisque toute la vie s'organise autour de l'obsession de la bouteille, puisque l'alcool

* Jean-Claude Archambault, *Comprendre et traiter les alcooliques*, Paris, 1992, p. 123.

règne en maître absolu, reléguant au second plan amours, enfants, métier. Envolée, la liberté du corps, qui impérieusement réclame cette substance qu'il finit par ne plus supporter... Autre approche : l'alcoolisme, dit Lionel Bénichou, n'est une question ni de quantité, ni de personnalité, ni de produit; pour lui, c'est lorsque l'usage solitaire de l'alcool prend largement le pas sur l'usage collectif, et admis, que le buveur a franchi la frontière.

La dépendance physique

Comment va s'installer cet esclavage ? On a cru le savoir, on ne le sait plus trop. Il y a peu de temps encore, une théorie tout à fait séduisante supposait que la dégradation de l'alcool donnait naissance, dans le cerveau, à des substances proches de la morphine dont le buveur devenu toxicomane ne pouvait plus se passer. L'hypothèse selon laquelle mes neurones auraient fabriqué à mon insu de l'opium, de la mescaline ou des champignons hallucinogènes me plaisait bien; las, la recherche scientifique a fait des progrès, on est passé à autre chose...

Pourtant, les travaux les plus récents ont effectivement confirmé l'existence d'un mécanisme neurobiologique commun de l'addiction, qui s'applique aussi bien aux opiacés, héroïne ou morphine, qu'à la cocaïne ou à l'alcool – tous produits stimulant un même ensemble de zones cérébrales appelé joliment le « circuit de récompense ». Comme la drogue, l'alcool provoque, au niveau d'une zone précise du cerveau, la libération de la dopamine (un neuromédiateur, c'est-à-dire une substance chimique véhiculant les informations d'un neurone à l'autre), créant une sensation de plaisir. Mais pourquoi, et comment, la dépendance alcoolique va-t-elle apparaître ? Sur ce point la science en est encore aux conjectures.

Ce que l'on sait en tout cas, c'est que, quels que puissent être les mécanismes biochimiques à l'œuvre, lorsque s'installe la dépendance les mâchoires du piège se referment, et toute la volonté du monde ne pourra les faire se rouvrir. Le réconfort est grand de découvrir, en feuilletant un manuel d'alcoologie, que nos serments d'ivrogne s'enracinent dans une solide réalité anatomique ! Notre cerveau comporte en effet deux zones, bien différentes : « Le néocortex, centre de la décision et de la commande volontaire, domine en principe le paléocortex, qui est à l'origine de l'état de besoin... En cas de dépendance, l'étape de la décision [...] est inféodée au paléocortex et la décision n'appartient plus, en fait, aux structures corticales supérieures, en dépit de l'éventuelle prise de conscience des conséquences fâcheuses de l'alcoolisation *. » Ce que le docteur Steven Hyman, directeur de recherche à l'université de Harvard, exprime en termes plus imagés : « Quand on comprend la toxicomanie, on comprend quelque chose de très profond en ce qui concerne le cerveau humain – comment elle pirate le cortex au profit du cerveau reptilien primitif **. » Une situation qui n'est pas irréversible ; inaccessible, seulement, à toute approche rationnelle ou volontaire.

* F. Paille *in* D. Barrucand, *Alcoologie*, 4e éd., 1988, p. 38.

** *The New Yorker*, 20 mars 1995.

Alcoolique un jour, alcoolique toujours

Une fois dans la place, la dépendance physique ne disparaîtra jamais définitivement : que l'alcool soit effectivement présent ou non dans notre existence, le corps gardera sa vie durant, dans toutes ses cellules, la mémoire de l'intoxication. Alcoolique un jour, alcoolique toujours... « Si le sujet, après des années d'abstinence, réintroduit dans ce corps mémorisé le produit alcool, en quelques secondes parfois, en quelques mois le plus souvent, [...] il va redevenir de nouveau dépendant dans son corps *. » (Notons, au passage, que ce « produit » peut avoir des apparences trompeuses : coq au vin ou lapin à la bière sont parfaitement inoffensifs puisque l'alcool a été cuit, donc évaporé ; en revanche la bière dite sans alcool ne justifie pas son nom : très légèrement alcoolisée – moins de 1 % –, elle peut être cause de rechutes.)

« Garder l'espoir de retrouver une consommation modérée, une fois les problèmes psychologiques analysés, s'avère une illusion destructrice pour l'immense majorité des individus : autant sauter d'un étage en faisant le pari que la loi de la pesanteur ne va avoir aucun effet sur les os ** », écrit le docteur Henri Gomez ; que l'on ait dix, vingt, trente années d'abstinence n'y saurait rien changer, l'aventure de Jacques est à ce titre exemplaire. Il s'était arrêté de boire à vingt-six ans, sans problème

* François Gonnet, *Alcool – Alcoolisme – Alcoolisation*, DDASS du Rhône, repris dans *Le Bulletin,* revue du C.L.J.C., sept. 1987, p. 18.

** *Op. cit.*, p. 13.

aucun ; marié, parfaitement adapté, tout allait bien pour lui. Et puis un jour, vingt et un ans plus tard, des amis lui demandent un coup de main pour un déménagement. Sachant qu'il ne prendrait pas de bière avec eux, ils lui avaient acheté de l'hydromel.

Le déménagement se fait, il porte les armoires, il porte les buffets – et puis Jacques, tout content de boire pour la première fois de l'hydromel, boit de l'hydromel sans problème, il continue à déménager quelques tiroirs, mais tout d'un coup, il est pris d'une envie irrépressible, ça ne lui était pas arrivé depuis vingt et un ans, d'aller consommer de la bière. Il a fait quelque chose qui paraît étonnant chez cet homme qui est un homme de confiance, il a quitté les copains, sans prévenir personne, et il est allé boire, et sa cuite a duré trois mois, je l'ai retrouvé dans mon service dans un état de déchéance la plus totale. Il n'avait pas mangé depuis huit jours. Il a guéri depuis, et il va très bien.

Vingt et un ans sans boire – hydromel (certainement pas beaucoup d'alcool dans l'hydromel) – la pompe est réamorcée.

Cela, les Alcooliques Anonymes le savent bien, tant les exemples en sont nombreux ; aussi le mot de « guérison » est-il proscrit de leur vocabulaire. Estimant que l'état d'alcoolodépendance est irréversible, la majeure partie des alcoologues les rejoint aujourd'hui sur ce point et préfère le terme de « stabilisation » – ce qui signifie, nous dit joliment le *Dictionnaire d'alcoologie* en nous rappelant à la modestie, que « le nouvel équilibre, sans préjuger de sa durée, peut être une rémission de bon aloi, mais toujours fragile * ».

Peut-on parler d'hérédité...

A partir de là, la question se pose : pourquoi les uns deviennent-ils alcooliques, les autres non ? Quels sont les « facteurs de vulnérabilité » qui rendent les individus tellement inégaux devant l'alcool ? La théorie de l'hérédo-alcoolisme et l'influence fatale de l'ivrognerie des parents sur leur progéniture ont suscité, au siècle dernier, de flamboyantes déclarations. « La plupart des enfants engendrés dans l'ivresse deviennent idiots, pouvait-on lire dans les *Annales d'hygiène publique,* parce que leur procréation elle-même a eu lieu sans le concours de l'esprit et au milieu d'un état de stupeur animale **. » Cent ans plus tard, dans un ouvrage qui s'adressait aux instituteurs, le docteur Chêne ne mâchait pas ses mots : « Il est d'observation courante de voir les premiers enfants à peu près indemnes, alors que les parents sont jeunes et peu imprégnés. Ceux qui naissent plus tard présentent un gros déchet ***. »

Nous sommes heureusement revenus de ces affirmations péremptoires; mais le problème reste entier, ou presque, et les chercheurs cherchent encore : existe-t-il un gène de l'alcoolisme ? Une équipe américaine, récemment, avait bien cru l'isoler; une première étude,

* Paris, 1987, article « Guérison ».
** Paris, juillet-décembre 1838, p. 88.
*** *Guerre à l'alcool,* Paris, 1942, p. 21.

parue dans le très sérieux *Journal of American Medical Association* en avril 1990, l'avait retrouvé chez 77 % des 35 alcooliques étudiés mais aussi chez 28 % des 35 témoins non alcooliques. Ce n'était déjà pas terrible; las, l'étude de contrôle publiée huit mois plus tard identifiait ce même gène chez 38 % des 40 alcooliques examinés et chez... 30 % des 127 témoins! Effectuées sur de « vrais » jumeaux masculins, d'autres recherches établissaient la présence de l'alcoolisme chez les deux frères dans 54,2 % des cas seulement, alors qu'elle aurait dû être de 100 % pour deux individus ayant le même patrimoine génétique. Et l'on sait maintenant que si un enfant naît marqué, parfois dramatiquement, par l'alcoolisme de sa mère, ce qui est en cause n'est pas l'hérédité mais bien l'alcool bu pendant la grossesse, transmis directement au fœtus par le liquide amniotique dans lequel il baigne, et par le sang venu du cordon ombilical *.

... ou de fragilité héréditaire?

L'hérédité, donc, ne saurait tout expliquer : on ne *naît* pas alcoolique. Cela dit, même adopté à l'âge de six semaines par une famille de non-buveurs, l'enfant dont les parents biologiques sont alcooliques a trois fois plus de

* L'alcool bu par la mère est parfois catastrophique pour le bébé à naître : le « syndrome d'alcoolisme fœtal » pourrait représenter la première cause de retard mental dans les pays occidentaux. Il s'observe chez un tiers environ des enfants de mère alcoolique, et se manifeste par des malformations physiques (crano-faciales, cœur, colonne vertébrale, hanches), un déficit intellectuel ou des troubles du comportement.

risques d'avoir des problèmes avec l'alcool ; et si le taux moyen d'alcoolodépendants dans la population générale est de 3 à 5 %, plus d'un quart des pères et frères d'alcooliques sont eux-mêmes malades du mal-boire. On sait maintenant que des facteurs génétiques interviennent dans cette plus grande fragilité ; ainsi, la présence – ou l'absence –, au niveau du foie, des enzymes permettant la dégradation de l'alcool est déterminée génétiquement. « Le patrimoine enzymatique influence la tolérance, la dépendance et la toxicité alcooliques », souligne le professeur Roger Nordmann. Notons au passage le caractère sexiste d'une de ces enzymes, l'ADH (aldéhyde déshydrogénase) : son activité est moindre chez les femmes, ce qui les rend plus vulnérables vis-à-vis de l'alcool. Les chiffres sont éloquents ; s'il faut à nos frères de misère une consommation quotidienne de 132 grammes d'alcool pendant dix à vingt ans pour développer une cirrhose, nous, femmes alcooliques, ne mettrons que cinq ans à devenir cirrhotiques, avec 52 malheureux grammes d'alcool par jour...

Mais de toute façon, les facteurs génétiques ne rendent compte que du quart des phénomènes observés, laissant une large place pour d'autres facteurs, psychiques ou liés à l'environnement. Une certitude, toutefois : il n'existe *aucune* structure type d'une prétendue personnalité préalcoolique. Et une évidence : ne devient pas alcoolique qui veut. Combien d'amantes, d'époux d'alcooliques ont tenté de se mettre à boire comme eux, comme elles, soit par amour, pour essayer de partager leur folie, soit pour leur montrer le spectacle consternant de l'ivresse. Peine perdue : le lendemain, ils se réveillaient avec une gueule de bois atroce, malades comme des chiens, horrifiés à la seule idée de recommencer... S'il faut, au départ, qu'il y ait rencontre entre l'alcool et un terrain particulier, l'alcoolisme s'inscrit toujours dans une histoire de famille, passée et présente. Seuls certains individus sont capables, « en raison d'un équipement biochimique ou enzymatique spécial, de nouer un lien pathologique avec l'alcool. Mais cette aventure humaine ne peut se dérouler que dans l'intime conjugaison avec les facteurs psychologiques et sociologiques indispensables à son éclosion * ».

L'influence familiale

L'alcoolisme d'entraînement, ou d'habitude, l'alcoolisme de convivialité représentait en 1980 – je n'ai pas de chiffres plus récents, mais les choses ont-elles tellement changé ? – 50 % des cas dans notre beau pays ; cela dit, même lorsqu'on ne lève pas le coude pour faire comme le voisin, même lorsqu'on boit pour faire face aux difficultés de l'existence (40 % des cas), ou pour exprimer sa révolte contre les valeurs sociales communément admises (10 % des buveurs-problèmes), le poids de la famille, en amont, est bien souvent déterminant et peut venir alourdir le poids de l'hérédité. C'est vrai, les enfants adoptés nés de parents alcooliques deviennent plus que les autres alcooliques eux-mêmes ; mais l'adoption n'intervient pas au tout début de l'existence. Que se passe-t-il pendant les premières semaines, si décisives ? Quelles

* R. Malka, P. Fouquet, G. Vachonfrance, *Alcoologie*, Paris, 1986, p. 4.

conséquences sur une vie entière peut avoir la terreur d'un nourrisson porté par une mère ivre et vacillante ? Les biberons oubliés ? Les couches non changées dans lesquelles marine l'enfant dont la mère est en train de cuver son alcool ? « L'alcoolisation, écrit Michèle Monjauze, reproduit le bain dans les liquides biologiques, tant par les diarrhées et les mictions abondantes qu'elle entraîne, que par le relâchement des sphincters dans l'ivresse. Là aussi, il faut voir un état primitif à retrouver *. »

Pour ceux qui grandissent au sein d'une famille dont le père, ou la mère, ou les deux sont alcooliques, il leur faudra se situer par rapport à des modèles de comportements qu'ils vont plus souvent reproduire que rejeter. On peut parler, à juste titre, d'alcoolisme familial ; mais c'est par le biais de la vie commune bien plus que par l'hérédité que l'alcoolisme parental se transmet aux enfants. Le sentiment de solitude et de désespoir de celui qui boit se communique à ses descendants ; l'enfant se sent coupable d'aimer son buveur de père, ou sa buveuse de mère, malgré les souffrances que celui-ci provoque chez l'autre parent. Et le besoin de s'identifier aux images parentales, de croire que les parents ont forcément raison d'être ce qu'ils sont est si fort que, lorsque l'enfant aura quitté sa famille, son amour pour le père ou la mère alcoolique comme les manques affectifs subis vont souvent l'amener à devenir alcoolique à son tour – ou bien toxicomane, selon qu'il recherche la conformité sociale ou qu'il la rejette. Paradoxe que l'on retrouve chez les enfants maltraités qui, devenus adultes, battront leurs propres enfants, ou

* *Op. cit.*, p. 135.

chez ceux qui, victimes d'abus sexuels, abuseront eux aussi, plus tard, des petits garçons ou des petites filles même s'ils ont abominablement souffert de ce qu'ils ont vécu. Par besoin compulsionnel de répéter leur propre histoire – reproduire la violence reçue est leur seule façon de dire ce qui leur est arrivé autrefois –, mais une histoire dont, pour des raisons de survie psychique, toute souffrance a été refoulée ; si bien qu'ils ne peuvent plus avoir aucun souvenir véridique de l'enfant qu'ils ont été, des bouleversements émotionnels auxquels ils ont été confrontés, ni aucune sensibilité à la souffrance de ceux qu'ils font souffrir à leur tour.

Mais là encore, nul déterminisme : les processus d'opposition existent aussi, on ne saurait nier leur importance. Et l'on retombe encore et toujours sur la même question : pourquoi, de ces enfants perturbés, dans des fratries dont le patrimoine génétique est voisin ou même identique (pour les vrais jumeaux), les uns deviennent-ils alcooliques, les autres pas ? En Al-Anon – ce mouvement lié aux AA rassemblant des proches d'alcooliques qui, eux, ne boivent pas –, j'avais été bouleversée par la ressemblance entre le parcours de celui ou celle qui se racontait et le mien. Et pourtant, chez eux, l'alcool n'était pas au rendez-vous. La psychanalyse aurait-elle une réponse ? J'avais essayé, sur le divan, de me faire une opinion ; je suis aussi allée regarder dans les livres.

La tache aveugle de Freud

> *[Depuis trois semaines] je suis même capable de voir boire les autres sans les envier.*

Je puis actuellement concevoir que l'on soit capable de vivre et de travailler sans cet adjuvant. Il n'y a pas longtemps que j'en suis arrivé là, je ne me figurais pas à quel point l'abstinence pouvait être pénible...

J'ai de nouveau renoncé à boire... pour me débarrasser de l'affreuse lutte que je suis obligé de soutenir après mon quatrième ou cinquième verre. Mieux vaut lutter tout de suite contre la tentation du premier *.

J'ai triché. Il ne fallait pas lire « boire » mais « fumer », ni « verre », mais « cigare ». Et ces lignes ont été écrites par Sigmund Freud à son ami Fliess.

Si courageux par ailleurs, jamais Freud n'a voulu explorer sa propre toxicomanie – sans parler de sa brève idylle de jeunesse avec la cocaïne, le terme n'est pas excessif pour quelqu'un qui fumait vingt cigares par jour et qui, même face à l'aggravation de son cancer de la mâchoire, ne put jamais se résoudre à abandonner le tabac **. Et, en bonne logique, les toxicomanies d'autrui n'ont jamais été au cœur de ses préoccupations. Nous payons très cher, nous autres alcooliques, cette tache aveugle dans la vie du père fondateur de la psychanalyse : ses fils et successeurs ont emboîté le pas, sans aucun problème apparemment. D'où, trop

* Sigmund Freud, *Naissance de la psychanalyse*, Paris, 1956, pp. 74 et 114.

** Lors d'une courte période d'abstinence forcée, en 1930, il se compare au renard pris au piège qui se coupe la patte pour s'échapper ; cette comparaison réapparaîtra *une seule fois* sous sa plume : lorsqu'il lui faudra fuir la Vienne nazie. Renoncer à fumer, se couper à jamais de ses racines seraient donc une seule et même mutilation.

souvent, une incompréhension quasi totale de la nature véritable de l'alcoolisme :

> *Les analystes qui ont effectivement des alcooliques assidus à leur divan contestent la particularité d'un symptôme considéré comme mineur... Ou bien ils proscrivent purement et simplement le symptôme en exigeant l'abstinence comme condition préalable au contrat. Les obsessionnels sont-ils, chez eux, priés de s'abstenir de leurs rituels, et les psychotiques de leur délire* * ?

Dans ce silence de la théorie, comment un analyste pourrait-il admettre son impuissance, et reconnaître qu'une cure psychanalytique « classique » n'a pratiquement *jamais* rien pu, *jamais*, pour aider un alcoolique à arrêter de boire ? (Même si, pour être tout à fait honnête, parmi les dizaines et les dizaines de cas dont j'ai eu connaissance, j'ai rencontré, in fine, *une* exception qui confirmait la règle.) Lorsqu'il s'agit de buveurs plus gravement atteints que je ne l'étais, « l'ignorance de la réalité de l'alcool », écrit Jean-Pierre Descombey, psychanalyste lui-même mais aussi alcoologue, « aboutit à des cures désespérantes, inutiles, voire nuisibles. *C'est une caution donnée par l'institution [analytique] au suicide du sujet* **. » (Je n'aurais jamais osé le dire, mais je souligne quand même. Comment oublier Jacques, mon amoureux, mon ami, à qui l'incompréhension de son analyste n'a pas laissé la plus petite chance. C'était l'un des plus grands pourtant.)

* Michèle Monjauze, *op. cit.*, p. 11.
** *Alcoolique, mon frère, toi*, Toulouse, 1985, p. 60.

Psychanalyse et alcool : le mariage impossible

Cette thèse, souligne Descombey, qui ne voit dans l'acte de boire qu'un symptôme parmi d'autres, pourrait bien sûr être séduisante si... Si l'addiction alcoolique n'était pas porteuse de mort, et si ce qui est dit sous alcool avait la moindre utilité pour le patient – ou pour l'analyste. De fait, il n'en est rien : « L'alcool [...] obstrue le champ thérapeutique, constituant une sorte d'hémorragie en aval de laquelle le thérapeute recueillerait de misérables restes inutilisables [...] » François Perrier, psychanalyste et alcoolique, ne dit pas autre chose :

> *On n'analyse pas le symptôme. Il disparaîtra de lui-même si on en découvre les causes, c'est-à-dire la préhistoire conflictuelle. Cela reste parfaitement vrai pour les névroses [...] Mais, si ce qui est mis en avant par le demandeur de psychanalyse est un flacon bien réel de C_2H_5OH* [formule chimique de l'alcool éthylique] *[...] la neutralité devient du je-m'en-foutisme *. [...] En outre, [l'analyste] apprend vite qu'à tenter de placer un mot, il sera peut-être écouté, mais non pas retenu. La verve de l'instant présent laisse la mémoire au vestiaire. En bref, l'interprétation psychanalytique ne se gravera pas dans l'oreille du buveur. Le vrai problème de l'alcoolisme en psychanalyse est, à notre sens, essentiellement là **.*

* *L'Alcool au singulier*, Paris, 1982, pp. 13-14.
** « Thanatol », *La Chaussée d'Antin/2*, p. 353.

Il est aussi dans la trop grande vulnérabilité psychique de celui qui boit. Selon Gérard Vachonfrance :

> *La fragilité du moi, l'instabilité de ses réactions, les passages à l'acte, l'incapacité de supporter les frustrations, la dévalorisation profonde font qu'en pratique le psychanalyste doit reporter à plus tard la cure classique, si elle s'avérait nécessaire* *.

« S'il [l'analyste] ne peut rien faire de la langue de bois soutenue par certains mouvements antialcooliques, la gueule de bois n'a jamais empêché une cure ** », écrit Patrick Avrane, analyste lui-même. Navrante confusion entre le buveur occasionnel et le véritable alcoolodépendant... Plus clairvoyants, certains psychanalystes suggèrent aujourd'hui à ceux qui viennent les trouver entre deux vins, deux bières, deux whiskys, d'aller d'abord voir les Alcooliques Anonymes pour arrêter de boire. Après, seulement après, dans un deuxième temps, un véritable travail analytique pourra être abordé.

Ces esprits ouverts ne sont pas en majorité : des résistances persistent, et vives, dont les causes sont, me semble-t-il, multiples. Méfiance devant notre langage, par trop religieux quand on le prend au premier degré ; méconnaissance de l'efficacité du Programme, qui ne se révèle pas d'emblée, c'est le moins qu'on puisse dire – et peut-être aussi zeste de dépit à voir les non-

* « La psychothérapie de la maladie alcoolique », *Alcoologie*, n° spécial, déc. 1988, p. 6.

** « L'alcoolisme entre parole et texte », *Esquisses psychanalytiques*, n° 11, 1989, p. 78.

professionnels que nous sommes réussir, en un tour de main parfois, ce sur quoi la cure a achoppé pendant des années. Pour d'autres analystes, AA pourra suffire à certains alcooliques, non à tous ; personnellement, je souscrirais volontiers à cette approche plus mesurée. Mes huit ans de psychanalyse, en amont, m'ont apporté une aide que je ne sous-estime pas – je n'arrivais pas ivre morte à chaque séance – et je ne suis pas la seule pour qui les AA n'auraient pas tout résolu. En dehors de l'alcoolisme d'habitude, celui ou celle qui se met à boire a généralement quelque raison de le faire, et des problèmes que l'arrêt d'alcool ne fait pas disparaître. Et là, la cure analytique et les Alcooliques Anonymes me paraissent tout à fait complémentaires. La première vous permet d'explorer cet inconscient que les AA ne mettent pas en lumière ; les seconds, de vivre avec ce que l'on a découvert. En trente ans de pratique, dit le docteur Vachonfrance, psychanalyste lui-même, « je n'ai jamais eu d'interférence malheureuse entre la thérapie des groupes des anciens buveurs, et notamment de AA, avec ma propre pratique. Jamais – au contraire ».

D'où vient la dépendance psychologique ?

« L'analyste ne s'intéresse pas " naturellement " à l'alcoolisme, écrit Charles Brisset : son domaine est la névrose, l'alcoolisme n'en fait pas partie. » « Il a fallu l'intérêt récent pour les psychoses, la psychosomatique et les conséquences des troubles très précoces pour que s'élargisse jusqu'à l'alcoolique le champ des études psychanalytiques. » Dans ce domaine, j'ai lu à peu près tout ce qui m'est tombé sous la main, en essayant d'en faire mon miel. Je ne prétendrai pas, ici, dresser le tableau exhaustif d'une psychanalyse de l'alcoolisme ; mais essayer d'écouter les résonances en moi de ce que disaient les uns et les autres ne m'a pas semblé une mauvaise approche. De toute évidence, certaines théories sentaient par trop l'exercice d'école ; et chez quelques analystes, les contre-attitudes négatives étaient trop évidentes pour ne pas faire obstacle : je n'ai jamais pensé que le mépris était le meilleur des instruments de connaissance. D'autres, en revanche, beaucoup d'autres, se rejoignaient en dépit de leur diversité pour dire, en termes différents, une seule et même chose : les origines du mal-boire se confondraient avec la toute première émergence du psychisme. Dans la préhistoire du futur alcoolique, bien avant les mots, la blessure.

Pourquoi avais-je l'impression d'avoir toujours su cela – que mon alcoolisme s'enracinait dans une nuit des temps où la relation n'était encore que duelle, avant l'apparition du père ? Peut-être parce que ni mon enfance, ni l'absolue banalité de mon malheur par la suite ne suffisaient à expliquer pareil désastre... De lecture en lecture, je voyais de plus en plus nettement les fils du drame se nouer autour de l'image maternelle, trop absente ou trop présente parfois ; l'image de cette mère que j'avais retrouvée, en creux, chez les Alcooliques Anonymes, derrière cette phrase que j'avais entendue tant et tant de fois : « Je suis né, je suis née en AA. »

A l'aube du drame, la mère

Lionel Bénichou raconta un jour une intéressante histoire de guenon et de petits chimpanzés : les chimpanzés n'aiment pas spontanément l'alcool; s'ils grandissent dans des conditions normales, ils préfèrent l'eau à un liquide alcoolisé, mais si on sépare les petits chimpanzés de leur mère, ils finissent par préférer l'alcool et des chimpanzés adultes font le même choix si on les place seuls et assez longtemps dans une cage obscure : une carence affective, une situation de détresse les rend alcooliques, en dehors de toute filiation génétique *.

« Je suis né en AA » : le groupe vient se substituer à la mère des origines, celle des tout premiers temps de l'existence du nouveau-né, lorsqu'il n'est pas encore différencié par rapport à elle et vit dans un état fusionnel. Lorsque la mère satisfait les besoins de son bébé, c'est le bien-être, la béatitude absolue; lorsqu'elle ne les a pas encore satisfaits, c'est l'angoisse, la détresse totale, « l'agonie primitive », pour reprendre les termes de Winnicott, face à une véritable « menace d'annihilation ». La psychanalyse, en son jargon, parlera d'« Imago maternelle bonne » et d'« Imago maternelle mauvaise » – les Imagos étant les premières traces inconscientes de nos expériences affectives : une « mémoire sans souvenir », en quelque sorte, puisque chez le tout-petit la structure du système nerveux ne permet pas encore la constitution de souvenirs au sens propre du

* Henri Gomez, *op. cit.*, p. 113.

terme. En absorbant de l'alcool, l'enfant devenu grand reviendra à ce stade fusionnel, à ce moment de son histoire où Moi et Non-Moi ne faisaient qu'un. L'Imago maternelle est dans le verre, d'abord bonne – tout est flou, possible, le temps et les conflits ont disparu –, puis mauvaise, terrifiante. Reste l'espoir que le prochain verre ramène l'Imago maternelle bonne, et si ce n'est pas celui-là, ce sera l'autre, le prochain encore...

• Ces mères que l'on dit mauvaises

Cette présence de l'Imago maternelle redoutable au fond du verre, ces angoisses affreuses que rien ne peut apaiser, hormis l'ivresse profonde qui vous raye momentanément de la carte, ne doivent pas faire conclure, un peu vite, que toutes les femmes dont les enfants boivent sont des mères indignes. Et même si très souvent, au détour d'une histoire d'alcoolique, on retrouve la « mauvaise mère », ce terme n'implique aucun jugement de valeur, aucune connotation morale : pour tenter une définition, je dirais que la « mauvaise mère » est une femme qui, en raison de sa propre histoire, et de difficultés trop lourdes vécues consciemment ou inconsciemment dans sa petite enfance ou plus tard, est incapable d'exprimer, ou parfois même d'éprouver de l'amour pour son enfant. « Il n'y a pas de mauvaises mères, il n'y a que des mères malheureuses », m'avait dit un jour une amie analyste...

A cinq ans, quand mes parents ont divorcé, alors qu'ils étaient Français, je ne parlais pas français. J'avais été élevée par une gouvernante de langue anglaise, et je ne connaissais qu'elle. Les autres, je ne les connaissais que de vue...

Quand j'étais petit, j'avais peur d'elle. Elle avait un regard tout à fait redoutable. Elle regardait, elle ne disait rien, mais toujours j'avais l'impression peut-être pas qu'elle voulait me tuer, ça c'est peut-être un peu exagéré, mais elle manquait de bonté dans le regard. Pour autant que je me rappelle, je n'ai jamais senti de tendresse, non.

En psychiatrie comme en psychanalyse, les travaux les plus récents évoquent souvent le personnage d'une mère terrifiante pour le tout-petit. « L'alcool est présent lorsque, au niveau fantasmatique, mais aussi dans la réalité, il y a un doute sur la bienveillance de la mère à l'égard de l'enfant * », écrit Jean Maisondieu. Lorsqu'un bébé sent, sait qu'il n'est pas aimé, alors qu'il est si désespérément dépendant d'un être sur lequel il n'a aucun pouvoir, la peur et la détresse qui le submergent sont-elles si difficiles à imaginer ? Le cœur se serre quand on lit, sous la plume de Michèle Monjauze, que le nouveau-né livré à lui-même trouve peut-être une protection dans ses liquides et ses odeurs biologiques, essayant par ses pauvres moyens de retrouver son état biologique originaire, le milieu fœtal et le non-contrôle des sphincters. « La terreur la plus primitive, écrit-elle, viendrait de la perte du liquide vital dans lequel le fœtus se trouve nourri et protégé. Le traumatisme de la naissance consisterait, bien plus qu'en une expérience de perte, en un danger de mort par la brutale mise hors liquide, générant

* *Les Alcooléens*, Paris, 1992, p. 138.

une angoisse première de dessiccation *. » Lorsque l'enfant tout neuf est accueilli avec amour, « la mise au sec deviendrait précurseur de différenciation... Chez les alcooliques, la terreur de dessèchement pourrait rester une menace active. »

• La mère empêchée

Parfois, il ne s'agit pas d'indifférence, mais seulement de l'incapacité d'exprimer l'amour que l'on ressent pour son enfant parce que personne, jamais, ne vous a appris quand vous étiez petit que la tendresse avait un langage :

> *On a été élevés comme des petits animaux. On avait à manger, on était propres sur nous ; mais, je le dis parce que c'est quelque chose qui reste encore très douloureux pour moi, je n'ai pas le souvenir que ma mère m'ait embrassée, fait des câlins, etc. Une fois j'ai regardé une émission de Dolto sur l'adoption, et il y avait une personne qui disait que pour s'endormir elle se berçait, tu vois, et je faisais ça pour m'endormir. Et elle dit c'est souvent les enfants qui ont été abandonnés qui font ça. Et pour m'endormir, je me berçais jusqu'à ce que le sommeil vienne...*

Mais il faut se méfier des schémas réducteurs. On peut aussi penser, avec Balint, que l'absence de bonne distance affective est susceptible d'avoir les mêmes conséquences que le manque d'affection. Lorsque, trop indulgente ou trop inquiète, la mère ne peut s'empêcher d'apaiser le tout-petit en satisfaisant constamment à ses

* *Op. cit.*, p. 167.

demandes, l'enfant devenu grand attendra trop de la réalité : pour calmer sa frustration, l'alcool sera son recours, avec l'espoir illusoire de retrouver le paradis perdu des jours anciens...

Mères d'alcooliques aussi, ces femmes aimantes, totalement aimantes, comblées par une naissance qu'elles ont désirée de tout leur être mais psychiquement trop fragiles pour donner à leur tout-petit la sécurité affective dont il aurait besoin. Ou que la maladie, des circonstances extérieures trop difficiles, que sais-je, ont momentanément éloignées, physiquement ou moralement, de leur enfant. L'amour est présent, mais l'enfant ne parvient pas à le percevoir. Paradoxe : ce sont ces mères-là qui, face à leur fils ou leur fille alcoolique, risquent de traîner toute leur vie une culpabilité totalement injustifiée – d'autant plus injustifiée que, rappelons-le, « l'alcoolisme est au carrefour de trois routes : le corps et son fonctionnement biologique, le contexte socioculturel et les facteurs psychologiques * ». Si l'enfance y entre pour une part importante, elle ne saurait, à elle seule, déterminer un destin de buveur.

« Quelque chose a manqué »

« " Quelque chose a manqué ", dit Charles Brisset, mettant des sujets *à la limite* des grandes catastrophes de la psychose et de la dépression mélancolique (où il leur arrive de plonger) » :

* Michel Laxenaire, *in* D. Barrucand, *op. cit.*, p. 125.

Dans les très jeunes années, le soutien parental (surtout maternel) a été insuffisant pour permettre la construction de ce que j'appellerai les sécurités de base [...] Mais ce déficit n'a pas été aussi précoce que chez les sujets de la lignée psychotique. Le développement se fera donc [...] dans l'angoisse, la menace de dépression, le malaise vital, la recherche constante d'assurance et d'affection *...

On rejoint ici ce que Michael Balint appelle le « défaut fondamental », ce manque essentiel que l'absorption sans fin d'alcool ne parviendra jamais à combler. Pourquoi « défaut » ? Parce que, très souvent, le patient a le sentiment non seulement d'avoir en lui un défaut, mais aussi, mais surtout que quelqu'un lui a *fait défaut*. Ni complexe, ni conflit, ce défaut dans la structure fondamentale de la personnalité ne peut la plupart du temps être exprimé, puisqu'il date d'avant l'apparition des mots. A sa source un décalage, énorme parfois, entre les besoins psychiques et physiologiques du bébé et l'attention, l'amour, les soins qui lui ont été accordés. Le besoin d'harmonie, de sécurité de base, d'accord parfait avec l'environnement que son premier entourage n'aura pas su satisfaire, l'alcool viendra plus tard l'apaiser, à moindres frais apparemment puisqu'il exclut résolument le monde extérieur :

L'harmonie ne peut être maintenue que dans la mesure où le buveur est capable de se débarrasser de toute personne et de toute chose susceptible de lui demander quelque

* *La Revue de l'alcoolisme*, 1978, n° 3, p. 161.

chose... « Je dois être aimé et pris en charge à tous égards par toute personne et toute chose qui ont de l'importance pour moi, sans que l'on me réclame ni effort ni quoi que ce soit en échange... Une personne qui m'importe ne doit avoir ni intérêts, ni désirs, ni besoins autres que les miens... En fait, s'ajuster à mes désirs doit faire son plaisir et sa joie *. »

Tout prendre sans rien donner : relation profondément immature, avidité insatiable et exigeante, vouée à l'insatisfaction, et qui ne peut engendrer qu'angoisse et culpabilité...

Merveilleux analystes anglais que l'on sent, même dans leurs constructions théoriques, si poreux, si attentifs à la souffrance de leur patient : chez eux la « neutralité bienveillante », tout en gardant la bonne distance, sait aussi se faire empathie – cette faculté de se mettre dans la peau d'autrui, de sentir ce qu'il ressent, de souffrir ce qu'il souffre, mais sans fusion aucune. Winnicott, qui a su si bien comprendre les enfants, parler des enfants, tient à peu de chose près le même langage. Sans un maternage attentif et aimant, où les mots jouent un rôle essentiel, le petit d'homme ne peut pas abandonner la relation fusionnelle avec la mère, ni supporter le manque, et les frustrations qui vont inévitablement surgir. Si la mère n'est pas « suffisamment bonne », l'enfant s'enfonce dans un état de détresse : « Alcool, nourriture, médicaments seront ultérieurement appelés à se substituer à cette fonction maternante carentielle. »

* *Le Défaut fondamental*, Paris, 1991, p. 98.

Dans son imprécision, cet « ultérieurement » me laissait sur ma faim. Pourquoi certains alcooliques en herbe, marqués par cette carence maternelle, commençaient-ils à boire dès le berceau, ou presque – à quatre ans, Cécile vidait les verres du bistrot tenu par sa tante, Valentin sifflait ses premiers petits blancs à cinq ans –, alors que pour d'autres le temps de latence prendrait des années, des dizaines d'années parfois ? Shentoub et Mijolla, dans *Pour une psychanalyse de l'alcoolisme*, allaient me fournir une réponse qui me convenait assez bien.

- Une rencontre initiatique

Dans la vie de celui qui va devenir un malade du mal-boire, disent-ils, se produit un jour une « rencontre initiatique avec un liquide alcoolisé ». Il ne s'agira pas du premier verre avalé par le futur alcoolique, mais plutôt d'une certaine expérience d'ivresse, particulièrement marquante en raison du contexte psychique qui l'entoure et prépare sa venue – deuil, épreuve, échec personnel durement ressenti. Cette rencontre sera un véritable traumatisme, au sens psychanalytique du terme. A partir de là, le geste de boire va s'installer, dans une compulsion de répétition sans fin.

J'avais été très frappée par cette explication, qui semblait me concerner au premier chef : pour moi aussi, il y avait eu, à vingt-sept ans, une « rencontre initiatique avec un liquide alcoolisé » – en fait, plutôt une série de rencontres. Jusque-là j'avais bu, parfois modérément, souvent plus que de raison ; mais à un certain moment tout avait basculé. Mon histoire n'était en rien unique, j'en avais vu bien d'autres exemples; j'avais pu constater, aussi, qu'il n'y a pas d'âge pour devenir alcoolique, cette rencontre déterminante peut avoir lieu à n'importe quel moment de l'existence : dix-sept ans, quarante-neuf ans, soixante-cinq ans – au moment de la retraite –, ou même soixante-douze ans, comme cette Mme Adelaida dont parle Carlo Coccioli et qui, désespérée à la mort de son mari, avait pris pour la première fois de sa vie un peu de cognac; trois semaines plus tard, elle mourait d'une congestion cérébrale, pratiquement sans avoir dessoûlé.

• La voix du silence

Mais pour Shentoub et Mijolla eux aussi, de longues et fines racines relient cette rencontre initiatique à des blessures de la toute petite enfance : l'acte de boire pourrait être « le seul représentant possible, enfin trouvé par le moi, de souvenirs traumatiques très archaïques [...], n'ayant peut-être jamais réussi auparavant à se lier à des représentations visuelles ou verbales *... »

> *Tout peut être imaginé, puisque précisément il y a silence représentatif [...] : les sensations de brûlure par un biberon trop chaud ou le désagrément du trop froid [...], la marque des « coliques » qui font hurler tant de nourrissons dans les premières semaines de leur vie [...]; des régurgitations étouffantes passées plus ou moins inaperçues, des dysfonctionnements*

* *Pour une psychanalyse de l'alcoolisme*, Paris, 1973, p. 333.

passagers non décelés et par conséquent non « racontés » ni récupérés dans la légende dont chaque mère enrobe, pour en faire l'historique, les manifestations corporelles de son nouveau-né *.

Au moment de la rencontre initiatique, le goût, l'odeur, la couleur, la brûlure de l'alcool agiraient en révélateurs de sensations restées jusqu'alors au niveau de l'indicible. Euphorie, dépression, dépersonnalisation et même vomissements joueraient eux aussi le même rôle. L'acte de boire deviendrait alors une tentative pour redonner vie à ces zones muettes, condamnées au silence depuis le début de l'organisation psychique où se serait affirmée, chez le futur alcoolique,

la nécessité d'un déni de l'existence, au plus profond de soi, de ce secteur inélaborable et inassimilable par un moi par ailleurs névrotique, psychotique ou pervers **...

Cette explication théorique est-elle pertinente ? Je ne suis pas à même d'en juger. Mais, pour moi, elle avait le mérite de prendre en compte, avec la notion de traumatisme initial, des situations où, apparemment, l'amour maternel n'avait jamais manqué. Les incidents relatés – coliques du nouveau-né, régurgitation de biberons, etc. – peuvent survenir aussi avec une mère tout à fait attentive, qui simplement n'en aura pas été le témoin ou, par inexpérience, n'aura pas su comprendre ce qu'était en train de vivre son bébé...

* *Ibid.*, p. 336.
** *Ibid.*, p. 354.

Alcoolisme et dépression

Remonte-t-il, lui aussi, à la très petite enfance, ce fond dépressif dans lequel s'enracine l'alcoolisme et qui me semble de plus en plus évident ? « La dépression, on la rencontre toujours à tous les coins de rue de l'alcoolisme », nous dit Lionel Bénichou. (« Les trois D de l'alcoolisme, selon l'expression de H.T. Blane : Dépendance, Dépression et Déni. ») Plus fréquente chez les femmes, qu'elle mène davantage au mal-boire, elle est particulièrement présente chez ceux et celles qui sont prisonniers de l'alcool : une étude récente montre qu'au cours de leur vie 30 à 50 % des malades alcooliques en seront atteints. Rien de surprenant à cela : contrairement aux idées reçues, l'alcool lui-même, sur le plan pharmacologique, n'est pas un excitant mais un *dépresseur* ; et face au champ de ruines qu'est devenue son existence, le buveur qui, le plus souvent, n'est guère solide psychiquement a toutes les raisons du monde d'être déprimé. (Mais une fois de plus il y a un Dieu pour les ivrognes : les dépressions secondaires à l'alcoolisme seraient moins tenaces que les autres ; dans la majorité des cas, le sevrage entraîne une guérison spontanée.)

Dépression, mot ambigu. Le langage courant ne veut pas trop entendre son sens redoutable et le confond volontiers avec la petite déprime, assimilable à un gros coup de cafard, qui peut frapper tout un chacun, alors que c'est une maladie terrible – terrible parce qu'elle n'a pas l'air d'être une maladie justement : elle ne fait que porter à leur paroxysme des traits qui existent chez chacun d'entre nous. Les signes en sont la disparition dramatique et quasi totale de l'élan vital, une mélancolie profonde, l'incapacité d'aimer ou de se sentir aimé, des idées de dévalorisation et de culpabilité poussées jusqu'à l'absurde. La fréquence des suicides aussi – et plus que les autres, les alcooliques se pendent, s'ouvrent les veines, se défenestrent ou s'overdosent de barbituriques par désespérance ou par sentiment d'indignité : « Puisque la seule chose que j'aime ce sont mes enfants, pensait Annie, je vais me tuer, comme cela je vais les débarrasser d'une mère alcoolique. » « Que jamais il ne soit mis en doute que la dépression, dans sa forme extrême, est folie », écrit William Styron, qui a raconté, dans *Face aux ténèbres*, sa descente aux enfers ; un siècle plus tôt, parlant de ce que l'on appelait alors l' « ivrognerie », un aliéniste remarquait : « Le passage de ce misérable état à celui de folie réelle peut à peine être considéré comme un malheur *. » Il y a quelques années, une émission de *La Marche du siècle* avait été consacrée à la dépression : dans *chaque* phrase, j'ai relu et relu le texte, on aurait pu remplacer le terme de « déprimé » par celui d' « alcoolique ». Tout y était : le malheur absolu, l'impuissance totale, l'image affreuse qu'on a de soi, le laisser-aller dans la souffrance... Et ce même éblouissement lorsqu'on découvre qu'il s'agit d'une maladie, qu'on peut la vaincre et s'en sortir parfois plus riche et plus solide qu'on ne l'était avant.

De cette fragile frontière qui sépare la dépression de l'alcoolisme, même si l'abstinence est installée depuis longtemps, le fondateur des AA est un exemple éclatant. En 1943, après une

* Dr Roesch, *Annales d'hygiène publique*, Paris, 1838/2, p. 13.

traversée triomphale des Etats-Unis où il avait été acclamé par des milliers d'hommes et de femmes, éperdus de reconnaissance envers celui qui les avait rendus au monde des vivants, Bill W. avait été fauché par une dépression terrible qui allait durer des années. Consternés, les Alcooliques Anonymes avaient vu ce grand gaillard, cette force de la nature habituée à soulever des montagnes, incapable de sortir de son lit, ou passant des heures la tête entre les mains sans pouvoir communiquer avec personne, malade de honte et de culpabilité, persuadé que, s'il avait mis en pratique le Programme AA, il n'en serait jamais arrivé là, hanté par des idées de suicide. Oui, lui, lui, même lui...

Comme beaucoup d'autres, mais de façon moins extrême, j'ai fait l'expérience de cette lourde zone d'ombre. Tout entière à la jubilation de ma sobriété retrouvée, c'était près d'un an après mon arrivée aux Alcooliques Anonymes, je planais sur ce qu'on appelle en langage AA le « nuage rose » quand une de mes amies réchappa d'une tentative de suicide dont elle n'avait a priori aucune chance de se sortir. Et lorsque j'eus la plume en main pour lui écrire un petit mot disant : « J'ai vécu la même chose. Tu verras plus tard comme tu seras contente de ne pas y être restée », j'ai tout à coup pris conscience que non, ce n'était pas vrai, que derrière ma joie ce goût de la mort, cette appétence pour la mort que j'avais connus bien avant l'alcool étaient restés intacts. Non, je n'aimais pas cette terre, je ne me réjouissais pas d'être encore de ce monde. La chute a été très dure.

Mais je sais aujourd'hui que ce contexte dépressif est là et restera là, il réapparaît de temps en temps ; maintenant encore, il y a des périodes où tout appétit pour l'existence a disparu dans un gouffre si profond que je me demande si j'ai pu, un jour, être différente. Alors refait surface la vieille technique des vingt-quatre heures, si bénéfique pour sortir de l'alcool. Tenir jusqu'à midi; jusqu'à cinq heures; jusqu'à ce soir. « Faire comme si »; ces mots que j'ai haïs pendant des années quand je les entendais aux AA – ils me semblaient le comble de l'hypocrisie – et qui maintenant, pour moi, veulent dire : faire comme si les actes qu'on pose, ces petits actes de rien du tout, les efforts dérisoires auxquels on se contraint, ça allait marcher. Et souvent ça marche. La dépression ne s'évapore pas, bien sûr, mais il n'est pas impossible de l'accueillir avec simplicité, d'arriver à être traversé par elle, comme on entend parfois à la météo : « Une dépression traverse la France. » Les antidépresseurs ou les tranquillisants sont là pour les moments trop difficiles, certains tireront d'eux leur équilibre : les médicaments eux aussi peuvent faire bon ménage avec le Programme en balayant les obstacles majeurs qui en empêchent la mise en pratique. Savoir se faire aider est l'une des choses que l'on apprend en premier aux Alcooliques Anonymes. Parfois l'aide devra être cherchée auprès d'un médecin : de lui nous viendra l'accès aux outils AA qui nous sont proposés pour vivre mieux.

SOIGNER LES ALCOOLIQUES

« Avec le malade alcoolique, le mot " soigner " prend un sens autre, une dimension nouvelle. Ou, peut-être, trouve avec lui sa pleine dimension. »

CHANTAL PELLEGRI
Soigner le malade alcoolique

Quand nos carcasses trop fatiguées d'alcooliques, anonymes ou non, n'en peuvent plus, ou lorsque la force de l'alcool est trop impérieuse pour que le seul désir d'arrêter de boire puisse en venir à bout, grâce au ciel, aujourd'hui, les médecins sont là. L'aide qu'ils peuvent nous apporter est immense – depuis vingt ans, une évolution étonnante s'est produite –, même si, et cela on ne doit surtout pas l'oublier, il vaut mieux encore ne pas frapper à n'importe quelle porte.

Des malades décourageants

Je n'ai pas toujours tenu le même langage. Pendant des années, j'ai regardé le corps médical dans son ensemble avec cette suspicion vaguement hargneuse que nombre de ses membres réservent aux alcooliques « pratiquants », comme on dit aux Alcooliques Anonymes – chien et chat qui se considèrent et se jaugent avant l'inévitable conflit. Comme les psychanalystes, beaucoup de médecins n'aiment pas trop les malades du mal-boire. On les comprend d'ailleurs ; pourquoi nous aimeraient-ils ? L'alcoolisme n'est pas une maladie attachante, les AA eux-mêmes le savent bien. Dans un article paru dans une de leurs revues, ils n'y vont pas par quatre chemins :

> *Il est humainement impossible que le médecin le plus dévoué, le plus patient, ne se mette pas à penser, après de nombreux échecs, que l'alcoolique est un cas désespéré, un malade avec lequel on perd son temps. Disons le mot : l'alcoolique dégoûte le médecin. Il est un malade fuyant, menteur, indocile, fréquemment négligé ou malpropre. C'est un malade* qui ne veut pas, *donc* qui ne peut pas *se rétablir.*
>
> *Souvent on l'abandonnera, non sans lui marquer un certain mépris. Blessé dans son orgueil, devinant aussi le découragement du docteur, ne trouvant pas en lui-même la force et le courage de combattre, le malade se laissera aller d'autant plus fatalement à son mal. Et il donnera ainsi de nouveaux arguments à son médecin ou au personnel de son hôpital* *.

C'est vrai : le traitement, c'est un psychiatre qui parle, « apparaît comme un véritable travail de Sisyphe, désespérant, et blessant le désir de

* *Partage*, août 1981, p. 21, Ed. des Alcooliques Anonymes, Bruxelles.

puissance thérapeutique du médecin * ». « Il n'y a pas de cas désespérés, dit en écho le docteur Vachonfrance, il n'y a que des cas désespérants. » Il faut avouer que nous, les alcooliques, pouvons souvent nous montrer vraiment décourageants.

Un corps médical souvent mal informé

Mais que leur a-t-on donné comme armes, à ces médecins qui sont des hommes et des femmes comme les autres, pour leur permettre de nous comprendre ? Quelle formation ont-ils reçue qui les mette en mesure d'aller au-delà des apparences ? Si les troubles fonctionnels dus à l'alcool ont été longuement évoqués dans leurs études, le malade du mal-boire en restait le grand absent. De l'étrange façon dont il fonctionne, des raisons qui le font se noyer dans sa bouteille, de l'aide qu'on peut lui apporter, il n'a *jamais* été question. (Les choses seraient, semble-t-il, en train de changer : depuis quelques années, un enseignement obligatoire sur les « pathologies addictives », dont l'alcoolisme, a fait son apparition dans les facultés de médecine.) Pour une grande partie du corps médical, la méconnaissance du problème est totale.

Plus nombreux qu'on ne pourrait le croire, certains praticiens continuent à penser qu'il suffirait de boire moins... Et les chiffres sont éloquents. D'après un sondage récent du magazine *Impact Médecin* **, pour 85 % des généralistes consultés, l'alcoolisme n'est pas une maladie ; 34 % d'entre eux affirment avoir moins de dix alcoo-

* Jean-Paul Descombey, *Alcoolique, mon frère, toi,* p. 205.
** 20 septembre 1991.

liques parmi leur clientèle (notons que, d'après les statistiques actuelles, environ un patient adulte sur cinq – un patient sur trois, selon certaines estimations – présenterait des troubles déjà décelables et liés à une alcoolisation). Mais comment *voir* un trouble que l'on ne sait pas guérir ?

*Moi j'en ai souvent parlé à mon médecin généraliste, que j'ai depuis vingt ans, donc il me connaît bien, et je lui disais : « J'ai un problème avec l'alcool » ; il me disait : « Mais non, mais non, Marie-Thérèse *. »*

56 % de ces mêmes médecins se reconnaissent désarmés face à un alcoolique chronique ; pourtant 60 % d'entre eux le prennent en charge personnellement.

J'ai été soignée par trois médecins, un psychiatre, un gastro-entérologue, un généraliste, pour dépression. Aucun n'a osé prononcer le mot d'alcoolisme. J'étais une petite chose malade et humiliée, et je leur faisais une peur d'enfer.

Et rien, non plus, n'a préparé ces médecins à affronter, dans le miroir déformant que nous leur tendons, leur propre part d'ombre :

Source de gêne, ce consommateur goulu est un indicateur de souffrance : la sienne, la nôtre également. Comme tous les indics, il a mauvaise presse. Jouant sur les deux tableaux du normal et de l'anormal, tantôt correct à jeun, tantôt

* « L'alcoolisme au féminin », *Qui vive*, la 5, 7 novembre 1995.

insupportable lorsqu'il a bu, il est le tricheur peu fréquentable qui livre sur la place publique les secrets dont l'humanité a honte et qu'elle croyait bien dissimulés par la course au paraître dont elle fait son activité principale *.

L'alcoolique, miroir de notre société

Vis-à-vis de ces « étrangers suspects », de ces « perturbateurs potentiels », corps médical et corps social se rejoignent souvent dans un même mépris ; mépris sur lequel on pourrait d'ailleurs s'interroger, comme sur le rôle de bouc émissaire, si pratique, que l'on assigne volontiers au malade du mal-boire. Je ne nous ferai pas plus innocents que nous ne le sommes : il est bien naturel que la société, dont nous ne jouons pas le jeu, refuse la confusion, l'incohérence, l'instabilité, la violence qui nous habitent. Pourtant cette même société y trouve son compte en douce puisque, victimes désignées, nous représentons ce que chacun de ses membres « normaux » ne veut surtout pas savoir de lui-même...

Et peut-être conviendrait-il d'abord, au lieu de charger l'alcoolique de tous les péchés du monde, de voir ce que notre société avait fait de lui *avant qu'il ne boive* : que lui a-t-elle mis dans la tête ou dans le cœur, ou plutôt que n'y a-t-elle pas mis ? Quelle conscience morale a-t-elle éveillée en lui ? L'alcool joue le rôle d'un révélateur, rien d'autre. « Est-ce parce qu'il avait bu qu'il vous violait ? » demandait-on, lors d'une récente émission télévisée, à une jeune fille abusée sexuellement par son beau-père. « Non, répon-

* Jean Maisondieu, *Les Alcooléens*, Paris, 1992, pp. 64-65.

dait-elle, c'est parce qu'il avait bu qu'il trouvait le courage de le faire. » 40 % des accidents mortels, sur les routes, sont dus à des automobilistes en état d'ébriété mais, ivres vivants ou ivres morts, Jacques ou Simone, mes amis, n'auraient pour rien au monde touché le volant d'une voiture, tant leur éducation avait ancré en eux sens de la responsabilité et respect de la vie d'autrui. A travers l'alcoolisme de ses membres, la société récolte ce qu'elle a semé ; quand on voit l'incroyable mansuétude de la justice envers les chauffards assassins, on peut penser qu'elle n'en est pas trop fière. (En vrac : le chauffard qui avait tué les deux petites filles de Geneviève Jurgensen, reconnu totalement responsable : 1700 francs d'amende, annulée quelques mois plus tard par grâce présidentielle. Pour Michel Barrault, qui avait provoqué la mort d'Anne Cellier, après des mois de souffrances, un an de prison avec sursis. En 1986, avec 2,04 grammes d'alcool dans le sang, Daniel Segaud tue un homme et sa fille, blesse gravement sa femme et leurs deux autres enfants : trente mois de prison ferme, on n'avait jamais vu une décision aussi sévère, *Libération* crie victoire...)

Une relation ambiguë

Cela dit, cette méfiance, pour ne pas dire ce rejet, d'une partie non négligeable du corps médical me semble avoir aussi une autre origine, plus secrète. C'est que vis-à-vis des médecins, comme le chat d'*Alice au pays des merveilles,* nous faisons souvent tout à l'envers : nous sommes des espèces d' « anti-malades », en quelque sorte, le contraire du « bon » malade qui veut aller mieux pour lui-même et pour faire plaisir à son docteur. Là où le « vrai » malade arrive tout animé du désir de guérir, plein de confiance, en exprimant une demande précise, avec un alcoolique dans bien des cas les dés sont pipés. D'abord, il a peur : peur du regard de l'autre, peur de sa réprobation ; se sentant fragile et menacé, il ne peut que mentir. De plus, trop souvent, s'il vient, c'est contraint et forcé, parce que son employeur montre des signes d'impatience, parce que sa femme va le quitter. La demande thérapeutique réelle semble absente – alors que bien souvent elle est là, latente, étranglée par la honte et la perspective terrifiante de se retrouver sans alcool. Le patient, qui *sait*, au plus profond de lui, qu'il est alcoolique, attend qu'une écoute chaleureuse lui autorise l'accès à la parole, lui apporte le soulagement de n'être plus seul à supporter ce fardeau, la possibilité de reprendre son destin en main...

Parfois aussi la demande est formulée ; tout le monde y croit, tout le monde a tellement envie d'y croire. Le plus convaincu des deux n'est sans doute pas le médecin mais l'alcoolique, qui n'en peut plus de vivre si mal et se figure qu'il déteste de toutes ses forces ce toxique dont il ne peut se passer. Comment saurait-il qu'au plus secret de son cœur il ne veut pas « guérir », et ne souhaite rien tant au monde que l'échec de celui auquel il demande de l'aide pour atténuer sa propre culpabilité ? Il s'en doute un peu, quelquefois ; mais bien souvent l'inconscient mène la danse, et notre bonne foi est entière. Finalement, parler de dépression arrangera tout le monde : l'alcoolique, qui pourra retarder *sine die* l' « aveu » de ses débordements, et le praticien, qui se bornera à prescrire un Valium, un Lexomil ou un antidépresseur et ne sera pas contraint de s'aventurer sur un terrain où il ne se sent pas à l'aise. Dommage... « Sans s'en rendre compte, un médecin peut faire reculer ainsi de plusieurs années l'émergence d'une demande de soins *. »

De plus, comble d'infortune, trop abondamment arrosés de vin, de bière ou de whisky, les médicaments, généralement outils de travail fiables, perdent leur efficacité et peuvent même se métamorphoser en substances maléfiques. Tranquillisants ou antidépresseurs ne suppriment pas l'envie de boire quand elle est trop forte, et rendent plus catastrophiques encore les effets de l'alcool : double blessure narcissique pour le médecin, qui non seulement ne guérit pas, mais ne réussit qu'à aggraver l'état de son patient. Le cocktail bière/Tranxène 10, je m'en souviens, me transformait en zombie sans que disparaisse l'angoisse; plus radical, le mélange d'alcool et de Tranxène 50 faisait bien taire le crabe qui me dévorait les entrailles, mais ne laissait plus grand-chose de moi.

Des alcoologues ** ont dépeint avec une grande finesse l'ambiguïté extrême de cette relation entre malades alcooliques et médecins, dont la vocation s'enracine certainement dans « un désir un peu fou d'éliminer, d'exorciser le spectre de la mort *** ». Leurs patients habituels viennent les voir parce qu'ils veulent vivre; nous aussi – en apparence. Mais c'est la mort qui, inéluctablement, se trame en nous; c'est elle que nous poursuivons avec acharnement, dans le

* Jean-Claude Archambault, *Comprendre et traiter les alcooliques*, Paris, 1992, p. 125.

** Jean Maisondieu, *op. cit.*, et Jean-Paul Descombey, *Précis d'alcoologie clinique*, Paris, 1994.

*** Jean-Paul Descombey, *Alcoolique, mon frère, toi*, p. 184.

silence ; et les médecins le savent, même si de cette mort, dans une tacite connivence, rien n'est jamais dit. (Rien n'est d'ailleurs jamais dit, ou si peu, de la mort des alcooliques, alors que tous les ans, en France, 35 000 d'entre eux quittent cette terre à bas bruit – un tous les quarts d'heure, à peu près. Avec ses 393 victimes recensées en 1996, la drogue fait un autre tapage...)

A partir de là, comment s'étonnerait-on des expériences désastreuses vécues par nombre d'alcooliques, des cures alibis où, pour faire disparaître l'envie de boire, on raye également le patient de la carte ?

C'était une belle clinique, dans un beau parc. Ils ont commencé par des perfusions de calmants et d'hypnotiques, en quelques jours j'étais transformée en légume. Je voyais le psychiatre trois minutes – et encore – deux fois par semaine, le reste du temps j'étais dans une solitude absolue. Ça a duré vingt et un jours, le soir même de ma sortie j'ai rechuté.

Des médecins autres, tout à fait autres

J'avais tout cela en tête lorsque j'ai commencé à rencontrer des alcoologues, ou plus exactement des gens qui avaient *choisi* de s'occuper d'alcooliques. Là j'ai flashé – je ne savais même pas que c'était possible. Et tandis que je branchais mon magnétophone, que j'essayais de poser les bonnes questions, je pensais à la femme misérable et désespérée que j'étais il y a vingt ans, cette femme perdue, ivre d'alcool et d'angoisse, persuadée que nul, jamais, ne pourrait rien pour elle, et quelqu'un en moi, tout bas, pleurait de gratitude. Ce regard, si différent ; cette compréhension profonde, bien au-delà des mots ; ce respect, oui, ce respect, pour cette caricature d'être que nous sommes souvent devenus. Disparue, évaporée, la notion de « pouvoir médical » ; un nouveau profil de soignant se dessine, étonnant mélange d'humanité profonde et d'humilité absolue :

De temps en temps on est dans la position, qu'on soit médecin ou non-médecin, de faire lever la tête à quelqu'un. Moi je trouve que la définition d'un alcoologue, ce serait, j'aimerais bien qu'un alcoologue, ce soit quelqu'un comme un oiseau qui fait lever la tête et qui disparaît sans laisser trop de traces *.

Etre celui qui jamais ne pèse, rêve Eric Hispard, responsable de Cap 14, centre d'alcoologie parisien particulièrement dynamique ; à l'hôpital de Saint-Cloud, c'est la patience fidèle, celle qui jamais ne se dément, qu'évoque Isabelle Sokolow :

Je dis toujours, les patients, c'est pas eux, c'est nous. Nous on doit être comme des piquets, là. Des piquets d'ancrage dans un port, et on attend que le bateau passe et veuille bien s'arrêter, et alors notre rôle c'est d'attendre, et d'être disponibles quand ils le veulent. Et un jour, on ne sait pas pourquoi, ils approchent.

Ils ont tout compris : nos angoisses, notre mentir-vrai, notre invraisemblable fragilité :

* Entretien avec Eric Hispard, 5 janvier 1996.

Les malades alcooliques sont comme des enfants-bulles, qui ont cette absence de défenses immunitaires, qui sont petit à petit protégés dans une bulle, nécessaire, obligatoire mais emprisonnante. Et quand on a vu des sorties de bulle de ces enfants, eh bien il y a quelque chose tout à fait de ce qui est la difficulté de ne pas boire pour nos patients... Une sortie de bulle, c'est comme ça : c'est-à-dire très bien préparée, l'équipe soignante, les parents, et tout d'un coup l'enfant, évidemment, qui est dans un deuxième accouchement, va avoir ces réflexes épouvantables de retrouver la paroi de la bulle qui a été tout son univers. Rechute, réalcoolisation... Donc au fond l'alcoologue, ce serait un passeur, qui va permettre de vivre hors de cette bulle *.

Et voici qu'entre ces mains nous les alcooliques, qui avons si souvent oublié de grandir, nous qui plus que les autres nous sommes sentis mal aimés, abandonnés, trahis, nous pouvons nous remettre avec une confiance d'enfant. Face aux antimalades que nous sommes apparaît une race d'antimédecins. Qui, bien loin de vouloir augmenter leur clientèle, ne cherchent en aucun cas à retenir celui ou celle qui est venu les voir pour s'arrêter de boire :

Réfléchissez bien, dit le docteur Waghemacker : *vous ne venez me voir que si ma tête vous revient. Ça, c'est important. Parce que si vous avez l'impression que ça ne passe pas, que le contact ne passe pas parce que mon discours ne vous plaît pas ou ma manière d'aborder les choses ne vous convient pas, ne revenez pas.*

* Eric Hispard.

Qui, sachant les effets pervers des médicaments mélangés à l'alcool, refusent d'en donner à ceux qui n'ont pas encore posé le verre :

L'attitude la plus thérapeutique, paradoxalement pour un médecin, est ici de ne rien prescrire. Mais il est indispensable d'expliquer pourquoi il ne prescrit pas ce médicament miracle qui mettrait tout à l'extérieur du patient, et serait parfaitement inefficace *.

Qui se refusent à garder, et c'est ce qu'ils ont de mieux à faire, des malades alcooliques qui veulent se faire hospitaliser mais ne sont pas encore mûrs pour cela ; ainsi Pascale Sidoroff, psychologue dans un hôpital de la banlieue parisienne :

Je tiens beaucoup à permettre à la personne qui vient me voir de réfléchir à ce qui se passe au niveau de la demande et du désir de s'arrêter de boire. Pour moi, le premier acte thérapeutique, c'est de permettre au sujet de s'apercevoir que ce n'est pas son désir à lui.

Qui ont compris que la neutralité, fût-elle bienveillante, pouvait être désastreuse en renvoyant l'alcoolique à son sentiment de vide, et à une panique telle que seul l'alcool pourra momentanément l'en libérer. Et qu'adressée à une oreille attentive, à un médecin qui ne juge pas, la parole confiante reste le meilleur des outils thérapeutiques. Pour Isabelle Sokolow, « une maladie de la communication, c'est une maladie qui se soigne par la communication

* Jean-Claude Archambault, Annick Chabaud, *Alcoologie,* Paris, 1995, p. 105.

aussi. Si tout le monde reste muet, personne ne va guérir... »

Parfois, égaré trop loin du monde des vivants, trop profondément muré dans sa solitude, le malade du mal-boire aura désappris l'usage du langage ; ou même il ne l'aura jamais eu. Le thérapeute devra alors faire l'avance de la parole, « au sens quasi bancaire d'un capital producteur avancé » : j'aime cette image, qui me paraît si juste. « Les alcooliques, qui boivent pour ne pas parler (on ne parle pas la bouche pleine...), ont besoin de cette parole de l'autre *. »

De tous les livres témoins de cette nouvelle approche, le seul, à ma connaissance, qui ait pour auteur une infirmière est l'un de ceux que j'ai le plus lus et relus. « La toute-puissance du savoir médical », écrit Chantal Pellegri dans *Soigner le malade alcoolique* ** (le sous-titre précise : *Comprendre pour aider*), « notre arme et notre bouclier, tombe devant le malade alcoolique » ; et pourtant, c'est à travers lui que le soignant pourra trouver l'expression la plus haute de son métier : ne plus être le « soignant détenteur de la vérité et de la sagesse », « celui qui décide et qui agit », mais l' « aidant », celui qui permettra à l'alcoolique de laisser s'épanouir ses propres potentialités, « et d'utiliser ses propres ressources pour trouver, en lui-même et par lui-même, la porte de sortie de son labyrinthe ».

En parcourant à nouveau ce livre remarquable, de page en page, je ne savais plus trop si son auteur appartenait au corps médical ou aux Alcooliques Anonymes tant les termes employés étaient les mêmes, les valeurs de base identiques : l'attention positive inconditionnelle – « attitude

* *Saint-Cloud Alcoologie*, 26 novembre 1992, p. 9.
** Paris, 1994.

d'accueil total, sans a priori ni jugement aucun » ; l'empathie – « pouvoir pénétrer dans l'univers de la personne qui me fait face jusqu'à le voir " de l'intérieur ", c'est-à-dire de son point de vue à elle, sans pour autant me fondre dans cette personne » ; le respect – « me substituer au patient, que ce soit par autoritarisme ou par sollicitude, [...] ce n'est, jamais, l'aider à progresser vers son indépendance » ; ou l'espérance – « espérer en demain, espérer en quelqu'un, c'est offrir à l'avenir une chance d'exister, à la personne une chance de se réaliser »...

J'arrête là cette célébration, de peur qu'on ne m'accuse d'un angélisme d'autant plus déplacé que ces médecins compréhensifs sont loin d'être la majorité. Mais il me paraît essentiel de dire qu'il existe, avec le corps médical, un dialogue possible, et des lieux de compréhension et de partage. Pour ceux qui, enfermés dans l'alcool, n'en peuvent plus, pour ceux qui ne veulent pas entendre parler des groupes ou se sentent rassurés par la blouse blanche, le choix est vaste, et les compétences multiples. Même si l'on prend en compte la mystérieuse alchimie de la relation médecin/malade : tel praticien, miraculeux pour Jules, pourra très bien ne pas convenir à Jean. Dans ce cas, sans écouter la force d'inertie qui toujours nous guette, notre quasi-impossibilité de dire non tant nous avons peur d'être rejetés, il nous faudra prendre à deux mains notre peu de courage, et chercher auprès de quelqu'un d'autre aide et secours. Il en va de notre vie.

A qui parler de son problème d'alcool ?

Mais que faire, dira-t-on, lorsqu'on ne sait quel médecin aller voir ? Rien de plus simple : dans le monde entier, les AA sont un centre de renseignements extrêmement bien informé. Et vous pouvez être sans crainte : si vous n'avez besoin que d'un nom et d'une adresse, nous ne chercherons *pas* à vous attirer dans nos filets...

Le plus simple est, bien sûr, d'aller trouver son généraliste, pourvu que l'on ait le sentiment de pouvoir lui parler à cœur ouvert, et d'en être entendu ; c'est ce que j'avais fait. Je m'en souviens : en enchaînant sur le nombre – lui aussi abusif – de cigarettes que je m'autorisais chaque jour, dire l'excès d'alcool n'avait pas été trop difficile ; hélas, j'étais repartie avec la seule adresse d'un psychiatre, qui n'avait rien pu pour m'aider à boire moins. D'un médecin qui comprend notre problème, nous pouvons beaucoup attendre : des mots qui expliquent, qui libèrent, qui déculpabilisent – puisqu'il s'agit d'une maladie ; des informations sur les diverses solutions possibles ; des encouragements, nous en avons bien besoin. « Le premier entretien, écrit le professeur Archambault, est un acte thérapeutique majeur. Une fois cet alcoolisme admis, 80 % du chemin sera parcouru *... »

On peut aussi s'adresser au Centre d'hygiène alimentaire et d'alcoologie de sa ville, ou de son quartier. Les CHAA (prononcer « chat ») ont été inventés pour permettre au buveur à risque, quel que soit le stade de son alcoolisation, de parler sans bourse délier (les consultations sont gratuites), en toute confiance, et même, s'il le souhaite, anonymement de son problème d'alcool. Et, s'il le désire, de se soigner. Ces structures légères ont aujourd'hui fait leurs preuves – « On peut estimer qu'il y a entre 50 et 60 % de bons résultats, ce qui est plutôt satisfaisant eu

* J.-C. Archambault, Annick Chabaud, *op. cit.*, p. 105.

égard à la complexité de cette maladie * », selon le responsable du CHAA de Pontoise ; il en existe 225, un peu partout en France, installés aussi bien dans des appartements ou des maisons particulières (où l'accueil se fait plus discret) que dans des centres hospitaliers ou des dispensaires. Une équipe pluridisciplinaire – médecin, infirmière, psychologue, assistante sociale, diététicienne parfois – y accueille les buveurs à problèmes, après leur travail, le cas échéant : dans certains CHAA, on peut être reçu jusqu'à vingt-deux heures, et aussi le samedi matin.

Ceux qui se sentent plus à l'aise dans l'intimité d'un cabinet médical privé préféreront sans doute aller trouver un alcoologue. Là encore les techniques diffèrent : médicaments seuls pour les uns, médicaments et entretiens pour les autres, parfois même les médicaments sont complètement bannis. Les entretiens vont se poursuivre longtemps, le succès est à ce prix : le temps que « l'enfant-bulle » se découvre, se conforte, se construise, apprenne à connaître ses failles et à ne plus en avoir peur. Vivre sans alcool n'a en soi aucun sens, constate Philippe Waghemacker ; si l'on ne vit pas *heureux* sans alcool, la rechute est au bout du chemin. Mais l'on aurait tort d'aborder ces face-à-face l'angoisse au cœur ; les alcoologues le savent bien. Une fois franchie cette porte si redoutée, ceux qui ont fait faux bond lors des premiers rendez-vous viennent et reviennent sans crainte en un lieu où ils ont l'impression d'être protégés.

Et puis, bien sûr, on peut aller consulter à l'hôpital. Il est essentiel de savoir que lorsqu'on s'y décide, après de longues hésitations le plus

* *Le Bouillon*, France Inter, 9 janvier 1996.

souvent, on ne met pas le doigt dans un engrenage fatal. Selon Isabelle Sokolow :

Il faut que les malades alcooliques ne pensent pas que c'est parce qu'ils vont voir un médecin, ou qu'ils viennent en consultation, qu'ils vont être obligatoirement hospitalisés, qu'on va obligatoirement les empêcher de boire : ça, ça va être leur liberté. Le choix leur appartient, ça ne nous appartient pas à nous, médecins. Simplement, on va leur ouvrir des portes en tout cas sur l'abstinence. Je crois qu'il faut leur dire qu'il ne faut pas avoir peur : là ils vont trouver quelqu'un avec qui parler, et puis ça reste complètement secret.

Passé le cap de cette première consultation, d'autres rencontres, toujours dans le cadre hospitalier, avec un alcoologue, un psychiatre ou un psychologue, ouvriront parfois des horizons inattendus à l'alcoolique arrivé perdu dans sa souffrance. Pascale Sidoroff le dit bien :

Je tiens beaucoup à ce qu'il y ait du plaisir dans les entretiens. Et qu'on puisse rire, qu'on puisse être dans une espèce de connivence, comme ça, où finalement on n'est pas là non plus simplement pour presser là où ça fait mal. Moi c'est aussi ma façon de fonctionner, j'aime utiliser l'humour. Je trouve que c'est très important de pouvoir désamorcer les choses, et de pouvoir en rire.

Se soigner chez soi

Ces entretiens – qui, pour certains, déboucheront sur une véritable psychothérapie – pourront, le cas échéant, avoir lieu dans le cadre de ce que l'on appelle une cure ambulatoire, c'est-à-dire un traitement sans hospitalisation. Quelques médicaments, très peu – tranquillisants, vitamines B essentiellement –, permettront d'échapper à l'angoisse, au manque et aux phénomènes si désagréables que nous connaissons trop bien : tremblements, sueurs, irritabilité, insomnie... Et puis boire, boire, boire, cela ne nous changera guère, sauf que cette fois-ci ce sera de l'eau, du bouillon de légumes, du jus de fruits, voire du Coca-Cola : jusqu'à deux litres, deux litres et demi par jour, l'alcool déshydrate, on le sait. Parallèlement, pour que celui qui s'essaie à l'abstinence puisse rompre sa solitude, les entretiens individuels pourront être complétés, comme à l'hôpital de Saint-Cloud, par des réunions d'une heure, deux fois par semaine pendant trois semaines, animées par un médecin et un psychologue, et réservées aux seuls patients ayant choisi le sevrage à domicile.

Quand le buveur n'est pas trop mal en point, physiquement ou psychologiquement, quand il a chevillé au corps le désir d'arrêter de boire, quand l'entourage familial est là pour l'épauler, ce type de sevrage, de préférence avec arrêt de travail, se révèle une excellente solution. Mais lorsque tenter d'abandonner l'alcool tourne au supplice ou que l'existence de celui qui boit est devenue par trop invivable, une cure en milieu hospitalier sera peut-être préconisée. Elle n'aura rien de magique : s'il n'existe pas chez le patient un plein consentement, s'il n'a pas vraiment envie de quitter l'alcool, les parages des hôpitaux sont remplis de bistrots qui seront bien souvent l'objet de sa première visite ; et même à l'intérieur du service on peut toujours boire, comme

Cécile, l'eau de Cologne des copines (rusée comme une vraie alcoolo, elle cassait les flacons une fois vides, en prétendant les avoir laissé échapper pleins).

Se soigner à l'hôpital

J'ai vu nombre de mes camarades partir pour l'hôpital ou la clinique le cœur serré d'appréhension, sans savoir le moins du monde ce qui les attendait. Le mot de « cure », bien souvent, réveille des peurs profondes ; dans sa culpabilité, l'alcoolique imagine que tout traitement ne peut être qu'un « mauvais traitement », une sorte de souffrance expiatoire, à la mesure de ses méfaits. A la trappe, toutes ces vieilles idées ! C'est vrai : les cures vont toujours commencer par un sevrage complet d'alcool ; mais ce sevrage sera suivi de très près par un médecin, pour éviter tout incident et nous délivrer de notre angoisse : divine surprise, le manque n'apparaît pratiquement jamais... Déjà l'hospitalisation, par elle-même, sera facteur d'apaisement : coupés de notre milieu, de notre entourage, de nos préoccupations professionnelles – quand nous avons la chance d'avoir encore une profession –, nous laissons d'emblée à la porte une partie de nos tourments.

En fait, cette cure pourra prendre deux formes. Dans un service de gastro-entérologie ou de psychiatrie, un traitement que j'appellerai « mécaniste » ne comportera que des médicaments destinés à faire disparaître le besoin d'alcool et à remettre l'organisme sur pied. Quand l'urgence est là, que le malade alcoolique, noyé dans sa bouteille, ne peut plus fonctionner, l'utilité de cette parenthèse n'est pas négligeable ; il faut savoir, simplement, qu'elle ne résoudra rien. Le corps seul est libéré de son poison ; en sortant, peut-être ne pensera-t-on plus à l'alcool : l'alcool, lui, pensera toujours à vous. Premier souci, première joie, premier bistrot devant lequel on passe : toute occasion sera bonne pour que réapparaisse, fulgurante ou insidieuse – « maintenant que je suis guéri... » – l'envie de boire que l'on croyait évaporée.

> *Les treize cures de désintoxication en clinique, sur cinq ans, ne parvenaient, après quelques jours de sevrage, qu'à freiner la dégringolade physique. Mais très rapidement, l'obsession mentale et la bouteille reprenaient le dessus* *.

Et puis il y a les « vraies » cures, celles qui sont effectuées dans un service d'alcoologie et où – grande, immense différence – la totalité de la personne va être prise en compte. Ces quelques semaines seront peut-être la chance de notre vie, en représentant, pour celui qui boit,

> *une occasion précieuse et unique de prendre du recul, par rapport à son contexte familial, professionnel, social, recul qui va l'aider à faire son deuil du produit alcool, et lui permettre de commencer à réinvestir dans l'avenir* **.

A travers divers examens médicaux, un check-up complet sera établi ; abordés parfois dans un état d'esprit proche de la terreur, ces

* *Partage,* oct. 1994, p. 36, Ed. des Alcooliques Anonymes, Bruxelles.
** Chantal Pellegri, *op. cit.*, p. 105.

examens ne réservent pas que des mauvaises surprises. Il semble que les alcooliques, à titre de compensation je suppose, aient été dotés d'une résistance physique peu commune ; je n'ai pas oublié mon ami Gilles, grand ivrogne devant l'Eternel à qui l'on avait découvert, après vingt ans de libations extravagantes, « un foie de jeune fille »... Vitamines et tranquillisants, nécessaires au début de l'hospitalisation – qui dure d'une à cinq semaines, trois semaines le plus souvent, mais la tendance actuelle est à la diminution du temps de séjour –, seront ensuite abandonnés, ou éventuellement remplacés par d'autres médicaments qui viendront diminuer le besoin d'alcool. A Saint-Cloud, la cure est de dix-huit jours :

> *Elle ne doit pas être trop courte – pour que le malade ait le temps de se sevrer, de se sentir bien, d'apprendre un certain nombre d'informations qui lui seront données ici ; elle ne doit pas être trop longue parce que l'abstinence qui est maintenue à l'hôpital est pour ainsi dire une abstinence passive, qui est facile, artificielle dans la mesure où le patient est coupé de sa vie courante* *.

• Un traitement à facettes multiples

Souvent les premiers jours se passeront dans la chambre, sans sorties ni visites : ici, l'ennui a valeur thérapeutique, rien ne doit distraire de la nécessaire réflexion sur soi. Lorsque, dans un second temps, cet isolement prendra fin, la découverte de l'autre – l'autre malade, l'autre souffrant, l'autre semblable – sera pour ceux qui

* Méry Lienhart, alcoologue, *in* « Alcool, attention au dérapage », *Santé à la Une*, TF1, mars 1991.

ne connaissent pas les mouvements d'anciens buveurs un véritable événement ; on a pu parler d'une « psychothérapie de couloir » spontanée. Parallèlement, dans certains centres, le patient verra de façon régulière l'ensemble de l'équipe : psychiatres, médecins généralistes, infirmières, psychologues, assistantes sociales, pour des consultations où sera conçu un projet thérapeutique « à la carte ». « Le malade est l'agent de sa propre maladie, dit le docteur Craplet, mais aussi de son propre traitement : il y a tout un choix possible. » Choix qui toutefois se structurera autour d'un tronc commun, véritable stage d'alcoologie en quelque sorte. Des réunions d'information sur le produit alcool et la maladie alcoolique, ses complications, ses traitements, aborderont tous les domaines – médical, diététique, social, administratif ; des films même, dont le héros ou l'héroïne a un peu trop tendance à « prendre son lit en marche », comme on dit dans le Beaujolais, seront projetés et discutés ensemble. Information précieuse, indispensable : grâce à elle, l'alcoolisme pourra enfin passer du domaine de la possession maléfique à celui de la médecine, donc de l'objectivité et de la science. Celui, celle qui boit n'aura plus le sentiment d'être envahi par une force irrationnelle, non maîtrisable ; se découvrir tout banalement atteint d'une maladie connue, répertoriée, qui peut être soignée est un immense soulagement.

Et ce corps, ce pauvre corps que nous avons tant ignoré, tant malmené, va pouvoir, tout en douceur, réapprendre à exister, parfois même remonter le temps pour retrouver son âge véritable – chez les alcooliques chroniques, le tissu cérébral vieillit en accéléré : les atteintes cliniques et anatomiques dues au trop-boire sont identiques à celles qu'entraîne la sénescence, mais ce vieillissement-là est réversible. Relaxation, gymnastique, et même kinésithérapie – pour nous réconcilier avec notre image corporelle – seront mises à contribution. Prise de conscience du corps et relaxation contribueront à développer la confiance en soi, à faire s'effriter, petit à petit, la grande peur des alcooliques – peur de respirer à fond, peur de bouger, peur des émotions, mais aussi peur du plaisir, la plus difficile à faire disparaître. Cette rééducation physique un peu particulière viendra renforcer les bénéfices du sevrage (vous qui me lisez, imaginez-vous cette merveille : avoir des yeux qui ne voient plus double, des mains redevenues fidèles, sûres et efficaces, même si parfois leur maladresse est grande, des mains qui ne tremblent plus...) Parallèlement, de multiples activités – ce que l'on appelle l'ergothérapie – seront proposées pour chasser l'oisiveté, mauvaise conseillère, et surtout nous réhabituer à vivre et à travailler avec les autres.

• Transformer les maux en mots

Mais la première, la véritable singularité d'une unité d'alcoologie par rapport à d'autres services hospitaliers est ailleurs : dans l'importance primordiale accordée à la parole, comme sont primordiales l'attitude et la disponibilité, vis-à-vis du patient, des médecins et de toute l'équipe. Infirmières, aides-soignantes, femmes de ménage même y jouent un rôle irremplaçable, figures maternelles auxquelles l'alcoolique s'ouvrira plus volontiers peut-être qu'au « docteur », incarnation vaguement redoutable, quoi qu'il en ait, du pouvoir médical.

Pierre angulaire du traitement, la psychothérapie qui viendra conforter, puis relayer l'usage des médicaments pourra prendre toutes sortes de formes, collectives (comprenant des réunions avec des alcooliques rétablis) ou individuelles (entretiens réguliers avec un thérapeute, médecin ou psychologue). Dans certains centres, on aura recours au psychodrame, ou encore à l'analyse transactionnelle – basée sur une théorie de la personnalité toujours considérée en interaction avec le monde, où le psychisme fonctionne selon trois modes, ou trois états : état du moi Parent, état du moi Adulte, état du moi Enfant.

Chaque établissement, ou chaque service d'alcoologie, a son caractère propre, chaque praticien agit comme il l'entend ; mais tous se rejoignent, semble-t-il, autour du même postulat inouï : si un alcoolique n'arrive pas à arrêter de boire, l'équipe soignante y est peut-être pour quelque chose... La méthode de Gérard Vachonfrance, à Thun, illustre bien ce total renversement des rôles :

Quand ça ne va pas, on essaie de voir où ça cloche. Mes infirmières et moi-même on emploie une liste qu'on a empruntée à Rogers.

– Premièrement, il faut être digne de confiance ;

– Deuxièmement, il faut que je sois authentique ;

– Troisièmement, que je sois capable de chaleur et d'affection ;

– Quatrièmement, le patient doit être absolument libre de dire ce qu'il veut... Il est libre ;

– Cinquièmement, que le soignant soit libre. Qu'il ne raconte pas ce que le coup de téléphone de l'épouse ou de l'époux a dit, ou ce que le patron a dit. Deux êtres libres se rencontrent ;

– Sixièmement : pas de menace. Vous allez avoir une cirrhose si vous buvez, vous allez aller au groupe AA si – ça, c'est la suprême menace ;

– Septièmement, pas de jugement ;

– Huitièmement, l'empathie. C'est différent de la sympathie, parce que c'est avoir conscience de la conscience de l'autre ;

– Neuvièmement, avoir accepté les différentes facettes de la personnalité d'autrui. Il est noir, il est bleu, il est paranoïaque, il est grand, il est petit, il est jaune, il est je ne sais pas quoi. Je l'accepte tel qu'il est, je le respecte et vive la différence ;

– Et dixièmement enfin, pas d'étiquette. Les gens ne sont pas, ils deviennent, ils sont en constant devenir et il ne faudrait pas les barrer par une étiquette.

Alors quand on échoue dans la relation avec quelqu'un, c'est que l'équipe soignante n'obéit pas aux dix commandements. Alors elle se réunit et elle réfléchit pour savoir où ça pourrait avoir coincé.

Chez certains malades alcooliques très atteints, le temps de la cure, quel qu'il soit, ne sera pas suffisant pour se rétablir physiquement ou pour prendre assez de recul par rapport à l'alcool : il n'est pas évident, en quelques semaines, de tout remettre en question et de redonner une orientation fondamentalement différente à son existence. Ou bien ils sortiront trop fragiles encore pour faire face à une détresse sociale écrasante, à des problèmes personnels trop lourds. Un séjour dans un centre de postcure est alors souhaitable ; il pourra durer d'un à six mois.

Après la cure

De cette cure, de cette postcure le buveur sevré émergera tout neuf, mais souvent moins solide qu'il ne le croit, et le retour au monde extérieur risque de se révéler plein de périls. Corps et cœur légers, comment ne croirait-on pas le désir de boire à jamais disparu ? Pourtant les dures réalités de l'existence referont tôt surface, et l'omniprésence de l'alcool dans notre société ne sera pas facile à affronter. « C'est la réinsertion qui me pose des problèmes. Comme un ancien détenu », soupirait un alcoolique abstinent sur le point de quitter la clinique, de retrouver son travail et ses repas d'affaires. Certains hôpitaux ne nous abandonneront pas : après notre sortie, une infirmière et/ou une assistante sociale viendront régulièrement nous rendre visite ; et partout, pour tous, le téléphone est là, lien vital avec celui qui nous aura soigné et saura conseiller, orienter, rassurer ses patients en difficulté. Mais l'important, l'essentiel, sera de ne pas abandonner son médecin : « L'alcoolisme, disait le docteur Haas, est une maladie qui se soigne quand on va bien. » Le maintien d'une relation de soutien prolongée, attentive et suffisamment rassurante est toujours nécessaire, que ce soit avec un généraliste ou un spécialiste, alcoologue ou psychiatre. Il ne faut pas oublier que les rechutes font partie de l'évolution habituelle d'un alcoolique sorti de cure...

Pour soutenir une abstinence encore fragile, les médicaments peuvent apporter, dans certains cas, une aide réelle ; ainsi l'Espéral, dont le beau nom recouvre des réalités qui ne sont pas toujours enchanteresses : ce « flic chimique » réagit vigoureusement à la moindre incartade. Un comprimé doit être pris chaque matin ; si, ensuite, on absorbe de l'alcool, apparaissent des phénomènes tout à fait désagréables et très impressionnants – maux de tête, sensation de chaleur intense au niveau du visage et du cou qui deviennent rouge aubergine, parfois aussi palpitations, nausées, vomissements, brouillard devant les yeux... Personnellement, je n'ai jamais voulu en entendre parler : même au plus fort de ma détresse, je ne supportais pas l'idée d'une abstinence que j'aurais vécue comme imposée de l'extérieur ; mais je connais beaucoup d'alcooliques que ce médicament aura grandement aidés. « C'est un accroissement de liberté, dit le docteur Vachonfrance. Je prends mon Espéral, comme ça je serai libre. » De fait, toute la différence est là ; il ne s'agit *pas* d'un traitement déterminé par le médecin et passivement subi, mais d'un choix personnel quotidiennement affirmé : « Si j'ai pris mon Espéral le matin, c'est que moi, j'ai décidé d'arrêter de boire. »

Parfois, après l'arrêt de l'alcool, apparaîtront des manifestations curieuses – ainsi le besoin d'ingurgiter des quantités énormes de liquide : deux, trois, cinq litres d'eau par jour, généralement en bouteille, il faudra très longtemps pour revenir à l'eau du robinet –, et le recours inévitable à des compensations orales :

> *C'est par la bouche que rentrait l'alcool,* explique François Gonnet, *c'est par la bouche qu'il va faire entrer des choses pour pouvoir tenir pendant les premiers mois : café, bouffe, tabac (celui qui fumait un paquet par jour dans l'alcool en fumera deux dans la sobriété). Je n'ai jamais vu quelqu'un qui puisse arrêter les deux dépendances en même temps* *.

* « Alcool, attention au dérapage », *op. cit.*

Enfin, dans l'harmonie plus ou moins parfaite de l'abstinence retrouvée viendront peut-être se glisser quelques dissonances : mémoire défaillante, insomnies, dépression, troubles sexuels... Ceux-ci pourront persister – voire s'aggraver – plusieurs semaines, plusieurs mois parfois après l'arrêt de l'alcool, il vaut mieux le savoir : après une période plus ou moins longue d'éclipse du désir, « la sexualité, disent les sexologues, s'use si l'on ne s'en sert pas »... Il suffira de laisser du temps au temps, autre dicton dont les AA font grand usage, et ces dissonances disparaîtront, sans laisser de traces (mais la dépression, elle, devra être soignée).

Réinventer la vie

Toutefois, pour certains d'entre nous l'abandon de l'alcool, refuge et mode de vie, va faire surgir un problème d'une autre importance, quasi métaphysique et totalement concret : que faire d'une existence dont bien souvent, avant même de nous mettre à boire, nous ignorions le mode d'emploi ? Comment occuper tout ce temps qui nous est redonné, espace énorme, vertigineux ? Façon de fonctionner désolante, le « Je travaille, je bois, je dors » avait au moins le mérite d'éviter les questions essentielles. Et lorsqu'on n'est plus inséré...

Comment ne pas flipper ? Comment ne pas s'ennuyer, prodigieusement s'ennuyer ? Comment ne pas replonger ? L'urgence est absolue, il faut inventer, il faut pouvoir redonner à celui qui ne boit plus une dimension d'imagination et de rêve, quelque chose qui soit de l'ordre de la passion de vie, et non de la gestion de vie. A ces interrogations, la créativité, dans toutes sortes de domaines, peut apporter un début de réponse. Deux exemples parmi beaucoup d'autres, deux associations : La Cordée, à Montpellier, où des ateliers d'écriture réunissent médecins et alcooliques ; à Paris, l'Acerma, créée par les deux responsables de Cap 14, Eric Hispard et Véronique Thépot, qui propose, dans le cadre chaleureux d'une ancienne imprimerie, tout un éventail de possibilités – dessin, terre, écriture, chant, randonnées et aussi, à travers le théâtre, un terrain de jeu propice pour réinvestir ce corps jadis meurtri, pour se réapproprier, en douceur, en confiance, les émotions qu'on n'ose pas encore affronter dans la vraie vie. « Je sens une espèce de liberté qui se gagne là », dit Marie Maffre, qui anime cet atelier. « Il y a des moments magnifiques... »

Médecins et AA, partenaires efficaces

Et puis nous, les Alcooliques Anonymes, sommes là pour prendre le relais. Certains auront découvert notre existence à l'hôpital, où des membres AA viennent parler de leur expérience aux malades en cours de sevrage, où peuvent exister des groupes ou des antennes, où parfois les médecins nous traitent en soignants à part entière. Dès les années soixante, Gérard Vachonfrance, le premier, avait donné l'exemple :

J'étais jeune à l'époque, j'avais vingt-cinq ans, vingt-six ans, j'étais interne et je recevais des malades alcooliques dans mon dispensaire, je récitais ce que j'avais appris à l'université. A un moment donné, je n'étais pas satisfait du tout de mon travail, mais pas du tout ; alors je suis allé dans la salle d'attente et puis j'ai piqué un AA qui était guéri, enfin, stabilisé, et je lui ai dit : Vous voulez pas venir m'aider ? Et on a consulté à deux. On a discuté, le malade et puis deux toubibs, deux soignants, et puis et puis et puis ça a complètement modifié beaucoup de choses.

Dans cette brèche ouverte, d'autres se sont depuis engouffrés. Aujourd'hui, au service d'alcoologie de l'hôpital de Saint-Cloud, lors de la toute première consultation avec un malade alcoolique, il y a toujours un malade rétabli, souvent un AA, qui vient parler de son expérience.

Ne rêvons pas : le manque d'information dans les hôpitaux généraux reste encore dramatique – un homme sur trois, en moyenne, y séjourne pour des problèmes liés à l'alcool et la plupart en ressortent sans avoir *rien* appris de la maladie alcoolique –, mais l'utilité des groupes commence à être reconnue, et pas seulement chez les malades, d'ailleurs :

> *Tout soignant, s'intéressant aux malades alcoolodépendants, devrait participer de temps en temps... à des réunions d'anciens buveurs, car ces expériences sont, professionnellement et humainement, extrêmement enrichissantes,*

écrit Bernard Rueff dans son *Alcoologie clinique* *. Dans certaines facultés, les mouvements d'anciens buveurs interviennent aujourd'hui au niveau même de l'enseignement : ainsi, à Lille, en

* Paris, 1989, p. 119.

cinquième année de médecine, une fois par an au moins, le professeur cède la place à Alcooliques Anonymes, Croix Bleue, Vie libre, etc., qui viennent pendant une heure ou deux expliquer aux étudiants leur conception toute personnelle de l'alcoologie.

Hors de l'hôpital aussi, lentement mais sûrement, le nombre augmente des médecins qui suggèrent à leurs patients de téléphoner à des associations d'alcooliques rétablis, ou à des membres AA particulièrement disponibles. Il y a une dizaine d'années déjà, Francis était allé consulter un neuropsychiatre :

> *« Je vais vous faire deux ordonnances. » Sur l'une, il écrivit les différents médicaments que je devais prendre, et sur une seconde, un simple numéro de téléphone. « Voilà, me dit-il, le numéro des Alcooliques Anonymes ; contactez-les dès que possible* *. »

Cette existence que les malades rétablis ne savent par quel bout prendre, nous allons, nous aussi, essayer de lui proposer un sens. Mis au point par trois générations de « buveurs repentis », nos outils pourront apporter une aide efficace à cette restructuration en profondeur dont parle si bien le docteur François Gonnet. Lorsque l'alcoolique, dit-il, aura appris à mieux se connaître, à jouer de toutes les cordes de son instrument – « la corde du travail et celle de la famille, certes, mais aussi celle de la sexualité, de l'art, du corps en mouvement, du monde enfantin, et du jeu que nous avons en nous, de la spiritualité » –, à s'aimer enfin, on pourra dire qu'il

* *Partage*, août 1987, p. 9, Ed. des Alcooliques Anonymes, Bruxelles.

est désormais dans la *phase hors alcool*. Totalement délivré du besoin de boire,

il est surtout devenu totalement, authentiquement lui, *ayant même dépassé ce qu'il aurait été s'il n'avait pas eu le problème avec l'alcool (aucun malade, à ce stade, ne regrette d'être passé par cette vallée de larmes).*

L'intérêt du malade se situe maintenant du côté de la vie, certains malades étant capables de devenir ivres de vie comme ils le furent autrefois d'alcool.

Et cette ivresse entraîne les autres *.

* *Le Bulletin*, p. 20.

JUSTE POUR AUJOURD'HUI, J'AI DÉCIDÉ D'ÊTRE HEUREUX

« Car c'est une absolue perfection, et comme divine, que de savoir jouir loyalement de son être. »

MONTAIGNE
Essais

« Alcooliques Anonymes » : un nom qui annonce la couleur avec tant d'évidence peut susciter quelque incompréhension. Lorsque l'envie de boire ne vous taraude plus, ont-ils encore leur raison d'être ? C'est une question qu'on m'a souvent posée. Fréquenter nos réunions pour arrêter l'alcool, on le comprend ; persévérer un certain temps pour fortifier une abstinence encore peu solide, pourquoi pas ; mais dix ans, quinze ans, vingt ans après avoir posé le verre ? Signe de fragilité – ou marque d'exigence ?

La fragilité n'a pas totalement disparu. C'est vrai que le besoin d'alcool s'est depuis belle lurette perdu dans les sables ; j'aime choisir le vin que j'offre à mes amis, je continue, et continuerai, j'espère, longtemps à considérer « une bonne bouteille comme un bon livre : un élément de culture destiné à procurer du plaisir * ». (« Dans une prochaine vie, je serai sommelier », ai-je dit un jour à mon mari ébaubi. Ce n'était qu'une demi-boutade...) L'idée de boire pour oublier évoque instantanément des souvenirs abominables ; lorsqu'il m'arrive de faire la fête, champagne ou whisky n'éveillent pas l'ombre d'une tentation ; non, ma faille à moi, ce serait plutôt les fonds de verre, ceux qui restent sur la table lorsque les invités s'en vont. Je ne suis pas tout à fait sûre que si je ne répétais pas « Anne, alcoolique » chaque semaine depuis des années, je serais capable de leur résister. Les automatismes ont la vie dure, c'est connu, et peuvent vous jouer de très mauvais tours alors qu'on les croyait envolés depuis longtemps.

AA, école de vie

Mais de cette seule fragilité j'aurais pu m'accommoder ; peut-être, livrée à moi-même, aurais-je dû seulement me faire plus attentive aux signes minuscules avant-coureurs du désastre. Non, dans mes liens avec AA la nécessité intérieure pèse d'un autre poids : lorsque la mer de l'alcool se retire, on voit apparaître à l'air libre de bien étranges épaves. Au cœur de la maladie alcoolique, si l'élément physique est fondamental – ne devient pas alcoolique qui veut –, tout s'articule quand même autour du manque, de la faille, de la blessure ; le fait qu'on ne boive plus ne la referme pas. C'est pourquoi, dans les Douze Etapes, le mot « alcool » n'appa-

* Très joli article de Daniel Rocher sur le pétrus devenu inabordable – 2 000 francs la bouteille pour 1982 : « Adieu pétrus », *Libération*, 23 octobre 1997.

raît qu'une seule fois, à la première ligne. Ensuite, cet alcool étant reconnu pour ce qu'il est : un produit générateur de dépendance *et* le signe d'un mal-être plus profond, les AA vont pouvoir devenir une formidable école de vie. Que chacun, chacune choisira de fréquenter le temps qu'il lui plaira, le temps qu'il lui faudra pour se reconstruire, se construire parfois. En se servant, chacun à sa façon, de cet étonnant programme à double face, aussi efficace pour faire barrage à l'urgence absolue du verre que pour lentement, patiemment, accéder à cette paix qui est en nous, même si nous ne le savons pas encore.

> *La technique du Programme [...] consiste dans la pénétration progressive, lente, infinie dans le temps, à l'intérieur de mots ou d'expressions dont on pensait, jusqu'à l'instant d'avant, que l'on en connaissait la signification pleine. Prise de conscience incessante, et ses degrés donnent au sujet la sensation illusoire d'avoir atteint le palier définitif : mais le sujet sourit plus tard d'une telle candeur lorsqu'il se retrouve sur un palier plus élevé* *.

Beaucoup, en chemin, prendront conscience de l'aide énorme – force et plaisir mêlés – qu'ils peuvent trouver dans notre mouvement pour vivre leur vie quotidienne, même lorsque s'est éloignée l'active menace de l'alcool ; une formation permanente continue, en quelque sorte, qui s'enracine dans le désir d'aller toujours mieux et toujours plus loin. Notre identité d'alcoolique, c'est un alcoologue qui parle, nous donne « le devoir mais aussi l'avantage de travailler

* Carlo Coccioli, *Hommes en fuite*, p. 34.

constamment sur nous-même » : « Ainsi, écrivait Grégoire de Nysse, celui qui monte ne s'arrête jamais, allant de commencement en commencement par des commencements qui n'ont jamais de fin. »

Cette formation permanente, je l'ai vue à l'œuvre : l'introspection, sans laquelle nous ne saurions progresser, affine l'esprit, élargit l'horizon, permet une meilleure prise en compte du réel. Une certaine image des AA voudrait qu'ils ne comportent que des bourgeois ; rien n'est plus faux ; des hommes et des femmes de classes sociales très différentes y apprennent à parler, à penser, avec une intelligence et une subtilité peu communes. « Je suis professeur, avait dit un visiteur de passage à l'un des nôtres qui venait d'intervenir, mentionnant au passage qu'il n'avait pas son certificat d'études, et je voudrais bien que mes étudiants sachent s'exprimer aussi bien que vous. »

Apprendre à être heureux

Laisse-toi porter, dit-on à celui qui vient pour la première fois. Laisse-toi porter – porter comme par un fleuve, comme par les bras d'une mère aimante. Aie confiance. Confiance : beau mot, tant oublié. Confiance dans les autres, d'abord, salvateurs, ces autres si semblables et en même temps tellement différents, puisque eux, ils ont arrêté de boire. Confiance en quelque chose qui nous dépasse et que nous ne nommons pas encore. Confiance en nous, ensuite, petit à petit. Qui amène au moment où le nouveau venu, remplumé, conforté, aura envie d'autre chose que d'être porté : de reprendre en main sa propre existence. J'avais été très frappée par l'histoire que raconte Arnaud Desjardins dans *Pour une vie réussie* : lorsque, avant de quitter l'ashram où il avait passé quelques mois auprès d'un grand sage hindou, il était allé demander au Maître une parole de vie qui lui serve de viatique pour les années à venir, le swami l'avait simplement regardé en souriant et lui avait dit : « *Be happy*, Arnaud » – « Sois heureux, Arnaud. » Terribles et magnifiques paroles : ne définissent-elles pas le plus haut, le plus exigeant des objectifs si l'on envisage le vrai bonheur, celui qui ne dépend ni d'autrui ni des biens extérieurs mais de la paix de l'âme ? Et parmi les slogans qui tapissaient la salle de ma première réunion et m'avaient presque tous fait frémir par leur moralisme simpliste et péremptoire, un, quand même, m'était allé droit au cœur : « Juste pour aujourd'hui, j'ai décidé d'être heureux. »

Be happy, Arnaud... Mais comment faire ? Par quoi commencer ? Peut-être, d'abord, par se demander : qui suis-je ? « J'étais comme les morceaux d'un puzzle dans un sac quand je suis arrivé ici », dit Jean-Louis. Qui est ce « je » qui voudrait être heureux ? Bien souvent, chez celui, celle qui arrive, la réponse n'est que : l'image qu'on a de moi. L'image que j'ai de moi. Ou plutôt : je suis cette tension désespérée entre l'image, honorable, que je voudrais donner de moi-même et celle, lamentable, que je donne de moi, que j'ai de moi. Se regarder en face est l'une des choses que le buveur excessif *ne peut pas* faire : il lui faudra tout réapprendre, tout apprendre parfois. Heureusement que pour ce travail de longue haleine les Alcooliques Anonymes, toujours réalistes, ont balisé la route en douze étapes, mot qui suggère en même temps l'effort à accomplir et le repos... Certains se plongeront corps et âme dans le Programme ; d'autres y mettront moins d'acharnement, ils n'auront pas forcément tort : « Bienheureux les paresseux car ils trouveront leurs raccourcis », disait le père Ed Dowling, l'un de nos premiers supporters non alcooliques.

Se connaître, non se juger

Renversement total : là où pendant des années nous avions cherché en dehors de nous, dans l'alcool, ce qui nous permettait de survivre, il nous sera suggéré de trouver en nous-même une solution à notre difficulté d'être. Un des premiers pas sera sans doute d'accepter de faire face à nos émotions, si violentes souvent que nous devions à tout prix les étouffer pour ne pas être submergés par elles. Cette peur qui toujours m'habite, peur des autres et peut-être plus encore peur de ce que je suis, je peux tenter de l'apprivoiser, de mettre un peu de distance entre elle et moi ; et surtout, au lieu de la refuser, de faire comme si elle n'existait pas, essayer de l'accueillir : « Bonjour, peur, ma vieille copine ! De quoi es-tu peur aujourd'hui ? Et si tu es peur de moi-même, montre-moi ton vrai visage, que j'essaie de te comprendre. »

Depuis toujours j'aime glaner un peu partout des textes qui éclairent la démarche AA et montrent combien elle dépasse le strict problème de la dépendance alcoolique. Les maîtres bouddhistes actuels ont beaucoup parlé de cette relation avec les émotions ; un exemple, parmi tant d'autres, des nombreux points de convergence entre le chemin du Bouddha et celui des Alcooliques Anonymes. (Mais comment s'étonner de ces rapprochements si l'on sait que, pour le bouddhisme, la soif est à l'origine de tous nos maux ?)

Etant en colère, notre vrai moi est la colère. L'étouffer ou la chasser revient à réprimer ou chasser notre moi. Etant joyeux, nous sommes la joie. Etant en colère, nous sommes la colère. Lorsqu'elle naît en nous, nous pouvons prendre conscience qu'elle est une énergie et l'accepter pour la transformer en une énergie autre *.

Quand on a moins peur, on peut essayer de savoir qui on est. Ou, peut-être : pour avoir moins peur, il faut essayer de savoir qui on est. Là encore les AA n'ont rien inventé mais seulement reformulé, avec leurs mots à eux, une idée-force vieille comme le monde, ou presque : « Connais-toi toi-même », disait l'inscription du temple de Delphes cent fois reprise par Socrate. Chez nous toutefois, il ne s'agira pas d'une démarche philosophique ni de cet examen de conscience qui a laissé à tant d'enfants devenus grands de si mauvais souvenirs mais, c'est le pragmatisme américain qui parle, d'un inventaire : cet « inventaire moral minutieux de nous-même » auquel nous invite la Quatrième Etape **. L'actif, le passif ; qu'y a-t-il de bien en moi, qu'y a-t-il qui ne va pas ? Voir où le bât blesse, où est le grain de sable qui grippe

* Thich Nath Hanh, *La Sérénité de l'instant*, Paris, 1995, p. 65.

** Le texte complet des Douze Etapes figure pp. 130-131.

l'engrenage. Voir aussi, c'est souvent le plus difficile, ses propres qualités, sortir de cette image de soi uniformément noire, de cette façon désolante de reprendre à son compte le jugement négatif d'autrui en l'alourdissant encore.

> *J'avais une peur mortelle de la Quatrième Etape, mais mon parrain m'a aidé à déterminer une certaine marche à suivre. Une des tâches les plus importantes consistait à examiner toutes mes qualités. Nous sommes nombreux à trouver ridicule le fait même d'essayer d'en trouver ne serait-ce qu'*une seule *.

Ce n'est pas une étape de flagellation; si notre Programme fait référence à Dieu tel que chacun le conçoit, la notion de péché en est fort heureusement absente. Il ne s'agit pas non plus d'un jugement moral, juste d'une constatation : « de mon fait, non de ma faute », dit une expression que j'aime bien. Nous sommes incités à ne plus écarter ce qui gêne, ce qui dérange, mais à essayer au contraire de le mettre en pleine clarté pour éviter de retomber toujours dans les mêmes ornières, de s'engluer dans les mêmes marécages – ma vie d'alcoolique pratiquante, tous ces verres qui se sont enchaînés les uns aux autres ne m'ont que trop appris combien l'instinct de répétition était lié à la mort.

Ces défauts que je détestais, que je déteste encore en moi, pourquoi ne pas apprendre à les considérer d'un œil moins impitoyable : ne m'ont-ils pas rendu service à un moment ou à

* *Dans tous les domaines de notre vie*, p. 133. © 1990 par Al-Anon Family Group Headquarters, Inc. Reproduit avec l'autorisation des Al-Anon Family Group Headquarters, Inc.

un autre de mon existence ? N'ont-ils pas été, souvent, des comportements de survie, avant de s'installer à demeure et de ne plus me servir à rien ? Et que dire de la frontière parfois si ténue qui sépare la persévérance de l'entêtement, la compréhension du laxisme ? J'essayerai de garder aussi en mémoire l'idée réconfortante que tout peut être transformé, même si je ne sais pas encore comment :

[L'individu] peut bien être un ivrogne invétéré ou un homme emporté et violent d'habitude, c'est ce caractère qui est sa possibilité, son potentiel vivant... Il faut le prendre et le comprendre pleinement tel qu'il est, l'accepter et le respecter de façon que le côté énergétique, cet aspect dynamique de la violence, puisse être amené à servir comme facteur énergique de la vie spirituelle *.

De même, lorsque la Cinquième Etape parlera d'admettre « la nature exacte de nos torts », on ne saurait donner à ces mots une connotation strictement morale. Les torts sont tout simplement ce qui est négatif en soi, générateur de conflit et d'angoisse :

Admettre ses torts, c'est éviter le piège de « la faute de l'autre » [...] qui permet d'éluder ses propres faiblesses alors qu'une faiblesse bien comprise et bien acceptée permet d'évoluer et de progresser **.

* Chögyam Trungpa, *Méditation et action*, Paris, 1981, pp. 42-43.

** Dr Ph. Bremaud, *Réflexion sur la technique psychothérapeutique des Alcooliques Anonymes*, Paris, 1988, p. 61.

« Suis ton propre chemin, tout le reste est égarement », disent les *Dialogues avec l'Ange.* Sur le lent chemin du Programme, chacun avancera comme il pourra en essayant de ne pas oublier, lors des moments difficiles, que chaque pas rapproche du but, même s'il ressemble à une régression. Et, surtout, chacun vivra les Etapes à sa manière. Il est ainsi de multiples façons de reconnaître ses torts et de faire amende honorable auprès des personnes que nous avons lésées, comme le suggère la Neuvième Etape. Certains ne se sentiront apaisés que lorsqu'ils auront dit, avec des mots, combien ils regrettent la façon dont ils se sont conduits ; pour d'autres, la meilleure façon de « réparer leurs torts » sera de changer d'attitude, de se montrer plus ouverts et plus aimants. On peut aussi ne pas faire dans le détail :

Un jour, j'ai fait amende honorable à quarante personnes d'un coup. C'était ma famille. Ceux-là, je leur avais tout fait, absolument tout. Je leur avais emprunté de l'argent que je ne leur avais pas rendu, je les avais volés... C'était à un enterrement. J'ai profité de ce qu'ils étaient affaiblis par le chagrin pour leur dire : Partez pas tout de suite, j'en ai pour deux minutes, pendant que vous pleurez, je vais vous raconter quelque chose. Voilà, j'ai picolé, etc. L'affaire a été réglée.

Le droit d'être soi

La cuirasse forgée au fil des ans pour se protéger et se tenir debout va peu à peu disparaître, tandis que se construit la colonne vertébrale que nul ne pourra vous enlever. Et l'on s'étonnera bientôt de découvrir que, pour la première fois depuis toujours, on peut enfin s'autoriser à être soi.

On peut être tel qu'on est, pour ainsi dire. A partir de ce moment, on découvre un espace naturel de liberté. On peut se détendre. On peut se traiter mieux, se faire davantage confiance, se sentir bien dans sa peau *.

Etre soi, quelle merveille ! Soi avec ses limites, ses manques, ses défauts, parfois si encombrants ; soi avec son angoisse, son désespoir – mais soi ! Qu'on ne voie pas ici la marque d'un narcissisme délirant, ou d'un ego exacerbé : il s'agit, je crois, de tout autre chose. De ce droit à l'existence que l'on s'était si souvent refusé, ou que l'on ne s'était accordé que constamment modelé sur le désir de l'autre. Quelle formidable libération de comprendre que l'existence est un don – on dit bien « donner la vie », non ? – qui n'a pas à chercher perpétuellement sa justification, que tout ce qui nous est demandé est d'être nous : fleur si nous sommes nés pour être fleur, chêne si nous devons être chêne, ou petit buisson de rien du tout au bord d'une route de campagne. Et lorsque enfin nous aurons abandonné nos impossibles exigences, peut-être parviendrons-nous à éprouver un peu de compassion envers nous-même ?

Parce que je comprends jusqu'à quel point il est essentiel, pour continuer à grandir, d'avoir de la compassion pour moi-même, je

* Chögyam Trungpa, *L'Entraînement de l'esprit*, Paris, 1998, pp. 44-45.

demande d'avoir la capacité de me parler avec douceur au lieu de me rejeter *.

« Les gens sont comme ça »

Lorsque les contours sont moins flous, lorsqu'on se sent plus assuré dans son être, lorsqu'on a acquis un peu d'indulgence vis-à-vis de soi peut réapparaître, au détour du chemin, l'existence de l'Autre, cet Autre auquel nous avions accordé tant de pouvoir sur nous. Peu à peu, nous parvenons à réintégrer cette communauté des hommes dont nous nous étions bien souvent sentis exclus. Une plus grande acceptation de soi, avec ses zones d'ombre et de lumière, le noir et le blanc, mais surtout l'infinie variété des gris permet d'éviter les généralisations hâtives lorsqu'il s'agit d'autrui. Pourquoi dirais-je de Pierre, Paul ou Jacques qu'il est un lâche alors que je sais bien qu'à certains moments je suis moi-même vraiment courageuse et à d'autres d'une lâcheté insigne ? « Il vient de dire un mensonge » n'est pas du tout la même chose que « c'est un menteur ». Etant moins vulnérables, nous devenons de plus en plus capables de distinguer les actes d'une personne de sa véritable identité.

Finalement, nous commençons à voir que bien des gens, y compris nous-mêmes, sont jusqu'à un certain point émotionnellement malades et tout aussi fréquemment dans

* Emotifs Anonymes, *Aujourd'hui seulement*, Montréal, 1992, 10 mars.

*l'erreur; c'est alors que nous approchons de la véritable tolérance *...*

J'ai eu le sentiment de franchir un grand pas le jour où j'ai compris, vraiment, que celui qui fait souffrir est toujours un être qui souffre : quelqu'un qui fait mal est quelqu'un qui va mal. Parfois il le cache bien – mais là, nous n'avons qu'à regarder notre miroir, nous autres alcooliques : certains d'entre nous sont champions en la matière, et j'ai personnellement le souvenir d'avoir assez bien trompé mon monde. Il peut exister aussi une souffrance si terrible que celui qu'elle habite n'en a pas conscience, comme s'il était tétanisé par une douleur trop grande pour qu'il puisse même en soupçonner l'existence. Je me souviens d'avoir vu arriver en AA une jeune femme dans un état d'angoisse et de malheur presque insoutenable pour ceux qui l'accueillaient; plus tard elle devait me dire, et elle était sincère : « Mais non, je n'ai pas souffert dans l'alcool, je suis venue parce que je ne supportais plus de m'abîmer physiquement... »

Mauvaise foi, colère, violence deviennent cent fois plus supportables lorsqu'on décode la souffrance par laquelle elles sont agies. « Les gens sont comme ça », disait le dalaï-lama à qui on relatait je ne sais quelle abomination, exaction, trahison commise par je ne sais qui. Eh oui, les gens sont comme ça. Et l'agressivité, cette agressivité qui m'a toujours fait si peur, quel soulagement de reconnaître enfin que, le plus souvent, elle n'est pas dirigée contre une personne particulière mais éclate comme un geyser et retombe indistinctement sur tous ceux

* *Douze Etapes et Douze Traditions,* 1952, pp. 141-142, reproduit avec autorisation.

qui passent à proximité – femme, enfant, collègue de travail...

Comprendre peut aider à mettre la bonne distance :

Quand vous plantez une laitue et qu'elle pousse mal, vous ne faites pas de reproches à la laitue. Vous cherchez les raisons qui font qu'elle ne pousse pas bien... Vous ne faites pas de reproches à la laitue. Il n'empêche que quand nous avons des problèmes avec nos amis ou notre famille, nous leur en faisons. Si nous savons comment nous occuper d'eux, ils grandiront bien, comme la laitue... Pas de reproches, pas de raisonnements, pas d'arguments, simplement de la compréhension. Si vous comprenez et montrez que vous comprenez, vous pouvez aimer, et la situation changera *.

L'acceptation des autres tels qu'ils sont : un des premiers signes de ce retour au réel qui est, pour moi, l'un des traits les plus frappants des Alcooliques Anonymes. Celui qui boit trop est souvent par nature un grand rêveur : je me souviens encore, avec quelle précision, du moment fulgurant où j'avais pris conscience de l'importance du rêve dans ma vie; j'allais au lycée, et l'alcool était encore bien loin de montrer le bout de son vilain museau. De verre en verre, cette tendance s'accentue : le réel fait peur, fait mal, fait problème. Et voici qu'à chaque instant, aux AA, on nous suggère de prendre enfin conscience du monde qui nous entoure. Ceux qui ont accusé nos groupes d'être un endroit où l'on se rêvait plutôt que de se

* Thich Nath Hanh, *op. cit.*, p. 82.

construire n'ont pas dû venir nous voir très souvent; ou peut-être n'ont-ils écouté que ce qu'ils voulaient entendre. Chaque fois ou presque que je vais en réunion, je suis frappée, chez les uns et les autres, par un constant retour à la réalité, par l'incessante volonté de se servir au niveau le plus quotidien des outils qu'AA nous propose. Notre Programme est un programme d'action, je l'ai lu, entendu mille fois; qui donc a dit, c'est une des phrases de mon enfance : « Il faut suivre sa pente, mais en la remontant » ?

Je suis responsable

Agir, mais pas n'importe comment; agir sur les choses – mais pas n'importe lesquelles : « Donnez-moi [...] le courage de changer les choses que je peux », dit la prière qui clôt habituellement nos réunions; mais ce n'est que la deuxième phrase; vient en premier : « Donnez-moi la sérénité d'accepter les choses que je ne peux changer. » Apprendre à lâcher prise, sur soi et sur le monde... Ce qui ne veut pas dire ne pas agir, éternelle tentation, mais agir différemment : la paresse dans des domaines importants peut être masquée par un activisme frénétique dans des domaines mineurs. Cette difficile acceptation que nous avons faite de notre alcoolisme, il nous faudra la transposer à tout ce qui, dans la vie, nous échappe. Il nous faudra aussi apprendre que l'on peut agir sur les choses, jamais sur les gens; que la seule personne sur laquelle nous avons quelque pouvoir, c'est nous. En 1942, alors que les persécutions contre les juifs s'intensifiaient à Amsterdam, Etty Hillesum écrivait dans son journal :

La saloperie des autres est aussi en nous. Et je ne vois pas d'autre solution, vraiment aucune autre solution que de rentrer en soi-même et d'extirper de son âme toute cette pourriture. Je ne crois plus que nous puissions corriger quoi que ce soit dans le monde extérieur, que nous n'ayons d'abord corrigé en nous. L'unique leçon de cette guerre est de nous avoir appris à chercher en nous-mêmes et pas ailleurs *.

Alors seulement pourra réapparaître, timide d'abord, puis plus assurée, la notion de responsabilité. Retournement spectaculaire : jusque-là, seule la culpabilité avait droit de cité. Il y aurait beaucoup à dire sur cette notion de culpabilité qui me paraît étroitement liée au sentiment de *subir* sa vie ; pour se sentir responsable, il faut avoir un minimum de prise sur le monde. Mais quel inestimable cadeau, que de récupérer le gouvernement de sa propre existence ! De ne plus me dire que toutes mes angoisses sont la faute de mes parents, de mon patron, des circonstances extérieures, mais que peut-être j'y suis pour quelque chose, et que donc, pour m'en libérer, il y a quelque chose à faire !

Le mal vient de moi, il ne vient pas des autres. Pour moi, savoir que le mal vient de moi, ça a été une découverte grandiose.

Vous êtes responsable de tout, dit sans ambages le maître tibétain Chögyam Trungpa. De ce que vous dites, de ce que vous faites, mais aussi du tremblement de terre qui dévaste votre maison, du banquier qui disparaît avec vos

* *Une vie bouleversée,* Paris, 1985, p. 102.

économies et vous met sur la paille. Face aux faits eux-mêmes, vous êtes impuissant, mais vous avez tout pouvoir sur la façon dont vous les regardez. Ces affirmations catégoriques me donnent un sentiment de liberté extraordinaire. Je ne dirai pas qu'il est toujours facile de les mettre en œuvre : on n'est pas forcément prêt à se donner du mal pour se faire du bien, et dans certains moments de fureur ou de désolation ce serait délicieux d'avoir un bouc émissaire. Si je veux dénicher ma part de responsabilité, il faut parfois aller fouiller dans des coins restés très douloureux, et je renâcle devant des découvertes auxquelles je n'ai pas du tout envie d'être confrontée. Mais lorsque je parviens à trouver ce courage, comme je me sens légère – après !

Réinventer la morale

Pour arriver à porter sur le monde un autre regard, il nous faudra beaucoup inventer, et beaucoup désapprendre. Désapprendre les vieilles idées, les interdits ou les impératifs que beaucoup d'entre nous avaient sucés avec le lait maternel, ces leçons ressassées que nous avions plus ou moins bien mises en pratique sans les faire jamais complètement nôtres; et à leur place, lentement, oh lentement, inventer une autre morale. Il ne s'agit plus de se conformer à quelque chose d'extérieur à soi, de céder à ce flic intériorisé que l'alcoolique porte si souvent en lui mais d'être en accord avec ses propres exigences :

Etre à l'écoute de ce qui monte de soi. Nos actes ne sont souvent qu'imitation, devoir sup-

*posé ou représentations erronées de ce que doit être un être humain. Or la seule vraie certitude touchant notre vie et nos actes ne peut venir que de sources qui jaillissent au fond de nous-mêmes *...*

Certains mots, honorables pourtant, vont passer à la trappe : sens du devoir, dévouement, abnégation... Non, cela ne veut pas dire que nous allons camper sur le roc de notre égoïsme, mais que nous allons essayer de remplacer ces obligations apprises par l'élan du cœur – « Aie un cœur et tu seras sauvé », disait l'un des premiers Pères de l'Eglise –, de percevoir les choses en termes de partage et non plus de don plus ou moins contraint. En somme, après la redécouverte de soi, l'apprentissage de l'amour.

Cela prend longtemps d'abattre nos clôtures. Le premier pas consiste à apprendre à s'aimer soi-même, à entrer en amitié avec soi-même, à cesser de se torturer. Et la seconde étape consiste à communiquer avec les autres, à établir une relation et à les aider graduellement. Cela prend longtemps et cela exige un long processus de patience disciplinée **.

Et c'est là qu'apparaît ce qui est pour moi l'une des caractéristiques principales des Alcooliques Anonymes : ce mouvement de balancier entre la recherche d'une meilleure connaissance de soi et une plus grande ouverture, un plus grand don de soi aux autres. D'autres diraient : l'alliance de la sagesse et de la compassion.

* *Ibid.*, p. 90.
** Chögyam Trungpa, *Le Mythe de la liberté et la Voie de la méditation*, Paris, 1979, p. 101.

Une des premières constatations du changement initial dans la personnalité de l'alcoolique en voie de rétablissement se manifeste par la disponibilité lente, hésitante, craintive mais persistante de lui-même envers les autres. Les alcooliques sont reconnus pour être les plus grands « quémandeurs » du monde. « Donne-moi une chance... donne-moi l'occasion... donne-moi le temps... donne-moi de l'attention... donne-moi de l'amour. » Dans AA, ces mêmes quémandeurs en viennent à être considérés comme étant ceux qui donnent le plus et, chose surprenante, quelques-uns d'entre eux apprennent même à ne rien vouloir en retour *.

Tout cela ne se fera pas sans effort; mais à ces êtres de l'excès que sont les alcooliques – pas seulement en matière de boissons alcoolisées –, le Programme AA viendra apprendre la mesure. « Il faut s'entraîner à la compassion, dit Jigmé Khyentsé; sinon, on donne son lit et on se retrouve furieux parce qu'on doit coucher par terre. » Ne pas trop exiger de soi, ne pas mettre la barre trop haut, ne pas oublier que nous aussi nous avons droit à la douceur :

Prendre soin de nous-mêmes peut signifier nous fixer des buts réalistes et des horaires souples. Il peut être facile d'effectuer dix choses importantes durant une journée; un

* *Point de vue d'un membre sur les Alcooliques Anonymes*, 1977, p. 22, reproduit avec autorisation.

autre jour, sortir du lit peut se révéler le plus grand effort que nous puissions faire *.

Jeter aux orties l'idée de perfection :

Désormais, je peux raisonnablement accepter que je vais commettre des erreurs tout au long de ma vie. C'est ennuyeux, mais je me fais de plus en plus à cette idée. Je pense que mes erreurs me manqueraient maintenant si elles disparaissaient tout à coup. Quand j'admets mes erreurs, c'est comme si j'accueillais une belle-famille : elle est casse-pieds, mais elle est une partie de moi et j'ai appris à l'aimer (un peu) **.

« Tout ce qui vaut la peine d'être fait vaut la peine d'être mal fait » est un détournement de proverbe qui en a aidé plus d'un, ou plus d'une :

Pour moi, cela signifie que je peux faire le ménage d'une pièce de façon adéquate plutôt que de ne pas faire de ménage du tout parce que je suis accablée à l'idée de nettoyer toute la maison à la perfection ***.

Et lorsqu'on nous parle, dans la Onzième Etape, de discerner la volonté de Dieu et d'essayer de la mettre en pratique, nous ne

* *Dans tous les domaines de notre vie*, p. 150. © Al-Anon Family Group Headquarters, Inc. Reproduit avec l'autorisation des Al-Anon Family Group Headquarters, Inc.

** *Aujourd'hui seulement*, 13 janvier.

*** *De la survie au rétablissement*, p. 185. © 1994 par Al-Anon Family Group Headquarters, Inc. Reproduit avec l'autorisation des Al-Anon Family Group Headquarters, Inc.

sommes pas tenus d'être des saints, ni des surhommes :

A mon avis, accomplir la volonté de Dieu ne signifie pas que je dois poser quotidiennement des gestes héroïques ; il s'agit plutôt, à un moment donné, de faire exactement ce qu'il y a à faire, comme respirer le parfum d'une rose, vider la corbeille à papier ou laver la voiture.

*Quel geste aimant puis-je poser aujourd'hui ? Peut-être que je me réserverai du temps pour faire une chose qui ne présente rien de pratique, sauf de me procurer du plaisir – voir un film, lire un bon livre ou prendre une bouffée d'air frais... Un simple geste peut être le début d'une habitude d'amour de soi qui durera toute la vie *.*

Pour aimer, pour aider, parrains et marraines

Pour cette reconquête de soi, le hasard et la nécessité ont amené les Alcooliques Anonymes à inventer un mode d'aide tout à fait spécifique. Dans les temps anciens, devant l'afflux de nouveaux venus suscité par la parution d'une série d'articles dans un journal de Cleveland, il avait bien fallu trouver des « sponsors », disent les Américains, des « parrains », disent les Français, pour expliquer ce qu'était AA, emmener en réunion, tenir la main pendant les premiers jours ou les premiers mois d'abstinence. Ce que nous entendons par ce mot s'est peaufiné,

* *Le Courage de changer, Al-Anon un jour à la fois,* II, p. 206. © 1992 par Al-Anon Family Group Headquarters, Inc. Reproduit avec l'autorisation des Al-Anon Family Group Headquarters, Inc.

depuis la fin des années trente, pour arriver à un point de quasi-perfection. Tout d'abord pour sa seconde naissance, contrairement aux usages établis, c'est au nouvel AA de choisir son parrain ou sa marraine, et non l'inverse. J'aime ce renversement, si gratifiant pour celui qui arrive bien souvent pénétré jusqu'aux moelles de son indignité : les manœuvres de séduction sont inutiles, il n'aura pas à attendre, le cœur battant, d'être désigné par l'homme ou la femme de son choix ; mais il pourra aller trouver celui, celle qui lui semblera le plus lumineux, le plus chaleureux, et en même temps le plus proche, pour lui demander d'avoir avec lui, avec elle, des rapports privilégiés.

Le parrainage a cent visages différents. Pour les uns, le parrain, la marraine sera ce que les Tibétains appellent un « ami de bien » (ou « ami spirituel », sens véritable du mot « gourou ») ; pour d'autres, l'image de la mère qu'ils n'ont pas eue, dans l'acception que lui donne Masud Khan : celle qui protège mais aussi qui ouvre le monde – ces autres-là ont une façon de dire « *ma* marraine » qui me bouleverse toujours. « Un parrain est souvent la première personne à nous donner un amour inconditionnel. C'est un cadeau, et il est transmissible. »

Il y a les partisans des coups de pied au cul – n'en ayant jamais reçu, je suis bien incapable d'en donner –, celles qui pratiquent un marrainage plus en douceur, là je me reconnaîtrais davantage ; ceux ou celles auxquels on n'a recours que dans les moments difficiles ; celles et ceux qu'on appelle tous les jours. Seul point commun : le parrain, la marraine, est là pour vous écouter, pour vous aider parfois à renaître, toujours à avancer dans la vie de chaque jour et dans le programme spirituel, quel que soit le sens qu'on puisse donner à ce mot ; et il ne peut vous aider que parce que vous l'aidez vous-même, ô combien. « *A complete mutual thing* », disait Bill de sa rencontre avec Bob (« Quelque chose de complètement réciproque »).

« Décrivez votre marraine » serait un joli sujet de rédaction, qui pourrait donner prétexte à des développements très variés ; je dirais, en ce qui me concerne : c'est une femme qui est sur le même chemin que moi, mais plus loin que moi, qui peut me signaler les ornières, les nids-de-poules, les fantômes qui, au-delà du pont, viendront à ma rencontre, et me fait gagner du temps ; à qui je peux tout dire, même ce dont je ne suis pas trop fière ; qui est là, toujours là, quand je suis dans la peine ou dans la confusion, quand j'ai besoin d'elle ; et qui a pour moi le regard que je voudrais tellement pouvoir porter sur moi-même : bienveillant, mais sans aucune complaisance.

> *Découvrir, avec le marrainage, que quelqu'un était prêt à m'accepter/m'aimer sans condition m'a permis de passer à autre chose – essayer de m'aimer moi-même sans condition. Ça m'arrive. Avant, ça n'arrivait jamais.*

Les filleules qui m'ont choisie, que de joies elles m'ont apportées et m'apportent constamment, même à travers tous les moments difficiles que nous avons partagés... Bien sûr, ce sont un peu les filles que je n'ai pas eues : je les vois grandir, s'affirmer, embellir (ai-je dit qu'AA était le meilleur des instituts de beauté ?), de chrysalides devenir papillons. Avec le temps, les liens peuvent se distendre, les coups de téléphone s'espacer ; certaines ont pris leur envol loin de moi ; mais, de tout ce qui a été vécu ensemble, une complicité chargée de tendresse persistera longtemps.

Ombres et lumière

Se reconstruire, c'est long, très long. Même si j'ai tendance à me souvenir plus des joies que des peines, j'ai bien peu à gratter pour retrouver des angoisses à vous couper le souffle, des moments de découragement absolu, de longues périodes mélancoliques. Après une première année en AA où tout m'avait semblé si simple et facile, il fallait bien que le réel me rattrape au tournant. Je revois, j'avais quinze mois de sobriété, des vacances d'hiver en Dordogne, un peu grises, un peu tristes ; et la consternation de découvrir au détour d'une promenade, surgis du fond de ma mémoire, ces vers de *La Jeune Parque* qui me dépeignaient si bien :

Mystérieuse Moi, pourtant, tu vis encore !...
Tu vas te reconnaître au lever de l'aurore
Amèrement la même...

Amèrement la même... Je n'avais pas eu le temps de changer vraiment, mes vieux démons familiers étaient encore à l'œuvre ; aujourd'hui encore, il m'arrive de les rencontrer. Il y a les jours incertains où je me traîne comme une limace en ne faisant rien de bon, où je suis si mécontente de moi que j'ai le plus grand mal à ne pas retourner contre autrui la hargne dont je déborde vis-à-vis de moi-même. La seule chose qui me reste est, une fois de plus, de ne pas me montrer trop exigeante, de me reconnaître le droit, en tant qu'être humain imparfait et faillible, à la paresse, à la fatigue, à l'inefficacité. « Dieu m'a fait passer dans la classe supérieure, les bancs sont encore un peu hauts pour moi *. » Il y a, plus pernicieux, la lassitude, la confusion mentale, le sentiment de l'inanité de toutes choses et, en basse continue, le désir de ne pas me réveiller demain matin, enfoui la plupart du temps mais qui régulièrement refait surface. Parfois je réussis à réagir ; le plus souvent je ne puis qu'essayer de modifier l'attitude intérieure, et accepter ce moins d'être en me disant, c'est une phrase des Emotifs Anonymes ** : « Cela aussi passera. » (Cette phrase, je l'avais déjà rencontrée sous une autre forme, laconique et superbe, dans l'évangile apocryphe de Thomas qui rassemble, hors de toute forme narrative, un certain nombre de paroles du Christ. La plus courte, et l'une de celles qui m'avaient le plus frappée, était tout simplement : « Jésus dit : Soyez passant. »)

Dans ces moments où rien ne va subsiste quand même une petite lumière fragile. Le sentiment d'avoir trouvé mon chemin – même si, pour l'instant, j'ai l'impression d'être couchée, comme morte, dans le fossé –, et la certitude que je suis là pour transmettre. Transmettre quoi ? Ces jours-là, pas grand-chose. Peut-être simplement la certitude qu'on peut changer. Parce que j'*ai* changé. Cela, à aucun moment je ne peux le mettre en doute.

* Etty Hillesum, *op. cit.*, p. 208.

** Mouvement parallèle aux Alcooliques Anonymes, et qui concerne tous ceux qui n'ont pas une dépendance particulière, mais que la violence de leurs émotions – peur, angoisse, colère – empêche de vivre en paix avec eux-mêmes et avec autrui.

Et je crois de toutes mes forces à la patience, cette grande oubliée parmi les vertus chrétiennes – cette « patience fidèle » qui, dit Jünger, « se voit récompensée d'une manière qui passe toute imagination ». Dans l'une de ses vies antérieures, le Bouddha avait été un prince dont le nom signifiait : « Celui qui pratique la patience »... Je sais qu'il faut, de toute façon, laisser du temps au temps, oublier le « Tout, tout de suite » des enfants et des alcooliques, se dire que presque tous les problèmes peuvent être résolus si on est prêt à se poser, à les regarder calmement et à leur consacrer la réflexion nécessaire. Simplement, comme l'écrivait Mark Twain :

> *Une habitude est une habitude, on ne s'en débarrasse pas en la jetant par la fenêtre. Il faut l'attirer doucement dehors, en lui faisant descendre l'escalier une marche à la fois.*

Et je ne dois pas oublier non plus de me retourner pour mesurer le chemin parcouru.

> *Un jour où j'étais dans le métro,* raconte Philippe, *ce qui n'était pas un endroit très réjouissant, je me suis senti pas mal, c'était pas une euphorie mais j'étais pas mal, et puis ça n'a pas duré très longtemps. J'étais tellement surpris qu'en sortant j'ai écrit sur un ticket de métro : « J'ai été heureux un quart d'heure aujourd'hui. » J'ai gardé le ticket dans ma poche comme un talisman pendant des années. Et puis un jour je l'ai perdu, j'ai bien fait d'ailleurs, parce que, après ça quand même, je n'ai plus compté les quarts d'heure, les quarts d'heure possibles, les quarts d'heure un peu positifs.*

Et moi et moi et moi

AA est là, au cœur de ma vie. Certains esprits chagrins me diront que j'en suis dépendante : c'est vrai, on dépend toujours de ce qu'on aime, de ce qu'on a librement accepté d'aimer. Certains esprits tordus me diront que cette dépendance ne vaut pas mieux que l'autre, qu'elle est même peut-être pire – oui, je l'ai lu, de mes propres yeux lu. Ceux-là, je leur rirai au nez. A-t-on jamais vu quelqu'un, quelqu'une, shooté aux Alcooliques Anonymes, tuer son prochain au volant de sa voiture, mourir d'un cancer de l'œsophage ou du larynx (ceux dont l'alcool est responsable à 80 %), rendre infernale la vie de sa famille, ou même tout simplement s'enfermer chez lui, rideaux tirés, téléphone coupé, pour être seul avec son désespoir ?

Ce désespoir, je sais bien que le seul fait d'arrêter de boire ne réussit pas à le faire complètement disparaître. Dans *D'amour et d'eau fraîche*, à chaque page est présente la souffrance de vivre sans alcool. « Mon unique regret est de ne plus boire ! écrit Annabel Buffet. Non, la sobriété n'a pas embelli mon existence, elle l'a changée et peut-être prolongée... Elle m'évite une sénilité précoce et l'asile d'aliénés que je redoutais plus que tout. Je ne lui en demandais pas davantage. » Pour Marguerite Duras, « rien ne console de ne plus boire ». D'après les témoignages entendus en Alcooliques Anonymes, l'abstinence solitaire est encore plus abominable que l'alcoolisme pratiquant. Et l'on voudrait que je m'inquiète de retrouver ma réunion, année après année, avec la même petite flamme de joie ?

Que vais-je chercher, chaque semaine, dans ce groupe qui est le mien ? D'abord peut-être des visages que j'aime, des visages inconnus aussi, puisque jamais on ne sait qui sera là aujourd'hui : au petit noyau fixe des fidèles viennent toujours se mêler d'autres, venus d'ailleurs ; quelle chance, impossible de ronronner. Certains sourires, de ceux qui vous donnent l'impression d'exister avec tant de force dans le regard de votre interlocuteur que, pour un instant, vous vous sentez la personne la plus importante du monde, lavée de vos tristesses, rachetée de toutes vos médiocrités. « Je suis revenu à cause de vos sourires », disait Patrick à sa deuxième réunion... Un lieu où à peu près tout peut se dire à cœur ouvert en étant sûr d'être entendu, les drames comme les petits coups de cafard inavouables et stupides, du genre « Fait pas beau, j'ai rien à me mettre », qui vous gâchent la vie au quotidien, ou les plaisirs minuscules qui illuminent votre journée :

C'est une dimension que je connaissais pas, le partage, si j'avais pu imaginer un jour de ma vie que je pourrais parler de n'importe quoi, de mes problèmes, ou de mes joies comme ça devant des mecs, des petites joies, j'ai vu trois fleurs, des oiseaux, j'étais content comme tout. Oh ! oui, AA, c'est quelque chose de dingue...

Un lieu où tant de voix mêlées, si diverses, sont autant de coups de projecteur qui viennent éclairer en moi des zones inexplorées, me permettre de mieux me comprendre, de mieux comprendre aussi ceux qui m'entourent, et d'avancer sur le chemin peut-être un peu plus vite ou un peu moins lentement, sans avoir à me fier à mes seules intuitions qui ne sont pas toujours heureuses.

Les choses que je ne peux pas voir, je me cache que je me les cache. Une des raisons pour lesquelles AA est irremplaçable : à cause de ce que j'entends.

Un lieu où la notion d'aide est vécue de façon toute différente, et cela, c'est d'une importance extrême. Depuis toujours il y a en moi, je le sais bien, un côté saint-bernard que mon éducation a sans doute fortifié : c'est vrai, j'aime aider autrui. Altruisme véritable? Souci de mon image de marque? J'espère bien que l'un a grandi et l'autre diminué; mais le spectre de la dame patronnesse m'a toujours fait très peur. L'idée de partage, si présente en AA, m'a libérée de cette menace; j'ai pris conscience, aussi, de cette nécessité intérieure d'être utile pour combler le vide que j'avais tenté de remplir avec l'alcool. De plus en plus, maintenant, tout peut devenir cadeau, la joie de l'autre que je fais mienne, sa tristesse que nous pouvons porter à deux. Il ne s'agit pas de prendre sur moi ses soucis et de me retrouver tout alourdie : les coups de téléphone dont je sors accablée prouvent clairement qu'il y a quelque chose qui ne va pas. La souffrance d'autrui, disent les Tibétains, ne doit pas être vécue comme une brique qui vous tombe dessus, mais comme une bûche qui fait flamber plus haut et plus clair le feu de la compassion.

S'il me fallait un seul mot pour définir ce que m'apporte AA aujourd'hui, alors que le risque de reboire se fait de plus en plus abstrait – il reste présent en filigrane; mais la vigilance est là, intériorisée –, je crois que je dirais : ouverture. Le contraire de l'enfermement dans lequel nous avons vécu :

C'est de dire non qui m'a emmenée à l'alcool. De dire non au monde, moi y compris. Pour moi, il s'agit à chaque seconde de dire oui, oui à la douleur, oui au plaisir, même s'il n'est pas socialement admis.

S'ouvrir – à quoi ?

Ouverture de tout l'être, aux autres, au monde, et tout d'abord à l'instant présent. Voici que ces vingt-quatre heures qui nous ont été si utiles pour repousser le verre d'alcool prennent une autre résonance. Notre passé ne nous empoisonne plus l'existence : cesser de le subir, de le juger, de le détester est même une façon de le reconstruire. La crainte de l'avenir ne nous angoisse pas davantage : qui nous dit que les catastrophes dont nous le croyons gros finiront par arriver ? La minute présente est là, souvent si bonne à vivre. « Instant présent, instant magnifique », écrit Thich Nath Hanh.

Notre vraie demeure est le maintenant. Vivre dans l'instant présent est un miracle. Le miracle n'est pas de marcher sur l'eau. Le miracle est de marcher sur la terre verte, en ce moment... La paix est tout autour de nous, dans le monde, dans la nature et en nous, dans nos corps et nos esprits. Le simple fait d'apprendre à toucher cette paix nous guérit et nous transforme. Ce n'est pas une question de foi, mais de pratique. Il nous faut simplement *découvrir comment ramener notre corps et notre esprit dans l'instant présent* *.

Le pire n'est pas le sûr. Non, la vilaine tache que j'avais vue apparaître sur un de mes poumons, et que j'avais instantanément reliée à mes trente cigarettes quotidiennes, n'était pas un cancer, comme j'ai eu raison de la vivre sans angoisse.

Toutes les spiritualités que j'ai pu approcher ont insisté sur la valeur de l'instant présent, fragment d'éternité dans notre vie contingente. Même dans le contexte le plus difficile : à Dachau, le père Morelli avait ouvert des horizons inconnus à un déporté qui lui avouait sa peur de tomber en allant au travail.

Laisse-toi pénétrer par la confiance et essaye de sourire. Je te demande de sourire au « moment présent »; c'est ce fragment de temps que tu dois accueillir par une acceptation souriante. Il est très important que tu comprennes que le moment présent est une éternité. C'est une réalité « qualitative », le temps intérieur de l'âme. Accueillir en confiance le moment présent est une clé de vie spirituelle d'une extrême importance **.

Ouverture à ce quelque chose/quelqu'un qui nous dépasse, que certains nomment, d'autres non. « Quiconque se sert de son âme, si maladroitement qu'on le suppose, participe aussitôt à la Vie universelle, s'accorde à son rythme immense », écrit Bernanos. Et qui nous donne

* *La Plénitude de l'instant*, Paris, 1994, p. 9.

** Bernard Py, *Dans le malheur de Dachau, j'ai trouvé un bonheur*, Paris, 1995, p. 99.

le sentiment de sortir enfin de notre solitude, de l'enfermement de notre moi – moi ma souffrance, moi ma réussite, moi mes amours –, d'être relié à tous les hommes, à cette terre qui nous porte, au monde qui nous entoure, à Dieu tel que nous le concevons, ou tel que nous ne le concevons pas. Et si les mots de « vie spirituelle » effrayent, pourquoi ne parlerait-on pas de « vie intérieure » ?

La foi que quelques-uns d'entre vous se plaignent de ne pas connaître, elle est en eux, elle remplit leur vie intérieure, elle est cette vie intérieure même par quoi tout homme, riche ou pauvre, ignorant ou savant, peut prendre contact avec le divin, c'est-à-dire avec l'amour universel, dont la création tout entière n'est que le jaillissement inépuisable *.

Méditation et intériorité

« Nous avons cherché, par la prière et la méditation, à améliorer notre contact conscient avec Dieu tel que nous Le concevions », dit la Onzième Etape : de cette phrase, le plus agnostique des agnostiques pourra retenir le mot « méditation ». Les façons de la pratiquer sont multiples, aucune d'entre elles n'étant, dans l'absolu, meilleure ou moins bonne qu'une autre ; la seule mauvaise méditation est celle qu'on ne fait pas.

Méditer. Il n'est rien d'autre à faire, là, que de s'asseoir et de cesser tout mouvement, pour

* Georges Bernanos, *Les Prédestinés*, Paris, 1983, p. 103.

diriger son attention sur sa seule activité mentale ou l'appel qui monte du fond de son cœur.

*Cette habitude oblige à se créer un espace, tout à la fois extérieur et intérieur, qui favorise peu à peu, lentement, l'émergence de l'être profond. Sogyal Rinpoché aime à dire que la méditation revient à « rentrer chez soi * ».*

Pour celui à qui l'idée de Dieu est étrangère, méditer peut vouloir dire se ressourcer dans le silence. Laisser le tumulte s'apaiser en soi, ne pas tenter de faire taire ses pensées, simplement ne pas les suivre, les regarder passer comme passent, chassés par le vent, des nuages dans le ciel. Se désencombrer des soucis d'hier, de l'angoisse du lendemain : essayer de se détendre, et de rester dans l'instant présent, attentif au souffle qui va et vient et nous relie à l'univers entier. Celui qui croit au ciel se concentrera peut-être sur une phrase ou une vérité spirituelle, relira une prière pour s'en pénétrer et reposer calmement en elle, ou encore pratiquera ce que le christianisme appelle « faire oraison » : se tenir en silence devant Dieu, n'être plus qu'écoute pour rejoindre sa Présence. « Etre un avec le Dieu vivant... être une créature dans la maison du Dieu de vie » :

Comme un chat endormi sur une chaise,
paisible, en paix,
ne faisant qu'un avec le maître des lieux, avec la [maîtresse,

* Frédérique de Gravelaine, Pascale Senk, *Vivre sans drogues*, Paris, 1995, p. 374.

*chez lui, chez lui dans la maison des vivants, endormi dans l'âtre, bâillant devant le feu *.*

De toute façon, les termes que nous employons – Dieu, Sagesse, nature-de-Bouddha – ne sont qu'approches différentes d'une même réalité, réalité unique et qui se trouve en nous : notre Puissance supérieure est d'abord une Puissance intérieure. C'est pourquoi, en dépit d'un vocabulaire parfois un peu trop religieux à mon goût, on n'entendra jamais, en Alcooliques Anonymes, parler de religion mais seulement de spiritualité. Que chacun, une fois de plus, concevra à sa manière :

> *Ordinairement, lorsqu'il est question de spiritualité, on croit qu'il s'agit de combattre le mal; je suis bon, la spiritualité est le bien ultime, le bien suprême, et l'autre côté est mauvais. Mais loin d'être une bataille, la véritable spiritualité est la pratique ultime de la non-violence. Sans considérer aucun élément de nous-mêmes comme vil ou hostile, nous tâchons de tout utiliser comme partie du processus naturel de la vie **.*

« La pratique spirituelle est simplement une manière de vivre dans la pleine conscience de l'instant, pas après pas », ce n'est pas un bouddhiste qui parle, mais une thérapeute américaine, Christina Grof. Ainsi formulée, la spiritualité peut être pratiquée à tout moment, en tout lieu, à travers chacun des gestes de notre vie : « On découvre la vérité même dans un évier de cuisine. » Qui m'aurait dit, moi qui

* D.H. Lawrence, *Poèmes*, Paris, 1976, p. 394.
** Chögyam Trungpa, *Le Mythe de la liberté...*, p. 78.

haïssais si fort les tâches ménagères, que l'heure passée à faire la vaisselle après le dîner deviendrait un moment béni où les tensions du jour s'apaisent, où il m'arrive parfois de sentir, physiquement, la paix couler dans mes veines, où j'ai l'impression de n'être que louange (de qui ? de quoi ? je ne sais pas trop. Mais est-ce vraiment important ?)

Rilke disait que l'Ouvert est le nom le moins blasphématoire de Dieu. Et là, je m'étonne encore qu'un Programme aussi daté, aussi étroitement lié à la forme particulière de protestantisme qui lui a donné naissance et, je ne parle que pour moi, formulé d'une façon aussi primaire, puisse déboucher sur toutes les spiritualités. « Nourritures spirituelles » : la justesse de cette expression me frappe toujours. Oui je me nourris de tout, partout : de Maître Eckhart, qui commente superbement, avant la lettre, notre Troisième Etape, « Nous avons décidé de confier notre volonté et nos vies aux soins de Dieu tel que nous Le concevions », aux textes zen, où tout est dit, en si peu de mots, sur l'instant présent ; de ce que je puise chez les chamans indiens, interprètes magnifiques de l'unité avec le cosmos, ou les soufis, ces musulmans fous de l'amour divin. Dans toutes les cultures, à tous les moments du temps, des paroles de sagesse ont été dites ou écrites, dont je peux faire mon miel aujourd'hui ; sans les Alcooliques Anonymes, elles me seraient restées lettre morte.

Ouverture à la vie, la vie douce ou difficile, la vie pleine de merveilles, la vie où la souffrance reprend sens – jamais voulue, jamais recherchée, mais acceptée lorsqu'elle est là, signal d'alarme, bien souvent, montrant que quelque chose, quelque part, ne fonctionne pas.

*Margarita raconte qu'à l'époque de son activité alcoolique, elle avait tellement envie de fuir ce monde détesté qu'elle se cachait sous le lit. Elle y passait des journées, des nuits entières... Et maintenant, de temps en temps, un violent désir de se fourrer de nouveau sous son lit l'empoigne ; elle comprend, alors, qu'il y a en elle quelque chose qui ne va pas : c'est une sonnette d'alarme *.*

Souffrance que nous ne cherchons plus à fuir : l'éviter à tout prix, écrit Erich Fromm, « n'est possible qu'au prix d'un détachement si total qu'il exclut aussi la possibilité de connaître le bonheur ». Mais dont il nous est désormais possible de nous servir pour apprendre à vivre mieux, ou à vivre moins mal : « Maintenant, je sais souffrir utile », ai-je entendu souvent en AA. Epreuves et difficultés, pour celui qui s'est engagé sur le chemin, deviennent enseignement, source de maturité et de sagesse. Et puis, lorsqu'on n'est pas (encore !) devenu un saint, il serait dangereux que la souffrance disparaisse tout à fait : si on n'éprouvait plus jamais sa cuisante réalité, comment pourrait-on encore s'identifier à la souffrance d'autrui ?

« Vivre toute sa vie, aimer tout son amour... »

Cette douleur qui, pendant des années, nous a collé à la peau et dont nous ne voulons plus, qu'allons-nous mettre à sa place ? « On acquiert ici une espèce de goût de l'heureux », dit Françoise. Certains voudraient, maintenant que nous ne buvons plus, nous cantonner dans de « petits

* Carlo Coccioli, *op. cit.*, p. 338.

bonheurs » ou de « petites joies ». Mais non, nos bonheurs et nos joies n'ont rien de petit :

> *Le petit bonheur tranquille, considéré comme absence de toute émotion forte, est toujours – exactement comme l'alcoolisme pratiquant – refus de la réalité. La réalité, la vie, est un processus en lequel existe aussi la mort. C'est-à-dire la douleur, l'accident, la disparition, le changement. Le petit bonheur tranquille n'est autre que le refus de la mort. Et le refus de la mort, c'est aussi le refus de la vie* *.

L'abstinence m'a redonné, merveille, certains moments rares et parfaits, d'une acuité extrême de perception que j'avais connue avant l'alcool. Tout à l'heure, en allant poster mon courrier, à respirer l'air vigoureux de l'automne, tout odorant de la forêt voisine, et la brusque senteur d'un feu de bois ; à regarder l'or glorieux des cerisiers, à entendre le cri d'un canard sauvage venu de l'étang voisin, j'avais le cœur fendu de joie. Plénitude, mot aimé ; mot inaccessible, incompréhensible pour celui qui boit : quand on est rempli d'alcool, quel espace trouverait-il pour prendre racine ? Et même dans la peine, ô paradoxe, se trouve maintenant une certaine douceur, difficile à expliquer. Je dirais que, lorsque je m'attriste au sujet d'un être cher, cette peine est enfin chimiquement pure ; j'entends par là que je pleure sur lui et non plus sur moi, que ma tristesse ou ma douleur n'est plus anesthésiée par l'alcool, plus maculée de honte ; que mon malheur personnel ne vient

* *Partage,* avril 1979, p. 10, Ed. des Alcooliques Anonymes, Bruxelles.

plus interférer constamment avec ce que je ressens à propos d'autrui.

A entendre toujours parler de la « sobriété émotionnelle », certains nouveaux venus craignent que le but de AA soit d'étouffer toute émotion vive. Pour moi, c'est exactement le contraire : même si nous devenons assurément moins émotifs, les émotions sont libérées par l'abstinence, parfois même avivées, et cela est bon ainsi.

A la longue, j'ai pris conscience que la sérénité n'avait pas forcément à me dépouiller de toute émotion. Elle m'offrait plutôt un sentiment de sécurité intérieure qui me libérait afin que je vive ma vie pleinement et aussi passionnément que je le voulais *.

Ce qui importe, c'est de ne pas se laisser mener par les émotions négatives là où on ne veut pas aller, et aussi de savoir que même les « bonnes » émotions peuvent être dangereuses ; il est possible qu'une joie extrême, un bonheur inattendu vous rapprochent du premier verre. Est-ce à dire qu'il faut fuir toute joie extrême, tout bonheur inattendu ? Non, bien sûr ; abstinence ne veut pas dire vie étriquée, maigre sagesse, bonheurs raisonnables : on peut vivre de toute son âme, de tout son corps la passion la plus ardente quand on n'a plus peur de soi.

Simplement, il ne faut pas oublier que l'alcool est malin, malin et se faufile partout.

* *Le Courage de changer*, p. 34.

QUAND ON AIME UN ALCOOLIQUE

> « L'alcoolique est prisonnier de sa maladie ; d'autres détiennent la clé de sa prison. Nous ne pouvons exiger de lui qu'il abandonne l'alcool... mais si nous ouvrons la porte, il sera libre de sortir. »
>
> *L'Alcoolisme carrousel de la négation*

Lorsque je buvais, le monde était simple, désespérément simple : la lumière et l'ombre, le blanc, le noir – et au fond du noir le plus absolu, moi. Il m'a fallu des années d'abstinence pour découvrir que dans un couple, une famille, il n'y avait pas nécessairement d'un côté le pelé, le galeux, le bourreau, celui/celle qui buvait ; et en face l'Autre, sa victime, l'Autre exemplaire, l'Autre et sa force accablant notre faiblesse, sa santé mentale si lourde à notre folie ; l'Autre qui bien sûr avait toujours raison puisque l'alcoolique avait toujours tort.

Loin de moi l'idée de tomber, à l'inverse, dans le schéma réducteur selon lequel la femme de l'alcoolique serait une virago qui pousserait son mari à boire. Non, bien souvent elle est admirable de rester là, de tenir bon contre vents et marées, d'aimer envers et contre tout son ivrogne de mari. Le fondateur des Alcooliques Anonymes lui-même l'a répété : si son épouse n'avait pas été là, jamais notre mouvement n'aurait existé.

> *Comment ma femme a réussi à garder sa confiance et son courage pendant toutes ces années, je ne le saurai jamais. Mais elle l'a fait. S'il en avait été autrement, je sais que je serais mort depuis longtemps* *.

Et que dire de l'amour patient de l'époux d'une femme alcoolique, plus méritoire encore dans la mesure où la condamnation sociale se fait plus accablante pour une femme qui boit ?

L'alcoolisme, mal familial

Mais celui, celle qui n'a pas de problème d'alcool est totalement désarmé face à une situation qu'il *ne peut pas* comprendre puisque, sur la dépendance alcoolique, on ne lui a jamais rien appris de sensé. Il ne sait pas qu'à sa façon, bien particulière, l'alcoolisme est une maladie contagieuse : ce n'est pas le mal lui-même qui se transmet – à notre contact, les autres ne se mettent pas nécessairement à abuser de la bouteille –, mais les symptômes majeurs qui lui sont associés : souffrance, obsession, honte, enfermement. « La maladie alcoolique et la maladie coalcoolique sont par essence la même maladie, qui se manifeste de façon différente », écrit un alcoologue américain. De fait, notre excès

* *Alcooliques Anonymes*, 1989, p. 163, reproduit avec autorisation.

d'alcool rend nos proches si malheureux qu'il en vient à gangrener toute leur existence :

> *Lui ne vit que pour savoir comment il va pouvoir boire, mais nous, nous ne vivons plus que pour l'empêcher de boire, ou bien pour savoir s'il a bu, par exemple, et alors tout le rythme familial s'asservit au rythme de l'alcool* *...

Et ces malades du « voir boire » se laissent entraîner par nos démons, s'enlisent dans un désespoir parallèle au nôtre et, par ignorance, se mettent à faire tout ce qu'il ne faut pas, à penser pour nous, à agir pour nous, ce qui nous enferme dans notre alcoolisme. Lorsque j'ai découvert que ma femme buvait, raconte Claude Sabadie,

> *je me suis dit, puisqu'elle n'a pas de volonté, moi je vais en avoir pour deux et je vais résoudre son problème d'alcool. Je vais prendre les choses en main.*
>
> *J'ai tout essayé : la « cure géographique »* [aller vivre ailleurs], *la tendresse, la violence – tout à coup j'avais un ras-le-bol, je la secouais, je pense l'avoir frappée une ou deux fois, chose qui est tout à fait en dehors de mon tempérament. Toute cette pression que j'exerçais sur elle n'avait qu'un seul résultat, c'était de la pousser à boire davantage, à l'enfoncer davantage* **...

Mal individuel s'il en fut, l'alcoolisme est *toujours* aussi une maladie familiale. Mais cette

* « L'entourage », *Qui vive*, la 5, 9 novembre 1995.
** *Ibid.*

maladie n'est plus aujourd'hui sans remède et l'entourage de celui qui boit trop pourra lui aussi, s'il le désire, trouver aide et réconfort.

Al comme Alcooliques, Anon comme Anonymes, un mouvement pour les proches

« Aujourd'hui, Al-Anon représente certainement la plus importante organisation de prise en charge des familles alcooliques », reconnaît un alcoologue américain *. Créée en 1941 par Lois et Ann, épouses des deux fondateurs des AA, à partir du Programme des Alcooliques Anonymes, « l'institution parallèle où ceux qui aiment un alcoolique et qui payent le prix très élevé de leur amour, vont retrouver les lambeaux de leur âme ** » regroupe aujourd'hui dans le monde entier près d'un demi-million d'hommes, de femmes et d'adolescents. Je les connais un peu, j'aime à me retrouver parmi eux, ils ne cessent de m'étonner.

Pour beaucoup, la première réunion en Al-Anon sera un choc. Le plus souvent, ils/elles sont venus dans l'idée d'apprendre ce qu'il faut faire pour que l'autre s'arrête enfin de boire, et voici qu'on leur parle d'eux : au lieu de se concentrer sur la personne qui, de toute évidence, a le plus besoin d'aide, Al-Anon incite les proches à regarder en eux-mêmes et à essayer de comprendre comment, avec les meilleures intentions du monde, leur anxiété, leur colère, leur ressentiment ont maintenu et même

* P. Steinglass, cité *in* J.-P. Roussaux, B. Faoro-Kreit, D. Hers, *L'Alcoolique en famille*, Paris, Bruxelles, 1996, p. 44.

** Carlo Coccioli, *Hommes en fuite*, 1972, p. 175.

aggravé le problème d'alcool qu'ils tentaient de résoudre.

A l'épouse, au mari, à la mère parvenus au fond de la souffrance (sinon, ils n'auraient pas franchi la porte), Al-Anon vient apporter les mêmes paroles de vie, la même libération qu'Alcooliques Anonymes à ses membres : « Tu n'es plus seul(e). D'autres ont connu les mêmes épreuves que toi, les mêmes abominations que toi ; ils ont réussi à revivre, et même à vivre heureux alors que leur mari, leur femme, leur enfant buvait encore ; il est possible de s'en sortir. Toi qui, depuis si longtemps, ne sais plus faire confiance à personne, essaie de croire un tout petit peu en nous : parle-nous de toi, libère-toi de la violence qui t'étouffe, de cette honte, de cet épuisement, de ces envies de meurtre que tu ne t'es jamais autorisé à exprimer. »

Je le dis sincèrement, on m'aurait dit à un certain moment que ma mère était morte, j'aurais été heureux ; mais pas au point de vue de la haine, non, j'étais heureux parce qu'elle était délivrée de l'alcool et nous autres on était délivrés du calvaire. De la voir comme ça souffrir, je me rendais compte qu'elle se détruisait ; quand je la regardais, il n'y avait plus de vie en elle. Quand je la voyais, c'était un zombie ; alors pour moi, qu'elle soit morte, ça aurait été un soulagement, quoi. Aussi bien pour elle que pour nous.

Tous les moyens qui ont fait leurs preuves en AA sont mis en œuvre : une solidarité active, les réunions où l'on vient reprendre des forces, l'usage du téléphone pour rompre la solitude, dire sa détresse, entendre des mots de compréhension profonde, baume sur les plaies ; la suggestion de vivre le moment présent sans se projeter, sans se laisser dévorer par la crainte de l'avenir. Je me souviens encore d'une femme entendue, il y a des années, dans une réunion publique : dès que son mari, alcoolique et violent, était parti travailler, elle commençait à vivre dans la terreur de son retour à la maison. Al-Anon n'avait pas pu lui rendre une sérénité sans faille, mais sa vie avait quand même complètement changé : elle n'avait plus peur qu'à six heures du soir... Petit à petit, le nouveau venu va comprendre que « quand les gens souffrant d'un trouble obsessionnel se livrent à leur obsession, ils ne vous disent pas qu'ils ne vous aiment pas, mais qu'ils ne s'aiment pas eux-mêmes ». Il apprendra aussi à ne pas réprimer ses sentiments, mais à les vivre en essayant de ne pas s'y enfermer. La merveilleuse énergie de la colère peut être dévastatrice, il est aussi possible de la transformer :

Lorsque mon mari buvait, nous nous querellions souvent et terriblement. Je réalise maintenant que c'était souvent moi qui commençais lorsqu'il revenait ivre à la maison. Mais le résultat était toujours le même. Je finissais folle de colère et incapable d'y faire quelque chose.

Pour me libérer de mes mauvais sentiments (la colère me donnait énormément d'énergie), j'allais bêcher dans le jardin. Je me disais que je creusais la tombe de mon mari. Je ne peux pas dire le nombre de fois que je l'ai enterré dans le jardin. A la fin, j'ai eu une grande surface de terrain bien retournée pour être ensemencée. Dès que les fleurs et les légumes ont *commencé à pousser et que je n'ai plus bêché, j'ai eu beaucoup de soulagement à arracher les mauvaises herbes en imaginant que je lui arrachais les cheveux. Pendant tout l'été, j'avais l'habitude d'apporter aux réunions Al-Anon ma « rancœur » sous forme de gais bouquets* *.

Regarder en face ses émotions négatives est essentiel, même s'il faut essayer de les relativiser :

Quand nous sommes remplis de ressentiment et d'amertume à cause du comportement de l'alcoolique, il est bon de nous rappeler qu'il n'a pas choisi de porter ce fardeau de misère et de désespoir **.

Face à l'alcool, le discours est identique : l'alcoolisme est une maladie devant laquelle l'épouse, le mari, les parents sont impuissants. Certains le ressentent comme une gifle, d'autres l'admettent immédiatement :

J'ai compris tout de suite que c'était une maladie. Je suis entré dans la salle avec une femme vicieuse, une enfant gâtée qui buvait uniquement pour m'emmerder, je suis sorti avec une malade digne de compassion. Moi qui me plaignais d'être un pauvre malheureux, j'avais à côté de moi quelqu'un qui souffrait

* *Le Dilemme du mariage alcoolique*, p. 23. © 1971-1973 par Al-Anon Family Group Headquarters, Inc. Reproduit avec l'autorisation des Al-Anon Family Group Headquarters, Inc.

** *L'Alcoolisme, un mal familial*, p. 38. © 1972 par Al-Anon Family Group Headquarters, Inc. Reproduit avec l'autorisation des Al-Anon Family Group Headquarters, Inc.

dix fois plus que moi. Je ne m'en étais jamais douté.

D'autres encore le disent avec des mots terribles :

*Un jour, un membre Al-Anon a comparé l'alcoolisme en phase active à la maladie d'Alzheimer. Nous voyons les êtres qui nous sont chers glisser doucement dans leur maladie sans être conscients de ce qui leur arrive ni être capables d'y mettre un frein. Ils semblent parfaitement normaux extérieurement, mais la maladie progresse et ils deviennent de plus en plus irrationnels et difficiles à vivre. Quand ils ont des moments de lucidité et qu'ils semblent redevenir eux-mêmes, nous voulons croire qu'ils sont bien, mais ces moments passent et nous désespérons. Bientôt, nous en venons à détester ces personnes mêmes que nous avons déjà aimées *...*

Le détachement

Pourtant, devant ce mal si particulier, celui qui aime n'est pas totalement démuni : il existe des moyens d'agir, mais qui ne sauraient être dissociés d'une véritable révolution intérieure. *Ce n'est pas vrai qu'un alcoolique ne peut pas être aidé à moins qu'il ne désire de l'aide.* Qu'aucune action directe ne soit possible, le proche l'a vérifié mille fois. Toutes les mesures

* *Le Courage de changer, Al-Anon un jour à la fois,* II, p. 84. © 1992 par Al-Anon Family Group Headquarters, Inc. Reproduit avec l'autorisation des Al-Anon Family Group Headquarters, Inc.

coercitives – surveiller son haleine, traquer les bouteilles cachées, les vider dans l'évier – resteront vaines : « Nous vidons leurs bouteilles pour nous et non pour eux », reconnaissait l'épouse d'un alcoolique « pratiquant ». La colère, les reproches, les coups même ne feront qu'apporter un certain soulagement au buveur qui, accablé de culpabilité, aura l'impression d'avoir momentanément payé pour ses péchés. Un maternage excessif se révélera tout aussi inefficace ; trop de protection, trop de sollicitude peuvent signifier, plus éloquemment que des mots : Puisque tu es incapable de t'occuper de toi, il faut bien que je le fasse à ta place. Mais, de même qu'aux Alcooliques Anonymes reconnaître son impuissance devant l'alcool est le premier pas qui permet de poser le verre, reconnaître son impuissance devant l'alcoolique ouvre la voie à tous les possibles.

Je suis tombé à genoux dans sa chambre. Il y a des bouteilles partout, sous le lit, dans la table de nuit, dans l'armoire, dans les poches des habits. Je suis anéanti ; je ne sais plus quoi faire ni quoi dire.

Ça doit être la troisième rechute après sevrage en milieu hospitalier, sans compter les autres où elle s'est battue seule. La dernière fois que nous avons parlé ensemble, je crois bien avoir dit que je divorcerais si elle recommençait... Avant, je criais plus fort qu'elle ; il m'arrivait de lui donner des coups pour la faire taire. Ce jour-là, je suis au bout de mon rouleau ; qu'est-ce que je peux faire ? Et la réponse vient d'une petite voix intérieure : « rien ». Ce n'est pas la première fois que je l'entends mais ce jour-là, je suis disposé à l'accepter et aussitôt un soulagement se fait.

Sans m'en rendre compte, comme le petit garçon qui rampait, je viens de me mettre debout et avec ce petit mot, « rien », au creux de la main, je me cramponne et je fais mon premier pas.

Il y aura la tentative de suicide, un autre sevrage, et sa prise de contact avec les AA.

Mais j'ai la clé : « rien ». « Je ne peux rien pour l'autre. »

La voie est libre devant *.

C'est sans doute là ce que d'aucuns appellent la « folle sagesse » : agir apparemment en dépit du bon sens, c'est-à-dire, dans ce cas précis, ne pas agir – seule façon d'ouvrir les portes de la prison dans laquelle l'alcoolique s'est enfermé ; qu'il en sorte ou pas, ensuite, ne dépendra plus de vous. « L'amour, c'est essayer de redonner sa liberté à l'autre » ; en Al-Anon, la clé de ces lourdes portes bardées de fer s'appelle le détachement.

Le mot est à prendre dans un sens très particulier : être détaché, ce n'est pas ne plus aimer, c'est aimer autrement, en prenant de la distance vis-à-vis du comportement, non de la personne. Il ne s'agit pas d'abandonner l'alcoolique, mais simplement de ne plus se laisser entraîner dans les crises qu'il a suscitées, de ne plus faire les choses à sa place – « Je me rappellerai constamment, mon amour, que je ne suis pas toi » –, qu'il s'agisse de payer ses dettes ou de réparer ses bêtises ; en un mot, de le considérer comme responsable :

Je me souviens d'un fait où j'ai vu que mon mari changeait : un matin j'étais en pyjama,

* *La Chaîne*, mars 1996, pp. 4-5.

j'ai enfilé un pull et je suis descendue, il y avait une petite épicerie en bas, pour me chercher une bouteille. Le temps de sortir, il y avait un courant d'air, la porte claque, je me retrouve sur le palier. Je vais quand même chercher ma bouteille, l'important d'abord, et comme on était au premier étage, je passe dans la cour, je fais un rétablissement et je rentre. J'étais pas encore complètement bourrée ; mais il a fallu que je casse la grande baie vitrée de la cuisine, qui faisait plus d'un mètre carré de surface. Et quand Jacques est rentré, j'ai baragouiné qu'il y avait eu un courant d'air, etc. Il n'a pas fait de commentaires, il a seulement dit : « Quand tu auras dessoûlé, tu feras réparer le carreau. » Il ne rentrait plus dans mes crises, dans mes larmes, dans mes promesses, rien. Je dois dire merci aux Al-Anon parce que c'est ce qui a sauvé notre couple. Je ne dis pas qu'il ne souffrait pas avec moi. Mais il ne rentrait pas dans ce cinéma, et comme par hasard, deux ou trois jours après, je me suis arrêtée de boire.

Tant que l'alcoolique a encore les « moyens techniques » de boire – de l'argent, des gens qui font son travail pour lui –, tant que la situation bancale qu'il s'est créée, avec ses bénéfices secondaires, peut continuer, il n'a aucune raison de se prendre en charge. *Par son seul comportement*, l'épouse peut contribuer à prolonger le cauchemar qui dévaste son existence. Pourquoi le buveur excessif apprendrait-il à résoudre ses propres problèmes d'une façon responsable si l'anxiété de la famille la pousse à écarter toute difficulté avant qu'il n'ait été amené à y faire face et à la résoudre, ou à en subir les conséquences ? Le mot « crise », en japonais, correspond à deux idéogrammes : danger, chance...

Le détachement n'est pas une solution de facilité : reconnaître son impuissance, ne pas se laisser submerger par la colère, le ressentiment ou les illusions demande un énorme travail sur soi. Il peut paraître affreusement cruel : « On se dit que si ce n'est pas soi qui aime, il n'y aura personne » ; et quand on aime, justement, comment admettre ce scandale : que tout l'amour du monde ne fasse pas le poids devant un verre d'alcool ? Pourtant, le seul moyen de restituer sa dignité à celui qui boit est de ne plus le considérer comme un enfant :

Cet été, je me suis rendu compte que je ne prenais pas mon mari pour un adulte à part entière. « Fais attention à toi, on aura du monde, ne bois pas trop » : c'est exactement : « Dis bonjour à la dame ! »

Effectivement, comme le souligne le docteur Henri Gomez :

Ce qui est demandé à un familier n'est pas de nature très différente du détachement que doit opérer un parent à l'égard de son enfant. Il doit réduire progressivement ses interventions même s'il souffre d'avoir à distendre des liens de tendresse et de sollicitude *.

Le détachement est le contraire de l'indifférence, ce que l'alcoolique comprend parfaitement : j'ai lu je ne sais où que les alcoolodépendants, comme les malades mentaux, percevaient les choses en deçà des mots ; quel que soit son état, celui qui boit saura très bien ne pas confondre fermeté aimante et

* *Soigner l'alcoolique*, Paris, 1997, p. 200.

comportement répressif. Parvenir à se détacher, c'est aussi retrouver le respect de l'autre – respect qui survit rarement à la maladie alcoolique, mais peut réapparaître lorsqu'on découvre la souffrance que le buveur excessif fait tout pour dissimuler. Exaspérée par les provocations de son époux, Catherine * allait jusqu'à se mettre des boules Quies dans les oreilles. Et puis :

> *Un jour, j'ai senti ou plutôt ressenti en moi* sa *souffrance et j'ai été submergée de compassion, de chagrin pour lui et d'Amour. – Par la suite, le souvenir de ce que j'ai ressenti ce jour-là m'a aidée à ne jamais haïr mon mari (des éclairs de rage, oui...) et à refuser de baisser les bras* **.

Toujours difficile – « c'est un peu surhumain de laisser quelqu'un aller jusque vers la mort, dans certains cas », dit Antoine –, le détachement devient quasi héroïque lorsque celui, celle qui boit est votre enfant ; car chez les parents bouleversés d'un enfant alcoolique, la culpabilité se fait vite étouffante. Mais là encore les mêmes mots – l'alcoolisme est une maladie, lâcher prise, responsabiliser – aideront à trouver la force nécessaire :

> *Nous avons tous des responsabilités, même nos enfants alcooliques. Dans Al-Anon, nous essayons de faire le point sur les responsabilités qui nous incombent vraiment et de lâcher*

* Les Al-Anon étant particulièrement vigilants en matière d'anonymat – puisqu'il ne s'agit pas de se protéger eux-mêmes, mais de préserver un être cher –, *tous* les prénoms de ce chapitre sont fictifs.

** *La Chaîne*, juillet-août 1996, p. 4.

prise face à celles qui incombent aux autres. Cette façon de lâcher prise *permet à nos enfants de subir les conséquences de leurs propres actes et nous aide à cesser de tant les protéger... Aujourd'hui, je peux dire à chacun de mes enfants : « Je t'aime, mais je n'aime pas ce que tu fais, et je n'endosserai pas les conséquences de tes actes *. »*

Un autre regard, une autre attitude

L'attitude nouvelle à adopter vis-à-vis de celui qui boit, je l'ai retrouvée dans un texte Al-Anon où tout est dit, me semble-t-il. C'est un alcoolique qui parle, et s'adresse à sa famille :

> *Je suis alcoolique, j'ai besoin de votre aide.*
>
> *Ne me sermonnez pas, ne me blâmez pas, ne me réprimandez pas. Vous ne seriez pas fâchés contre moi si je souffrais de tuberculose ou de diabète. L'alcoolisme est aussi une maladie.*
>
> *Ne jetez pas mes bouteilles ; ce n'est que gaspillage, parce que je trouverai toujours moyen de m'en procurer d'autres.*
>
> *Ne me laissez pas provoquer votre colère. Si vous m'attaquez verbalement ou physiquement, vous ne ferez que confirmer la mauvaise opinion que j'ai de moi-même. Je me déteste déjà suffisamment.*

* *Au père et à la mère d'un alcoolique*, pp. 5 et 10-11. © 1971, 1984 par Al-Anon Family Group Headquarters, Ltd. Reproduit avec l'autorisation des Al-Anon Group Headquarters, Ltd.

Ne permettez pas que votre amour pour moi et votre inquiétude à mon sujet vous portent à faire à ma place ce que je devrais faire moi-même. Si vous assumez mes responsabilités, vous m'empêchez irrémédiablement de les assumer. Mon sentiment de culpabilité augmentera, et vous m'en voudrez.

N'acceptez pas mes promesses. Je promettrai n'importe quoi pour me tirer d'affaire. Mais la nature de ma maladie m'empêche de les tenir, même si je suis sincère au moment où je les fais.

Ne faites pas de vaines menaces. Quand vous aurez pris une décision, soyez inébranlable.

Ne croyez pas tout ce que je vous dis ; c'est peut-être un mensonge. Nier la réalité est un symptôme de ma maladie. Du reste, je suis porté à ne pas respecter ceux que je peux duper trop facilement.

Ne me laissez pas vous exploiter ou abuser de votre bonne volonté en aucune façon. L'amour ne peut survivre longtemps dans un climat d'injustice.

N'essayez pas de dissimuler la vérité à mon sujet, ou de me soustraire aux conséquences de mon intempérance. Ne mentez pas, ne payez pas mes dettes, n'allez pas travailler pour faire face à mes obligations familiales. Ces interventions peuvent retarder ou atténuer la crise qui, précisément, me pousserait à rechercher de l'aide. Je peux continuer de nier que j'ai un problème d'alcool aussi longtemps que vous me permettez d'échapper automatiquement aux conséquences de mon intempérance.

Surtout, renseignez-vous *autant que possible sur l'alcoolisme et sur la façon dont vous devez agir avec moi...*

Je vous aime,

Votre alcoolique *.

Comme l'éloignement de l'alcool nous avait permis, à nous Alcooliques Anonymes, de nous regarder en face, le détachement permet au membre Al-Anon de se recentrer sur sa propre vie. N'étant plus habité uniquement par l'idée fixe : qu'a-t-il fait, que va-t-il faire, quelle catastrophe est-il arrivé, il peut s'occuper enfin de lui, voir à quel point l'alcoolisme de l'autre l'a rendu malade lui aussi ; à quel point il est, depuis toujours, fragile.

Mon semblable, mon frère

Comme ils nous ressemblent, ces hommes et ces femmes qui pourtant ne boivent pas ! Je ne suis pas la seule à le penser :

Quand j'allais dans des réunions AA ouvertes, dit Roland, Al-Anon, *et que j'entendais des témoignages, je m'y reconnaissais tellement – alcool mis à part – qu'à la limite je ne savais plus si j'étais AA ou Al-Anon.*

Ecorchés vifs, humiliés, toujours dépendants du regard de l'autre, du sourire de l'autre pour

* Texte basé sur *Un guide pour la famille de l'alcoolique*, du révérend Joseph L. Kellermann. *Al-Anon vu sous trois aspects,* pp. 2-3. © 1970 par Al-Anon Family Group Headquarters, Inc. Reproduit avec l'autorisation des Al-Anon Family Group Headquarters, Inc.

avoir l'impression d'exister, animés par un même besoin désespéré et toujours inassouvi d'être reconnus, d'être aimés, une même terreur de l'abandon – sans que l'alcool puisse les aider à supporter leur souffrance... Et cette honte, cette culpabilité que nous croyons liées à notre alcoolisme et qui sont aussi les leurs. Parfois coupables simplement d'exister, parce qu'ils n'ont jamais connu de sécurité affective, parce que jamais l'amour des autres n'a répondu à leurs besoins. Coupables parce qu'à force de s'entendre répéter par l'alcoolique que tout est de leur faute, ils finissent par le croire ; coupables par rapport au regard que la société porte sur le buveur excessif. Comme nous, l'entourage se replie sur lui-même, cache ses problèmes à l'extérieur, se coupe du monde par honte, et le monde se coupe de lui ; on ne reçoit plus, on n'est plus reçu, c'est la spirale de l'enfermement. Obsédés, totalement, comme nous – non par leur propre alcool, mais par l'alcool de l'autre et la volonté de le contrôler. Je repensais à ce « roc biologique » dont parlait l'alcoologue Michel Craplet : s'ils ne sont pas alcooliques, ceux-là, c'est bien parce que leur corps ne l'a pas voulu. Et ces mêmes mots, nos mots à nous, que nous retrouvons dans leur bouche : « Je saurai m'en sortir seul », « Moi ça va, c'est l'autre. » A notre non-vie dans l'alcool répond leur incapacité d'exister tout seuls, en propre ; à notre dépendance par rapport à notre toxique répond leur dépendance par rapport à nous – leur codépendance. Comme nous, ils ne s'aiment pas et ont une piètre opinion d'eux-mêmes. Comme nous ils se voudraient parfaits et se trouvent totalement nuls dans tous les domaines. Il y a quand même deux points où nous ne nous retrouvons pas : leur ambivalence vis-à-vis de nous, si difficile à vivre, cet aller et retour perpétuel entre l'amour et la haine ; et leur sens surdéveloppé des responsabilités.

Les enfants de l'alcool

Mais comment s'étonner de ces ressemblances puisque tant d'entre eux connaissent l'alcool depuis toujours, ou presque ? En assistant il y a quelques mois à une réunion publique Al-Anon, j'ai été sidérée de voir combien, parmi les membres présents, avaient eu un père, une mère, ou parfois même deux parents alcooliques. Et grandir dans un foyer où l'alcool est présent est une chose terrible. J'ai souvent pensé que les souvenirs douloureux les plus tenaces, ceux qui pouvaient vous faire mal jusqu'au bout de votre vie, étaient ceux auxquels la honte était indissolublement liée : chez les victimes d'inceste, les déportés – Primo Levi en a si bien parlé –, et, même si leur souffrance n'atteint pas des abîmes aussi profonds, les alcooliques. « La honte est longue », constatait une amie Al-Anon ; ce que j'avais pu faire ou dire dans l'alcool m'a poursuivie pendant des années et des années d'abstinence. Chez les enfants d'alcooliques, la honte est là, quasi constante, mêlée à la culpabilité d'aimer quand même le parent qui boit, de le haïr si fort parfois, de ne pas pouvoir faire ce qu'il faut pour l'aider à surmonter ce qu'il vit ; honte rendue plus lourde encore par le silence qui se fait autour du problème. Personne, à la maison, ne manifeste le moindre intérêt pour ce qu'ils sont ; tout ce qu'ils peuvent faire, c'est se montrer conformes à ce qu'on attend d'eux : exemplaires toujours, essayant de tout contrôler pour éviter le pire, devenus, par force, parents de leurs parents. Enfants trop responsables, chez lesquels une mince couche de maturité apparente cache un vide immense créé par des besoins non comblés. Ou au contraire, prêts à tout pour cesser d'être transparents, pour ravir la vedette à l'alcoolique pendant un moment, multipliant les bêtises, s'engouffrant dans toutes les déviances. Enfance volée... Le sol, constamment, se dérobe sous leurs pas. Les sentiments qu'ils éprouvent leur font peur, ils font tout pour les étouffer.

> *Mon frère, mes deux sœurs et moi avons appris en très bas âge « les lois de la famille » : ne pas parler, ne pas faire confiance aux autres, ne pas avoir de sentiments* *.

Que peuvent faire ces femmes qui, dès leurs jeunes années, n'ont rien connu d'autre sinon choisir pour compagnon un buveur excessif ? Le rôle qu'elles ont été obligées de tenir depuis toujours, elles vont le réinventer sous une autre forme ; puisque toute existence propre leur est déniée – « Je n'avais de valeur qu'en aidant mon prochain. Qui aurait apprécié ma présence autrement ? » –, l'altruisme deviendra leur seul refuge. Le docteur Maisondieu propose une autre explication :

> *La fille de l'alcoolique, qui a vécu avec un père capable de sacrifier sa famille à la bouteille, cette fille qui a vu sa mère battue et injuriée et qui, elle-même, a constaté qu'elle ne valait pas grand-chose pour son père [...], cette*

* *La Chaîne*, avril 1995, p. 2.

fille a un besoin vital de vérifier qu'elle est quelqu'un, qu'elle vaut quelque chose [...]. Sa rivale, c'est la bouteille. C'est à elle qu'elle doit se mesurer, c'est par rapport à elle qu'elle devra s'évaluer... Après un tel début dans la vie [...] il lui faudra un buveur, quelqu'un à mettre au défi de l'aimer plus que la bouteille. « Dis-moi que tu m'aimes plus que l'alcool » : telle est l'injonction qu'elle lancera à son futur *.

Ce que Robin Norwood exprime, avec justesse me semble-t-il, de façon plus générale :

Toutes celles d'entre nous qui ont été traumatisées dans leur enfance ressentent le besoin irrésistible de surmonter ce qui les a terrassées dans le passé. Plus l'expérience fut écrasante, plus grand est le besoin de la recréer afin de la maîtriser... Les femmes [...] qui ont grandi dans des foyers alcooliques [...] ont tendance à choisir des partenaires qui recréent les conditions familières de leur passé, dans l'espoir d'arriver cette fois à surmonter leur situation **.

Certaines poursuivront avec acharnement cette recherche, qui pourtant leur semble incompréhensible : « Mais qu'est-ce qui ne va pas chez moi ? se demandait Alice, qui avait épousé deux alcooliques. Ai-je donc besoin d'avoir un cadavre dans mon lit pour me sentir bien *** ? »

* *Les Alcooléens*, Paris, 1992, p. 166.

** *Ces femmes qui aiment trop*, Paris, 1994, pp. 160 et 210.

*** Melody Beattie, *Vaincre la codépendance*, Paris, 1991, p. 127.

A ccs enfants d'alcooliques devenus adultes, Al-Anon ouvrira grand ses portes, même si l'alcool n'est plus présent dans leur existence. Grâce au soutien, à la chaleur du groupe, ils pourront affronter des problèmes qu'ils n'auraient jamais pu regarder en face, ou dont ils n'avaient pas la plus faible conscience :

Mon père, alcoolique, est sobre depuis dix ans. Je ne m'étais jamais rendu compte que j'éprouvais autant de ressentiment, de colère, de haine, etc., que les épouses et les époux d'alcooliques *.

Parfois haine et colère ne seront qu'une étape, indispensable pour que puisse changer le regard porté sur le passé :

Dix ans après la mort de mon père [...] j'en suis venue à l'accepter tel qu'il était. Il y a eu un renversement complet dans la perception que j'avais [de lui]. Heureusement qu'il n'est jamais trop tard pour avoir une enfance heureuse. Je peux être heureuse aujourd'hui **.

Eux qui ont tellement souffert de l'alcoolisme parental découvriront aussi, s'ils ont épousé un ou une alcoolique, qu'ils peuvent donner à leurs enfants ce qui leur a tant manqué :

* *Al-Anon est pour les enfants adultes des alcooliques*, p. 4. © 1983 par Al-Anon Family Group Headquarters, Inc. Reproduit avec l'autorisation des Al-Anon Family Group Headquarters, Inc.

** *De la survie au rétablissement*, pp. 101-102. © 1994 par Al-Anon Family Group Headquarters, Inc. Reproduit avec l'autorisation des Al-Anon Family Group Headquarters, Inc.

Si le problème de l'alcoolisme existe dans la famille, nous [les enfants] pouvons en être conscients très tôt, pratiquement avant de savoir parler. Par conséquent, une explication compatissante et compréhensive de la maladie dont souffre le parent sera utile. Le fait de savoir que les difficultés ne sont pas infligées à la famille délibérément peut être rassurant.

Depuis que j'ai discuté ouvertement de notre situation avec nos enfants, leur attitude envers leur père a été beaucoup plus aimante *.

Paule est venue avec son fils de huit ans en Al-Anon :

Sa perception de l'alcoolique et de la famille qui l'entoure m'étonne. La miséricorde naturelle qu'un enfant éprouve est renforcée par les principes du Programme **.

Absolue nécessité de la parole, une fois de plus : que l'alcoolisme soit une maladie de la communication se vérifie d'abord à l'intérieur des familles. Mais un enfant peut tout à fait comprendre qu'en dépit de ses dérapages alcooliques le parent qui boit l'aime et continue à l'aimer ; que, lorsque ce parent a bu, ses mots et ses gestes traduisent la présence de l'alcool et non ce qu'il est et pense en réalité ; et qu'à ce moment-là on a le droit de s'éloigner sans se sentir coupable, puisque ce n'est pas son père, sa mère que l'on rejette mais l'alcool qu'il y a en lui. Et cet enfant qui aura mis des mots, des mots de vérité sur la confusion qu'il est en train de vivre,

* *Al-Anon est pour les enfants adultes des alcooliques*, p. 9.
** *La Chaîne*, juin 1996, p. 6.

pourra envers et contre tout être un enfant heureux. (Par ailleurs, le fait que la vie familiale ne soit pas totalement asservie à l'alcool mais continue de façon structurée et indépendante, en gardant ses habitudes et ses rites, est la meilleure des protections contre la transmission de l'alcoolisme à la génération suivante.)

A la découverte de soi

Le parent alcoolique n'est pas le seul à poser problème pour l'enfant : lorsque celui qui ne boit pas commence à entrevoir sa vie sous un jour différent, il découvre parfois qu'il a fait souffrir ses enfants bien plus qu'il ne l'imaginait, plus même que le buveur excessif; sa propre anxiété lorsqu'il essayait de faire face à la situation a pu être l'élément perturbateur majeur. « Quand je le voyais arriver soûl, raconte Claudette, je me disais : Ça y est, elle va encore gueuler ! »

> *Mes trois filles pensaient que c'était moi le plus malade des deux. Obnubilé par l'alcool de ma femme, j'étais un très mauvais père. Elles avaient l'impression que je ne les aimais pas.*

Avec incrédulité parfois, il commence à se rendre compte que peut-être il n'est pas tout à fait l'innocente victime sous les traits de laquelle il se voit :

> *Est-il possible que je sois la personne qui ait tort et non celle à qui on « fait tort » ? Pour la*

*première fois, j'ai écouté ce doute léger, à la voix faible *...*

Que la violence est un jeu sinistre qui se joue à deux :

Je fais partie d'Al-Anon depuis seulement dix-huit mois et durant les huit derniers mois, je n'ai eu ni ecchymoses ni os brisés. Mon mari boit encore, encore plus à vrai dire, mais il n'y a plus de périodes de violence parce que je n'y participe plus **.

Que la souffrance n'a peut-être pas été seulement imposée, mais voulue :

Je cherchais la souffrance pour la souffrance, comme ça je savais que j'existais. Quand on dit aïe, il y a quelqu'un qui dit aïe.

Comme le détachement, cette façon toute neuve de partir à la découverte de soi demande beaucoup de courage. Les certitudes s'effondrent : jusque-là on s'était toujours vécu comme l'élément fort et libre du couple, celui que n'asservissait aucune dépendance, qui n'avait pas besoin de l'autre. La vie n'était que douleur et chaos, mais il s'agissait d'un chaos familier, sur lequel on pouvait avoir l'impression de détenir un certain contrôle. Et para-

* *L'Alcoolisme, un mal familial*, p. 23. © 1972 par Al-Anon Family Group Headquarters, Inc. Reproduit avec l'autorisation des Al-Anon Family Group Headquarters, Inc.

** *Dans tous les domaines de notre vie*, p. 158. © Al-Anon Family Group Headquarters, Inc. Reproduit avec l'autorisation des Al-Anon Family Group Headquarters, Inc.

doxalement – un paradoxe de plus pour cette maladie si particulière, qui n'en est pas avare –, c'est souvent au moment où l'autre va s'arrêter de boire que ce courage sera le plus nécessaire. Si douloureuse qu'ait été la situation, un certain équilibre s'était établi : quand quelqu'un boit, on organise la vie pour pouvoir vivre au quotidien sans lui ou sans elle. Compagne haïe, la souffrance a au moins le mérite d'être familière : lorsqu'elle disparaît, quel vide aura-t-on à affronter ? Assez souvent, lorsque l'alcoolique a « posé le verre », on soigne quelques mois plus tard celui qui, depuis dix, quinze ans répétait : « Si tu t'arrêtais de boire, tout irait bien. » « Depuis vingt-huit mois que je ne bois plus, mon mari va très mal, dit Françoise. Il a sombré dans une dépression terrible : il ne peut plus avoir ce mépris qui le faisait fonctionner. »

Vivre autrement

Début d'une vie nouvelle, et parfois de tous les émerveillements pour l'alcoolique, l'abstinence peut se révéler pour l'épouse, l'époux, une épreuve redoutable, plus douloureuse à vivre que tout ce qui l'a précédée. D'abord, il se retrouve dans une solitude absolue :

> *C'est souvent extrêmement difficile,* dit le docteur Sokolow, *parce que le patient alcoolique change complètement. Et s'il veut se soigner, il est obligé de s'occuper de lui. Donc le conjoint, pendant tout le temps de l'alcoolisation, était paniqué de voir l'autre agressif, etc., mais il prenait la mainmise sur tout, au moins il avait le pouvoir. Tandis qu'après la période*

d'abstinence, il n'a plus le pouvoir, il n'a plus le conjoint, il n'a plus rien. Donc c'est le conjoint qui se retrouve sans rien – s'il n'est pas aidé. Il n'a pas de médecin, il n'a pas de groupe, il n'a pas de pouvoir, et il n'a pas le conjoint. Alors, il pense qu'il va tout découvrir, que l'abstinence va rapporter tout dans le foyer, et puis il se trouve sans rien.

« Il n'a pas le conjoint... »

Dans l'abstinence, ce qu'il y a de tragique, c'est que souvent [...] l'entourage qui a tenu, qui a été vaillant, qui a été aimant pour le malade, plan, s'effondre, tout simplement. Ou il se met à geindre, ou bien il traverse la vie complètement désabusé, ou bien il fait une sacrée bonne dépression... Quelquefois l'entourage s'attend à ce que le malade se retourne vers lui [...] et lui exprime sa reconnaissance d'avoir tenu si longtemps. Vous parlez, le malade, il a autre chose à faire, lui, il marche sur les chemins de la vie. Alors [...], il faut savoir ne pas espérer quelque chose, il faut savoir prendre la vie comme elle vient, être content que l'autre soit heureux [...] *.

Et puis, avec l'abstinence, les vrais problèmes resurgissent. « La désintoxication ne promet aucune lune de miel. Ce serait plutôt l'effet du sérum de vérité », écrit le docteur Haas. Celui qui buvait croyait n'avoir qu'un problème d'alcool, celui qui regardait boire avec désolation était persuadé que son seul problème était

* *Qui vive, op. cit.*

l'alcool de l'autre. L'arbre avait caché la forêt : tout ce qui était enfoui, non dit ou non conscient, revient à la surface. Pourtant c'est à partir de là qu'il va falloir, lentement, avec quelle patience, reconstruire un couple ou une famille. Tout réapprendre, tout apprendre parfois ; et en premier l'usage du dialogue – dans son enfermement, l'alcoolique souvent ne savait plus communiquer avec personne : il ne connaissait que le silence, les cris ou le mensonge. Parler pour se redécouvrir à deux, pour mieux cerner les problèmes de l'autre, les difficultés auxquelles, inévitablement, il va se heurter maintenant qu'il ne boit plus. Parler pour être moins seul dans la lourde tâche qui attend celle ou celui qui a tant attendu l'abstinence de « son » alcoolique : laisser tomber la surveillance policière ou le maternage qui ont été son lot quotidien pendant tant d'années, faire à nouveau confiance, ne pas reparler du passé même si les plaies sont encore à vif, n'exiger aucune promesse pour l'avenir et – c'est là le plus difficile – rendre à l'autre sa place au foyer, se dessaisir des responsabilités qui avaient été assumées en quelque sorte par suppléance. Tâche presque impossible, si l'amour n'est pas présent...

Et lorsque l'abstinence reste un objectif inaccessible – cela arrive – pour celui, celle qui vit aux côtés de l'alcoolique tout sera quand même différent ; il aura réappris à prendre ses distances avec le problème d'alcool, à retrouver son autonomie. « Ta femme s'est arrêtée de boire ? demandait une voisine à Christophe, qui avait découvert les Al-Anon. – Non, pas du tout. – Pourtant, tu as l'air bien... » Et si la situation est vraiment devenue impossible, il ou elle pourra enfin se permettre de quitter sa femme ou son mari sans être retenu par les liens troubles de la pitié ou du sens du devoir. Car le but premier d'Al-Anon, c'est de permettre de vivre dans l'amour ; et si cela n'est plus possible, d'autoriser celui qui a tant souffert du voir boire à vivre, sans culpabiliser, sa propre vie. C'est un ecclésiastique qui parle :

Aucun être humain ne devrait être blâmé pour avoir refusé de se joindre à une personne alcoolique dans un pacte de suicide, et la consommation continuelle d'alcool est exactement cela – une forme de suicide lent, inconscient *.

Pour les enfants, Alateen

Dans la mouvance d'Alcooliques Anonymes et d'Al-Anon, à la fin des années cinquante, aux Etats-Unis, des enfants d'alcooliques voyant leurs parents aller en réunion ont décidé de constituer leurs propres groupes. Adolescents et préadolescents – à partir de neuf ans – se retrouvent autour d'un « guide » Al-Anon, qui n'est pas là pour diriger mais pour offrir son aide, et donner l'accès à une parole aussi libre et constructive que possible.

Je ne voulais pas venir en Alateen, raconte Aurélie. *Non, mon père n'était pas malade (et pourtant il y avait toujours des disputes et des*

* *Al-Anon face à l'alcoolisme*, p. 51. © 1995 par Al-Anon Family Group Headquarters, Inc. Reproduit avec l'autorisation des Al-Anon Family Group Headquarters, Inc.

coups). Quand j'ai vu ma mère changer grâce à Al-Anon, j'ai commencé à aimer comme elle me parlait. « Est-ce qu'Alateen c'est la même chose ? – C'est la même chose, sauf que tu parles avec des gens de ton âge. » J'y suis allée la première fois pour lui faire plaisir. Ça m'a plu. Et puis, j'ai entendu deux personnes qui me racontaient ma propre histoire, et j'ai accroché.

Comment se faire du bien

Les objectifs que propose Al-Anon – lâcher prise, vivre sa propre vie, porter un autre regard sur soi-même et sur l'autre – se retrouvent, me semble-t-il, dans toutes les autres formes de thérapics, même si vocabulaire et méthodes diffèrent. Certains pourront préférer d'autres mouvements d'anciens buveurs qui associent les alcooliques et leur famille, comme Vie libre, Alcool Assistance-La Croix d'Or ou La Croix Bleue. Ou les « groupes d'entourage » qui, dans les hôpitaux ou les cliniques, commencent timidement à se faire plus nombreux.

Par ailleurs d'autres formes d'aide existent, plus individualisées. On pourra aller voir un psychologue, entreprendre une psychothérapie ou, pour ceux qui habitent la région parisienne, s'adresser à l'association « Que dois-je faire ? Il/elle boit », dont la présidente et fondatrice, Marie-Claire Lejosne, est psychanalyste. On pourra aussi, chose plus surprenante, rencontrer un alcoologue. Oui, oui, vous avez bien lu. Vous ne rendrez jamais visite à un gastro-entérologue si vous ne souffrez pas de votre estomac ; mais vous pouvez aller voir un alcoologue si vous avez mal à l'alcool de l'autre (les Centres d'hygiène alimentaire et d'alcoologie, dont j'ai déjà parlé, reçoivent aussi bien les malades que leurs proches). Il vous écoutera, il vous comprendra, il vous aidera à prendre patience, à changer votre comportement; et peut-être même que, lorsque vous n'attendrez plus rien, lorsque vous aurez totalement renoncé à tout projet sur l'autre, cette démarche que vous aurez faite pour vous aura d'autres retombées. Lionel Bénichou cite des alcoologues nantais,

> *qui ont suivi pendant un an des épouses d'alcooliques qui ne voulaient pas se soigner : faute de soigner les alcooliques, ils ont soigné les épouses. Au bout d'un an, il y avait à peu près cinq alcooliques sur dix qui avaient cessé de boire. Cela s'était fait parce que les attitudes des épouses avaient changé* *.

(En écho me revient une phrase d'une amie Al-Anon : « Un jour, j'ai lâché prise, complètement. Six semaines après, mon compagnon m'a dit : " Ça fait six semaines que je n'ai pas bu. " »)

Il existe aussi des thérapies familiales qui viennent analyser le sens et la fonction de l'alcoolisation, tant pour l'alcoolique que pour l'ensemble de la famille. Non le sens originel – pourquoi s'est-il mis à boire ? – mais son sens concret, et son utilité immédiate. Apparues dans les années cinquante, ces thérapies ont été appliquées à l'alcoolisme lorsqu'on a pris conscience des rechutes à répétition qui se manifestaient trop souvent dès que le buveur

* Henri Gomez, *La Personne alcoolique*, Toulouse, 1993, p. 99.

sevré rentrait à la maison au sortir d'une cure. Manifestement, l'abstinence pouvait créer de nouvelles tensions aboutissant à une réalcoolisation éventuelle. D'où la recherche d'une logique où chacun a sa place lorsqu'un des membres de la famille boit avec excès.

Pas plus que la psychothérapie, la thérapie familiale n'est réservée à ceux qui ont l'habitude de manier la parole. Pascale Sidoroff, psychologue, la pratique depuis plusieurs années avec une collègue dans le cadre d'un hôpital général :

> *C'est très intéressant, très touchant, les parents, les vieux parents qui trouvent qu'ils ne nous ont pas vues assez, qui ont des choses à nous dire, alors que c'étaient des gens qui n'auraient jamais parlé d'eux-mêmes. Jamais, jamais.*

Que l'alcoolisme d'un de ses membres, avec tous les ravages qu'il entraîne, puisse être la clé de l'équilibre d'une famille ou d'un couple peut sembler absolument extravagant : c'est pourtant vrai. L'alcool rend beaucoup de services, et pas seulement à celui qui boit. Un psychothérapeute avait demandé à Claude s'il voulait vraiment que sa femme arrête de boire : il lui fallut plusieurs semaines pour admettre qu'inconsciemment la réponse était non.

A quoi sert un alcoolique ?

A quoi sert un alcoolique ? A tant de choses... L'alcool peut être vécu comme un lien entre le mari et la femme : sujet quasi unique de leurs conversations, s'il disparaît, de quoi pourrait-on parler, on n'a plus rien en commun. Par ailleurs, en dépit des apparences, il peut servir à diminuer, en la focalisant, l'anxiété de tous :

Quand le père est ivre, l'inquiétude se cristallise sur lui et une certaine détente s'amorce quand il rentre à la maison avec sa cuite car, dès cet instant, on sait où est le danger... Dans cette politique du pire, à l'acmé de la crise, la cohésion familiale qui, de l'extérieur, paraît si menacée est, au contraire, renforcée *.

Une famille peut avoir besoin que l'un des siens soit malade pour fonctionner : le fait d'avoir un bouc émissaire, responsable du malheur de tous, offre bien des avantages. S'il disparaît,

plus personne n'a d'excuse, que ce soit pour un échec scolaire ou une frigidité. Lui-même n'a plus de raisons avouables de boire puisqu'il ne peut plus se plaindre d'être le bouc émissaire **.

A quoi sert un alcoolique ? A se sentir moralement supérieur – quel réconfort pour quelqu'un qui n'a pas une trop bonne image de lui-même. A materner celui ou celle que l'on considère comme un enfant démuni et irresponsable, qui serait perdu sans vous. A se prouver qu'on ne peut rien réussir dans la vie – c'est ce qu'on appelle une conduite d'échec. A satisfaire un besoin de domination. Ou encore, pour certaines femmes, à se sentir valorisées, vis-à-vis de

* Dr Jean Maisondieu, *op. cit.*, p. 157.
** *Ibid.*, p. 159.

la société, par cet alcoolisme qui leur fait assumer des responsabilités normalement attribuées à l'homme de la famille : prendre toutes les décisions importantes, gérer le budget, diriger l'éducation des enfants. Lorsque son mari voulut retrouver sa place à la maison, raconte Maria,

> *ce fut comme si on me vidait, comme si l'on m'amputait des deux mains... Je l'avoue, je l'avoue : j'avais la nostalgie du temps où il buvait **.

Pour ces femmes-là, l'abstinence de l'époux est une catastrophe personnelle :

> *Elle était la merveilleuse Mme Dupont, l'épouse du sac à vin. J'ai envie de dire qu'elle s'intoxiquait de vertu pendant que lui s'intoxiquait d'alcool. En tant que merveilleuse Mme Dupont, elle avait trouvé son identité.*

Lorsque son mari s'est arrêté de boire, et qu'elle est devenue la femme du merveilleux M. Dupont et la femme du père de ses enfants,

> *Mme Dupont a le choix entre deux solutions. Soit elle fait une révolution en elle qui pourrait l'amener à croire en elle, soit, c'est une autre solution, plus rapide, plus économique, elle amène plus ou moins consciemment M. Dupont à boire de nouveau. Et elle redeviendra alors la merveilleuse Mme Dupont ***.

* Carlo Coccioli, *op. cit.*, p. 209.
** Henri Gomez, *La Personne alcoolique*, p. 95.

D'où l'urgence absolue de se faire aider. Après avoir soigné l'alcoolique, écrit Jean-Paul Descombey, « il faut, d'une certaine façon, aider l'entourage à se soigner de l'abstinence du malade, de ce que fait l'abstinence du malade en lui ». Depuis trente ans, de nombreuses tentatives ont été faites pour associer dans la thérapie l'alcoolodépendant et ses proches, allant jusqu'à hospitaliser à la fois le malade alcoolique et sa conjointe pendant dix jours dans un appartement-laboratoire aménagé au sein de l'hôpital ! Pour beaucoup de médecins, aujourd'hui, le « buveur problème » ne peut plus être traité isolément : sans un suivi parallèle de celui qu'on appelle parfois le « coalcoolique », l'entreprise court de bien plus grands risques d'être vouée à l'échec.

Approches différentes pour un contenu identique, qui peut se résumer en quatre mots : ne restez pas seul ! Ce fardeau trop lourd qui est le vôtre, d'autres sont là pour vous aider à le porter. De l'intimité du tête-à-tête à la chaleur du groupe, en passant par le groupe restreint de la thérapie familiale, il existe nécessairement une solution, qui pourra devenir *votre* solution.

Sortir du silence

Et peut-être finirai-je ce chapitre où il ne s'agit plus de mon histoire en parlant à nouveau de moi, pour moi : vous tous qui avez un alcoolique – ou une alcoolique – dans votre existence, je vous en conjure, je vous en supplie, et s'il existait un mot plus fort que « supplier », je voudrais l'employer, trouvez le courage de lui parler de son problème d'alcool. Du courage, il en faut ; vous risquez d'être fort mal reçu, puisque la plupart du temps celui qui boit est dans l'impossibilité de le reconnaître : il y a des limites à la honte que l'on peut supporter. Mais il s'agit véritablement d'assistance à personne en danger ; et ne vous dites surtout pas qu'en faisant allusion à son alcoolisme, vous risquez de lui faire de la peine, d'ajouter encore à sa souffrance : dans le malheur absolu qui est le nôtre, cette souffrance est déjà à son maximum d'intensité. Si on m'avait parlé plus tôt des Alcooliques Anonymes, je n'aurais pas eu à traverser les dix années les plus noires de mon existence : dix ans, une éternité. Je crois profondément que si j'avais connu les AA lorsque j'ai compris que l'alcool était mon problème majeur, que jamais je ne m'en sortirais sans aide, c'est à leur porte, et non à celle d'un psychanalyste, que je serais allée frapper. Il aura fallu dix ans de plus pour que le nom d'Alcooliques Anonymes soit prononcé devant moi. Les AA à eux seuls ne m'auraient sans doute pas suffi – mais combien j'aurais préféré m'arrêter de boire d'abord, et aller ensuite sur un divan, le cerveau désembrumé, pour essayer de comprendre ce qui ne tournait pas rond chez moi...

Parler, mais comment ? Lors d'une rencontre organisée en 1994 par la Société française d'alcoologie, psychiatres et buveurs rétablis avaient débattu des premiers mots à dire à l'alcoolodépendant. L'accord s'était fait pour que ces mots expriment : « *Tu souffres, et je souffre avec toi.* » Ces paroles de compassion, chacun pourra les trouver en lui-même, les inventer avec son cœur. Ne nous imposez rien ; mais dites-nous, dites-nous qu'il existe des mains fraternelles, que nous ne sommes plus seuls, que nous avons à notre disposition toutes sortes de façons de nous faire aider : les mouvements d'anciens buveurs, bien sûr, ou, si nous ne voulons pas en entendre parler, un médecin, généraliste compréhensif ou alcoologue. Une étude récente le confirme : ce qui décide le malade d'alcool à se traiter, « c'est que la détresse intime atteigne une intensité suffisante, et que ceux qui peuvent l'aider soient disponibles * ». D'une certaine façon, notre vie est entre vos mains, et de cela vous êtes responsable. Parlez-nous, je vous en conjure ; mais choisissez votre moment : n'oubliez pas que généralement un homme ou une femme ivre ne mémorise plus rien.

Si vous avez trouvé ce courage, au moins l'information sera donnée, la graine semée ; peut-être ne germera-t-elle jamais ; ou bien elle germera à son heure : combien sont arrivés en Alcooliques Anonymes qui en connaissaient l'existence depuis des mois, voire des années. Mais en tout cas, même si, pour l'instant, il n'est que dénégation et refus, celui ou celle qui tourne le dos aux quatre murs à la fois saura obscurément qu'il existe, quelque part, une porte de sortie.

* François Besançon, *Communiquer avec une victime de l'alcool*, Paris, 1996, p. 45.

Il est huit heures, je suis dans ma maison. Des amis viennent dîner. Si je n'avais pas rencontré AA...

Si je n'avais pas rencontré AA, la bouteille de rosé serait déjà à moitié vide, la troisième ou la quatrième bière bue. Et tout en m'efforçant de préparer un repas honorable, malade d'angoisse et d'impuissance, j'essayerais désespérément de ne pas penser à la soirée forcément désastreuse, à l'insoutenable culpabilité du lendemain, à ma vie gâchée.

Je n'aurai jamais assez de mots pour dire merci.

BIBLIOGRAPHIE

Pour comprendre l'alcoolisme, et les alcooliques

Un livre essentiel, admirable, sur les Alcooliques Anonymes, hélas épuisé depuis longtemps mais qui sera peut-être réédité un jour :
Carlo COCCIOLI, *Hommes en fuite*, Fayard, 1972.

Michael BALINT, *Le Défaut fondamental*, Petite Bibliothèque Payot, 1991.
François BESANÇON, *Communiquer avec une victime de l'alcool, Une prison à ouvrir*, InterEditions, 1996.
Laure CHARPENTIER, *Toute honte bue, L'alcoolisme au féminin*, Denoël, nouvelle éd., 1991.
Jean-Paul DESCOMBEY, *Précis d'alcoologie clinique*, Dunod, 1994.
L'Homme alcoolique, Odile Jacob, 1998.
Henri GOMEZ, *La Personne alcoolique*, Privat, 1993.
Soigner l'alcoolique, La pratique des groupes d'accompagnement thérapeutique, Dunod, Paris, 1997.
Joseph KESSEL, *Avec les Alcooliques Anonymes*, Gallimard, nouvelle éd., 1985.
LUCIEN, *L'Enfant qui jouait avec la lune*, Salvator, 1983.
Dr Jean MAISONDIEU, *Les Alcooléens*, Bayard, 1992.
Michèle MONJAUZE, *La Problématique alcoolique*, Dunod, 1991.

Chantal PELLEGRI, *Soigner le malade alcoolique, Comprendre pour aider*, Lamarre, 1994.
Dr Alain RAAB et Alain SARDA, *Comment vivre avec un alcoolique*, Josette Lyon, 1995.
William STYRON, *Face aux ténèbres, Chronique d'une folie*, Gallimard, 1990.
Janet G. WOITITZ, *Les Enfants d'alcooliques – Les enfants de familles dysfonctionnelles devenus adultes*, Ed. Modus Vivendi, Laval, Canada, 1995.

Pour comprendre la dépendance

Melodie BEATTIE, *Vaincre la codépendance*, Jean-Claude Lattès, 1991.
Frédérique de GRAVELAINE, Pascale SENK, *Vivre sans drogues. Substances toxiques, passions destructrices : l'expérience de ceux qui s'en sortent*, Robert Laffont, 1995.

Et aussi quelques livres de vie

Maurice BELLET, *L'Ecoute*, Epi-Desclée de Brouwer, 1989.
Georges BERNANOS, *Les Prédestinés*, Ed. du Seuil, Points Sagesse, 1983.
Dialogues avec l'Ange, Aubier, 1990.
Louis EVELY, *Chaque jour est une aube*, Ed. du Centurion, 1987.
Etty HILLESUM, *Une vie bouleversée, Journal 1941-1943*, Ed. du Seuil, 1985.
Jack KORNFIELD, *Périls et promesses de la vie spirituelle,* La Table Ronde, 1998.
Jean-Yves LELOUP, *Ecrits sur l'hésychasme, une tradition contemplative oubliée*, Albin Michel, Spiritualités vivantes, 1990.
Scott PECK, *Le Chemin le moins fréquenté, Apprendre à vivre avec la vie*, Robert Laffont, 1987.
Récits d'un pèlerin russe, Ed. du Seuil, Points Sagesse, 1978.

THICH NHAT HANH, *La Plénitude de l'instant*, Dangles, 1994.
La Sérénité de l'instant, Dangles, 1992.
Chögyam TRUNGPA, *L'Entraînement de l'esprit*, Ed. du Seuil, Points Sagesse, 1998.
Méditation et action, Ed. du Seuil, Points Sagesse, 1981.
Le Mythe de la liberté et la voie de la méditation, Ed. du Seuil, Points Sagesse, 1979.

POUR EN SAVOIR PLUS

Et vous avec l'alcool, vous en êtes où ?

Au cours des trois derniers mois...

... vous est-il arrivé de ne pas vous rappeler ce qui s'était passé la veille au soir parce que vous aviez trop bu ?

... avez-vous été en conflit avec votre famille ou vos amis à cause de votre consommation d'alcool ?

... avez-vous remarqué que vos mains tremblaient le matin parce que vous aviez beaucoup bu la veille ?

... avez-vous ressenti de la culpabilité ou des remords après avoir bu ?

... votre travail a-t-il été perturbé par votre consommation d'alcool ?

... avez-vous eu le sentiment d'avoir négligé vos responsabilités parce que vous aviez trop bu ?

... avez-vous ressenti le besoin de boire un verre d'alcool le matin pour vous calmer ou vous donner un coup de fouet ?

... avez-vous constaté que vous n'étiez plus capable de vous arrêter de boire une fois que vous aviez commencé ?

... avez-vous craint de devenir dépendant de l'alcool ?

... avez-vous eu besoin de boire un verre pour faire face à une situation ou à un problème ?

... avez-vous rencontré des difficultés financières à cause de l'alcool ?

... avez-vous laissé tomber certaines activités parce que vous passez plus de temps à boire ?
... avez-vous été ivre plusieurs jours de suite ?
... avez-vous été agressif et violent après avoir bu ?
... avez-vous été interpellé en état d'ivresse par la police ?

*Si vous avez répondu oui à l'une ou à plusieurs de ces questions, votre consommation de boissons alcoolisées présente vraisemblablement des risques pour votre santé *.*

Un questionnaire analogue est proposé par les Alcooliques Anonymes **.

AA est-il pour vous ?

12 questions auxquelles vous seul pouvez répondre.

1. Avez-vous parfois essayé de cesser de boire durant une semaine (ou plus) pour constater que vous n'y parveniez pas ?
2. Prenez-vous en mauvaise part les conseils d'autres personnes qui essaient de vous faire cesser de boire ?
3. Avez-vous déjà essayé de contrôler votre consommation en abandonnant une boisson pour en adopter une autre ?
4. Depuis un an, vous est-il arrivé de boire tôt dans la matinée ?
5. Enviez-vous les personnes qui peuvent boire sans s'attirer des désagréments ?

* Test extrait de *Et vous avec l'alcool, vous en êtes où ? Guide pratique pour faire le point sur votre consommation d'alcool* publié en 1998 par l'Assurance maladie avec la collaboration de l'Association nationale de prévention de l'alcoolisme (ANPA).

** Questionnaire extrait de la brochure *Voici AA*, Ed. des Alcooliques Anonymes, Bruxelles, 1991.

6. Les problèmes résultant de votre consommation se sont-ils aggravés depuis un an ?

7. Votre consommation d'alcool a-t-elle créé des difficultés dans votre foyer ?

8. Dans les occasions où la boisson est limitée, essayez-vous d'obtenir des verres supplémentaires ?

9. En dépit de l'évidence du contraire, avez-vous continué à affirmer que vous pouviez cesser de boire « par vous-même » quand vous le vouliez ?

10. Depuis un an, avez-vous eu des absences à votre travail à la suite d'excès de boisson ?

11. Avez-vous eu des pertes de mémoire pendant que vous buviez ?

12. Avez-vous jamais senti que vous pourriez faire plus de votre vie si vous ne buviez pas ?

Nous pensons que deux ou trois réponses affirmatives constitueraient déjà un indice d'alcoolisme.

Et si vous vous interrogez, pourquoi ne viendriez-vous pas faire un petit tour chez nous, juste pour voir ? Ne vous effrayez pas : le seul fait d'assister aux réunions ne fera de vous ni un alcoolique, ni un membre de l'association, pas plus que vous ne risqueriez de devenir une poule pour avoir été vous asseoir dans un poulailler.

Venez donc vous faire une opinion par vous-même. Vous pourrez dire simplement : « Je m'appelle Untel et j'ai *peut-être* un problème d'alcool. » Personne ne vous forcera à revenir.

DES ADRESSES

Pour avoir des renseignements sur les structures de soins sur toute la France, on peut téléphoner, ou écrire, à :

l'**ANPA**
(Association nationale de prévention de l'alcoolisme)
20, rue Saint-Fiacre
75002 Paris
Tél. 01 42 33 51 04

On peut aussi consulter sur le Minitel le **3616 ALCO**, banque d'informations réalisée par le Centre d'alcoologie de Nancy avec le concours de la Société française d'alcoologie. Une merveille : on y trouve tout, depuis les consultations spécialisées dans les hôpitaux, les adresses des CHAA de votre département, le nombre de lits en alcoologie dans les cliniques privées ou le service public, jusqu'à l'adresse d'Alcool Assistance-La Croix d'Or à Brives ou à Quimper.

Alcooliques Anonymes
21, rue Trousseau
75011 Paris
Tél. 01 48 06 43 68

Minitel : **3615 AA FRANCE**
Informations en tout genre : jours et heures de toutes les réunions à Paris et en province, téléphones des permanences AA dans la France entière.

Ceux qui sont dans l'impossibilité, matérielle ou physique, de se rendre en réunion pourront écrire au Bureau des Isolés :

Alcooliques Anonymes
Bureau des Isolés
11, rue du Boulet
B-1000 Bruxelles

Et, pour les proches des alcooliques :
Al-Anon
4, rue Fléchier
75009 Paris
Tél. 01 42 81 97 05
Répondeur téléphonique Paris/banlieue 24h/24 :
01 43 48 31 12 / 01 40 09 83 79

Autour des Alcooliques Anonymes

Le Programme des Alcooliques Anonymes se décline aujourd'hui de toutes sortes de façons, pour toutes sortes de dépendances. A Paris, et dans certaines villes de province, ceux dont la vie est progressivement dévastée par la drogue, les excès de nourriture, le jeu, etc., pourront trouver de l'aide auprès des :

– N.A. (Narcotiques Anonymes)
et Nar-Anon pour les familles des toxicomanes ;
– O.A. (Outremangeurs Anonymes, le mot est canadien. En fait, ce mouvement concerne aussi bien les boulimiques que les anorexiques) ;
– E.A. (Émotifs Anonymes) : pour tous ceux et celles qui n'ont pas de dépendance particulière, mais que leurs émotions, peur, colère, angoisse, empêchent de vivre en paix avec eux-mêmes et avec autrui ;
– D.A.S.A. (Dépendants Affectifs et Sexuels Anonymes) ;
– Enfants adultes d'alcooliques ;
– Débiteurs Anonymes : pour ceux qui ont des problèmes avec l'argent, parce qu'ils dépensent trop ou qu'ils n'arrivent pas à se faire payer à leur juste valeur ;
– G.A. (Gamblers Anonymes) : pour les joueurs ;

– Nicotine Anonymes : pour ceux qui veulent s'arrêter de fumer ;

– A.C.A. : Familles dysfonctionnelles et survivants de l'inceste.

Ces mouvements n'ayant pas forcément de permanences régulières, le mieux est de téléphoner aux Alcooliques Anonymes, qui vous fourniront tous les renseignements que vous désirez.

Autres mouvements d'aide aux alcooliques et à leurs proches

AA a été *ma* solution, ce n'est pas forcément *la* solution. Certaines personnes pourront se sentir plus à l'aise dans d'autres mouvements d'anciens buveurs ; et lorsqu'on n'a pas de réunion à moins de cent kilomètres, on peut être heureux d'aller se refaire une santé chez des cousins...

Je n'ai retenu ici que deux mouvements nationaux bien implantés en France (à l'exception de « Que dois-je faire ? Il/elle boit », qu'il m'a paru important de mentionner, à cause de la détresse dans laquelle se trouve si souvent l'entourage d'un alcoolique). Ces mouvements et cette association sont indépendants du corps médical, et de toute organisation politique, syndicale ou confessionnelle.

La Croix Bleue
47, rue de Clichy
75002 Paris
Tél. 01 48 74 85 22 / 01 42 85 30 74

Pour rompre avec l'alcool, la Croix Bleue propose :

– Un engagement renouvelable écrit de non-consommation absolue d'alcool, de durée déterminée.

– La découverte et le choix d'un nouveau mode de vie, fondé sur l'amour et l'espérance tels que l'Evangile nous les offre.

– L'expérience de l'association la plus ancienne (elle a été fondée en 1877).

– L'accompagnement qui permet le dialogue.

– Des réunions qui assurent des échanges.

– L'aide bénévole de tous ses membres.

La Croix Bleue rassemble ceux et celles qui boivent, ceux et celles qui ont rompu avec l'alcool, et ceux et celles qui n'ont jamais été dépendants, membres de l'entourage ou non. Présente dans toute la France, reconnue d'utilité publique, elle dispose de trois centres de postcure pour hommes et d'un centre pour femmes.

Alcool Assistance-La Croix d'Or
10, rue des Messageries
75010 Paris
Tél. 01 47 70 34 18

Fondé en 1910, reconnu d'utilité publique en 1966, ce mouvement est implanté dans 71 départements. Ses objectifs :

– Oser parler et faire parler d'alcool.

– Aide et accompagnement des personnes en difficulté avec l'alcool et de leurs familles.

– Prévention en milieu scolaire, adolescents et jeunes, et en milieu professionnel.

L'association regroupe des membres actifs et des membres amis. Pour être membre actif, il faut s'engager à l'abstinence totale et définitive de toute boisson alcoolique, que l'on ait été ou non ancien buveur, et acquitter une cotisation annuelle.

Permanences et réunions sont ouvertes à tous, malades ou non.

Outre son rôle d'accueil, d'écoute et d'accompagnement des personnes en difficulté avec l'alcool, et ses réunions de malades alcooliques, largement ouvertes à leurs proches mais où la parole première est incontestablement celle du malade, Alcool Assistance-La Croix d'Or a constitué des groupes d'entourage. En 1998, il en existait une trentaine.

Par ailleurs :

FITPAT
12 bis, rue du Terrage
75010 Paris
Tél. 01 42 45 95 18

Met en relation avec les associations particulières à EDF-GDF, RATP, SNCF, France Télécom, La Poste, Police et personnel municipaux, et à diverses entreprises.

Que dois-je faire ? Il/elle boit
16, rue Louis-Loucheur
75017 Paris
Tél. 01 42 26 17 00

Des psychanalystes pour entendre.

Un traitement de l'alcoolisme à partir de l'autre (entourage, familier) qui vit, travaille, conseille, soigne, accompagne un buveur ou une buveuse.

• *Ce qui est gratuit :*

– Réponse au téléphone 24h/24.

– Information individuelle auprès des assistantes sociales, psychologues, médecins et toute personne intéressée.

– Entretiens gratuits pour de très démunis accompagnés de leur référent.

• *Ce qui est payant :*

– Les entretiens individuels sont réservés à ceux qui veulent sortir de l'enfermement de l'alcoolisme. Ces consultations sont assurées par les psychanalystes non rémunérés par l'association.

L'ALCOOL EN FRANCE : DES CHIFFRES

- 5 millions de personnes ont des difficultés médicales, psychologiques et sociales liées à leur consommation d'alcool *.
  1 million et demi (une femme pour quatre hommes) ne peuvent pas s'en passer.

- 35 000 morts par an environ. L'alcool tue, en France, tous les quarts d'heure à peu près : c'est, après les maladies cardio-vasculaires et le cancer, souvent induit par le trop-boire, la troisième cause de mortalité en France.
  Pour mémoire : on a recensé, en 1996, 393 morts par overdose de drogue.

Et encore :

- 4 000 morts par an sur la route – l'alcool est impliqué dans 4 accidents mortels sur 10.
- 4 cancers des voies aérodigestives (bouche, pharynx, œsophage, larynx) sur 5.
  20 % de la totalité des décès par cancer.
- 2 meurtres sur 3.
- 1 suicide sur 4 commis « en état d'imprégnation alcoolique » (une femme alcoolique sur deux a fait au moins une tentative de suicide).
- 60 à 90 % des mauvais traitements à enfants liés à l'alcoolisme parental.

* Statistiques de l'ANPA, édition de 1998.

- 1 malade sur 3 hospitalisé en médecine dans les hôpitaux généraux.
- 4 à 5 millions de journées de travail perdues pour absentéisme.
- Un tiers des jeunes adeptes des ivresses de fin de semaine deviendront alcooliques.

Parallèlement, en 1989, la C.E.E. avait en stock 11 millions d'hectolitres d'alcool pur dont elle ne savait que faire.

TABLE

Achevé d'imprimer sur les presses de

BUSSIÈRE

GROUPE CPI

à Saint-Amand-Montrond (Cher)
en mars 2002

POCKET - 12, avenue d'Italie - 75627 Paris Cedex 13
Tél. : 01-44-16-05-00

— N° d'imp. 20972. —
Dépôt légal : mars 2002.

Imprimé en France

POCKET - 12, avenue d'Italie - 75627 Paris Cedex 13
Tél. : 01 44 16 05 00

— N° d'imp. [illegible]. —
Dépôt légal : mai 2001

Imprimé en France